Wieland Ziegenrüc

ABC M

Manuale di Teoria della Musica

Con Esercizi

Edizione italiana
a cura di
Ernesto Mainoldi

RUGGINENTI EDITORE

Titolo originale:

Wieland Ziegenrücker
ABC Musik, Allgemeine Musiklehre.

Edizione italiana a cura di Ernesto Mainoldi

I-20141 via dei Fontanili, 3

Finito di stampare
nel mese di ottobre 2001 presso
Stampatre, Torino

Printed in Italy

ISBN 88-7665-191-8

Redazione Flavio Gatti
Copertina Alessandro Ugazio

Prima edizione aprile 2000
Prima ristampa ottobre 2001

Prefazione

Oltre a saper cantare, a saper suonare e a saper ascoltare la musica con consapevolezza, anche la padronanza della teoria elementare e la conoscenza dei principali rapporti melodici, armonici e ritmici contribuiscono alla comprensione delle molteplici espressioni di quest'arte.

Questo libro si propone di introdurre il lettore allo studio dei fondamenti della musica, di guidare passo a passo lo studente nell'apprendimento delle conoscenze di base e infine di essere di ausilio, come strumento di ripasso e di consultazione, a chi abbia già superato la fase del primo apprendistato. Il principale sforzo intrapreso è stato dunque quello di ordinare metodicamente una materia affatto ricca di argomenti – sovente di non immediata comprensione – in forma concisa e chiara, disponendoli in una sequenza di paragrafi dedicati tanto all'insegnamento quanto all'apprendimento. I numeri di paragrafo suddividono gli argomenti e rendono possibili i rimandi all'interno del testo. Si è poi scelto di inserire diversi esempi musicali, onde stabilire un costante confronto tra la materia teorica e la pratica musicale. Questionari ed esercizi, posti in chiusura di capitolo, servono a una progressiva autoverifica e dovrebbero dare impulso a ulteriori esercitazioni; per questo motivo si consiglia di scrivere le soluzioni degli esercizi su un foglio a parte o su un quaderno, in modo da poter effettuare in seguito ripassi completi. Il glossario finale riporta nelle sue voci tanto il numero del paragrafo in cui gli argomenti sono stati trattati, quanto una breve spiegazione dei concetti e dei termini tecnici. Completano la trattazione i prospetti riassuntivi posti nelle appendici finali.

Il contenuto del libro verte soprattutto sulla pratica musicale contemporanea, nelle varie espressioni che rientrano nella tradizione musicale europea. Spiegazioni storiche si trovano solo laddove risultino necessarie per la comprensione. I sintetici rimandi alle culture musicali extra-europee devono essere intesi come riferimenti estemporanei, e questo vale anche per la musica elettronica: la spiegazione dei dettagli essenziali concernenti questo particolare ambito – dall'impiego di una piccola tastiera al software musicale professionale – avrebbe infatti richiesto ben altro spazio.

Prefazione alla nuova edizione del 1997:

A vent'anni dalla prima edizione è sembrata opportuna una rielaborazione di questo libro, e ciò soprattutto a causa del suo ininterrotto successo. Nonostante gli ampliamenti, in parte evidenti, la materia di base, contenuta nei paragrafi di insegnamento-apprendimento, e la loro progressiva numerazione, è stata mantenuta inalterata. Ciò non è privo di importanza, dal momento che molte istituzioni scolastiche hanno basato il loro piano di studi e i loro esercizi su questo manuale di teoria musicale. La nuova edizione può quindi essere adottata senza limitazioni. Soltanto nel capitolo dedicato agli strumenti musicali si è resa indispensabile una numerazione diversa, dovuta all'aggiunta di nuovi strumenti.

La nuova edizione si propone di offrire allo studente una serie di vantaggi. Il testo è stato perfezionato e attualizzato in più punti, formulato in modo ancor più comprensibile e con maggior precisione, anche grazie all'aggiunta di prospetti e schemi grafici. Numerosi esempi musicali sono stati aggiunti, altri sono stati sostituiti.

In chiusura vorrei ringraziare:

- in primo luogo, coloro a cui ho avuto modo di dare lezioni di musica, giacché le loro frequenti domande, che mi hanno spronato a sviluppare nuovi ausili metodici, hanno costituito in definitiva il terreno da cui ha avuto origine questo libro.
- i lettori e i colleghi che hanno contribuito a mettere in luce i punti deboli del lavoro, permettendomi così di ovviarli (e forse facendomi diventare anche più attento).
- la casa editrice Deutschen Verlag für Musik di Lipsia, dalla quale *ABC Musica* venne a suo tempo commissionato, nonché la casa editrice B. Schott's Söhne di Magonza, che contribuì in modo essenziale alla distribuzione del libro nella ex Germania Federale.
- la casa editrice Breitkopf & Härtel, che ha intrapreso la riedizione del testo, e in particolare il consultente Bernd Pachnicke, il cui incitamento e appoggio mi sono stati di gradito aiuto.

Spero che questo libro possa facilitare l'apprendimento della musica e incoraggiare a intraprenderne lo studio e la pratica – motivo per cui esso è stato scritto.

Lipsia, autunno 1996

Wieland Ziegenrücker

Prefazione all'edizione italiana

Oltre agli adattamenti linguistici resi necessari dalla non infima distanza tra il tedesco e l'italiano, la presente edizione di *ABC Musica* ha dovuto tenere in considerazione il problema degli esempi musicali accompagnati da un testo verbale. Nell'edizione originale tali esempi avevano infatti lo scopo di illustrare la materia teorica, suggerendo all'orecchio dello studente – attraverso l'associazione mnemonica parole-suoni – i motivi melodici esemplificati, e questo sull'imprescindibile base della cultura musicale posseduta dal lettore principiante. Ciò vale soprattutto per i paragrafi dedicati agli intervalli (§ 155), alle triadi (§ 229) e alla melodia (§ 311). Ovviamente il repertorio di motivi musicali posseduto da uno studente italiano non può essere lo stesso di quello posseduto da uno studente tedesco, considerando anche che in Germania la cultura musicale ha conservato un patrimonio di canzoni popolari tradizionali, filastrocche e motivi infantili che in Italia non troverebbe paragoni – vuoi in ragione di una maggiore suddivisione geografica tra repertori popolari, vuoi in ragione dell'oblio in cui un patrimonio comune di motivi è caduto nel corso degli ultimi decenni nel nostro paese. Per questo motivo, essendo la scelta di mantenere l'utile metodo di esemplificazione delle melodie sulla base dell'associazione mnemonica dettata dalla natura didattica di questo metodo, abbiamo proceduto a sostituire – in accordo e sotto la supervisione dell'Autore – gli esempi in questione con *incipit* di brani che potessero svolgere la stessa funzione nel caso del lettore italiano. Tra questi esempi sono state riprese canzoni popolari tradizionali, arie operistiche nonché tutti quei motivi che sono stati giudicati rientrare ancora nel patrimonio comune di conoscenze melodiche del lettore italiano.
Rispetto all'edizione originale abbiamo inoltre aggiunto un'appendice (la nona) per consentire una rapida consultazione circa il significato delle sigle ricorrenti nell'analisi delle progressioni armoniche condotta in base alla teoria funzionale dell'armonia.

E. M.

Sommario

I fondamenti della musica

Musica

1 La musica (*musiké techne*, dal greco = "arte delle Muse") è un'espressione artistica della vita dell'uomo. Secondo la mitologia antica la musica è un dono del dio Apollo e delle Muse. La storia della musica è strettamente legata allo sviluppo della società umana, caratterizzata dalle sue peculiarità nazionali e territoriali, segnata da qualche personalità che emerge tra le altre e costellata di capolavori esemplari. La musica – legata in svariati modi alla nostra quotidianità – influisce in modo avvertibile e inavvertibile sugli uomini, e allo stesso modo su chi la suona e su chi la ascolta. La musica nasce, vive e viene recepita tra sentimento e ragione, ispirazione e maestria, scoperta ed esperienza, ingenuità e formazione professionale, innovazione e conoscenza della tradizione, improvvisazione e scrittura. Tanto i musicisti innovatori quanto i loro epigoni (vuoi compositori vuoi interpreti) hanno a disposizione come *materiale* toni, suoni e rumori, che essi ordinano, plasmano e organizzano secondo principî e regole tramandate o di recente invenzione. In questo modo i compositori si distinguono dai cantanti popolari, gli organisti da chiesa dai musicisti rock non solo nella loro funzione sociale, ma soprattutto nella scelta e nei diversi impieghi della materia musicale e della sua elaborazione, così come nello scopo a cui è destinato il risultato artistico. La musica può essere suddivisa in diversi modi, ad esempio in musica spirituale e musica profana, musica nazionale e musica etnica (*World music*), musica d'arte e musica popolare, musica vocale e musica strumentale, musica da camera e musica per orchestra, musica per archi e musica per strumenti a fiato, musica elettronica, opera, balletto, jazz, rock e folk.

Tono, suono, rumore

2 Per la produzione di un tono, di un suono o di un rumore è necessaria la presenza di un corpo elastico, il quale può essere solido (come le corde del pianoforte o la membrana di un tamburo) o aeriforme (come la colonna d'aria di un flauto). Attraverso un'azione esterna (ad esempio la percussione delle corde o della membrana, oppure il soffiare in un flauto) questo corpo, messo in movimento, produce delle *oscillazioni*, che si propagano allargandosi in forma sferica fino a raggiungere – dall'oggetto sonoro attraverso l'aria in cui si propaga il suono – il ricettore (l'orecchio, il microfono). La produzione del suono può anche esser elettronica, in base a diverse modalità di sintesi (le quali variano, ad esempio, nei sintetizzatori, nelle tastiere o negli organi elettrici).
Le oscillazioni possono essere regolari o periodiche: in questo caso gli studiosi di acustica parlano di *suono* o (quando si ha un'oscillazione sinusoidale) di *tono*. Nel caso invece che le oscillazioni siano irregolari o aperiodiche, si parla di rumore.

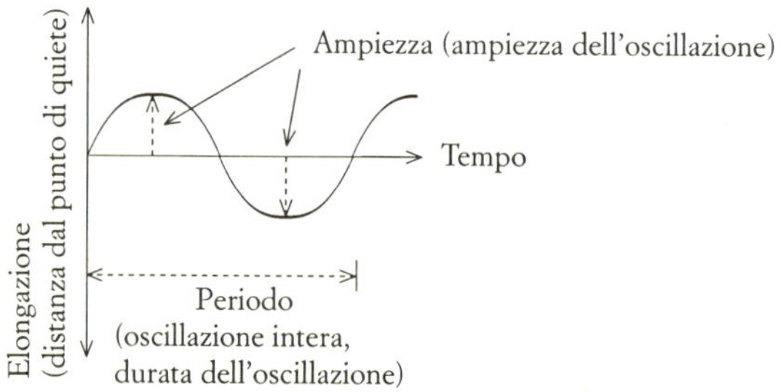

3 Gli elementi che contraddistinguono un *tono* sono l'altezza, l'intensità e il timbro. L'*altezza* deriva essenzialmente dal numero di oscillazioni al secondo, viene misurata in Herz (Hz, dal nome del fisico Heinrich Herz), ed è indicata come frequenza. Maggiore è il numero di oscillazioni, più alti sono i toni, minore è il numero di oscillazioni più bassi sono i toni (ad es. nel pianoforte e nell'arpa valgono le seguenti corrispondenze: corde corte = toni alti, corde lunghe = toni bassi; nell'organo le seguenti: canne piccole = toni alti, canne grosse = toni bassi).

4 Ciò che determina l'*intensità* del suono, misurata in Phon (dal greco = "tono, suono"), è principalmente la larghezza dell'oscillazione, il cui massimo allontanamento dal punto di quiete prende il nome di "ampiezza". Maggiore è l'ampiezza, maggiore è l'intensità del suono.

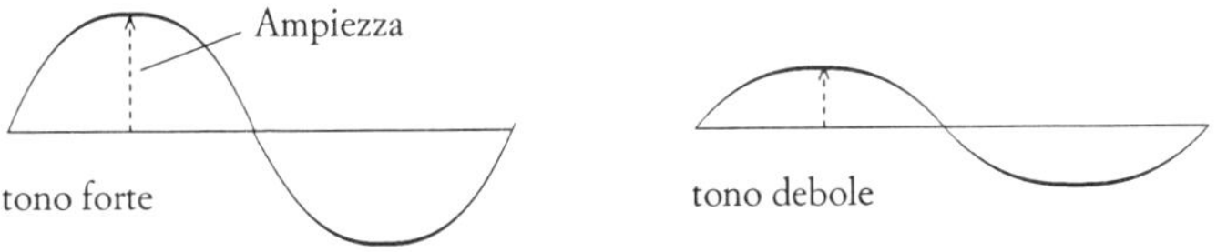

5 Il *tono puro*, cioè il risultato di una semplice oscillazione sinusoidale, rientra solo raramente nella pratica musicale. Esso può, ad esempio, essere prodotto dal generatore di toni di uno strumento musicale elettronico. A formare il tono di base del suono sono per lo più le oscillazioni periodiche successive, le quali sono multiple intere dell'oscillazione di base. Queste vengono chiamate *sovratoni armonici*, *parziali* (*pars*, in latino = "parte") o *toni parziali*, e corrispondono ai cosiddetti *toni naturali*. Sopra la tonica di Do si ha la seguente serie di toni parziali – teoricamente illimitata:

(↓ = un po' più basso di quanto annotato)

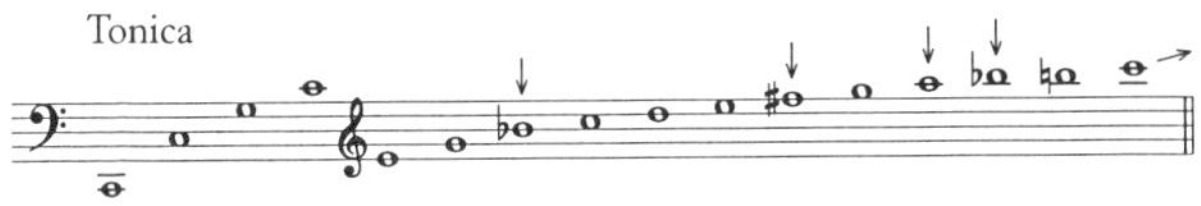

Armoniche parziali	1	2	3	4	5	6	7	8	9	10	11	12	13	14	15	16
Sovratoni	T	1	2	3	4	5	6	7	8	9	10	11	12	13	14	15
Rapporti tra lunghezze di corde	$\frac{1}{1}$	$\frac{1}{2}$	$\frac{1}{3}$	$\frac{1}{4}$	$\frac{1}{5}$	$\frac{1}{6}$	$\frac{1}{7}$	$\frac{1}{8}$	$\frac{1}{9}$	$\frac{1}{10}$	$\frac{1}{11}$	$\frac{1}{12}$	$\frac{1}{13}$	$\frac{1}{14}$	$\frac{1}{15}$	$\frac{1}{16}$

(Nella serie delle armoniche parziali la tonica è la prima armonica parziale. La serie dei sovratoni comincia con la prima armonica sopra la tonica: il primo sovratono è dunque la seconda armonica parziale. I toni naturali corrispondono nella loro numerazione alla serie delle armoniche parziali).

Rappresentazione grafica dei rapporti tra corde:
(divisione delle corde vibranti)

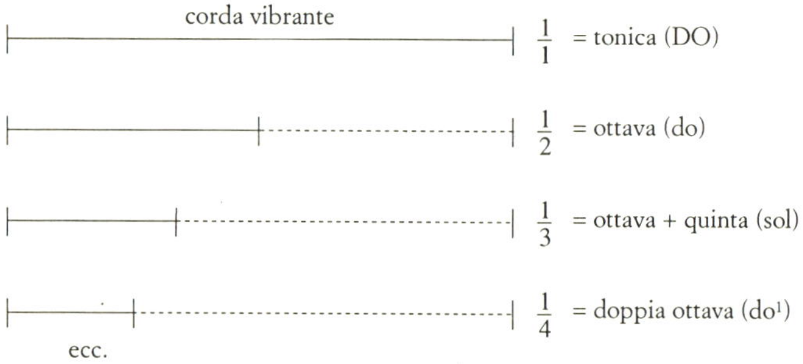

Rapporti intervallari

ottava giusta	1 : 2
quinta giusta	2 : 3
quarta giusta	3 : 4
terza maggiore	4 : 5
terza minore	5 : 6
seconda maggiore	8 : 9
seconda minore	15 : 16

6 Lo studioso di acustica, in luogo del tono "puro", indica come *suono* la somma percettibile di toniche e sovratoni . Correntemente è più diffuso il termine tono. Il numero e l'intensità dei sovratoni che si trovano a vibrare contemporaneamente variano a seconda dello strumento e sono differenti per ogni vocale cantata o parlata, dando vita a un particolare *spettro sonoro*. Essi determinano i *timbri* sonori (i quali tuttavia dipendono anche dagli andamenti iniziali e finali dell'oscillazione, nonché dal materiale con cui sono costruiti gli strumenti). Per questo motivo toni della stessa altezza e intensità suonano differentemente su strumenti diversi.

7 Il *rumore*, cioè il risultato di un'oscillazione aperiodica, non ha una altezza di tono esattamente determinabile. La frequenza e l'intensità delle sue componenti cambiano nel tempo di durata del suono e non sono soggette ad alcuna regolarità. Le oscillazioni parziali non formano alcun rapporto intero (onde sono dette *sovratoni disarmonici*). Sono strumenti a toni indeterminati (ossia rumorici) i tamburi, i piatti, i sonagli, le raganelle ecc. Nell'Opera i rumori vengono usati come elementi di scena, per simulare fulmini, onde, tempeste, il galoppo dei cavalli, il cinguettio degli uccelli, il frastuono di una battaglia e via dicendo. Nella musica moderna, in particolare in quella elettronica, le parti rumoriche costituiscono un elemento compositivo essenziale.

Il campo uditivo umano

8 Le vibrazioni di un oggetto sonoro raggiungono il nostro *orecchio* attraverso l'aria, che è il mezzo conduttore del suono. Nell'orecchio interno, si ha la trasformazione dello stimolo acustico in impulsi nervosi, che vengono poi ordinati ed elaborati nel zona della corteccia cerebrale responsabile dell'udito. Un orecchio umano percepisce vibrazioni che vanno da circa 16 Hz nel grave fino a circa 20000 Hz nell'acuto, limiti che peraltro diminuiscono con l'età. I toni intorno ai 16 Hz, come ad esempio i toni più bassi dei pedali dell'organo, risultano al nostro orecchio come un vibrante borbottio. Al contrario, i toni più acuti dell'ottavino, intorno ai 3500 Hz, hanno su di noi un effetto stridulo e talvolta anche doloroso. Le frequenze più acute non sono costituite da toni di base, ma vengono raggiunte con i sovratoni. Una persona con un buon dito da entrambe le orecchie ed esercitata all'ascolto può percepire differenze fino a 1/60 di un tono intero. Allo stesso modo questi sarà in grado di distinguere oltre 300 livelli di intensità sonora.
I musicisti fanno distinzione tra *orecchio assoluto* (l'esatto riconoscimento e la capacità di cantare suoni di altezza determinata senza l'ausilio di strumenti) e *orecchio relativo* (il riconoscimento di intervalli, scale, suoni, armonie, ritmi, svolgimento delle forme ecc., attraverso il loro reciproco rapporto), il quale è più importante per la pratica musicale e va esercitato attraverso una mirata educazione dell'udito.

Il tono di accordatura

9 Fondamentale per l'esecuzione musicale a più strumenti o per il canto corale è lo stabilire un punto di riferimento comune per l'accordatura, cioè un *tono di accordatura*, ovvero *la* o *diapason* (anche *tono da camera* o *tono normale*). Nel corso della storia della musica l'altezza del tono di accordatura venne cambiato più volte. L'invenzione del *diapason* da parte dell'inglese John Shore nel 1711 fu decisiva per stabilire una altezza di tono unitaria. Nel 1788 il la^1 dell'accordatura parigina misurava 409 Hz, intorno al 1850 quello dell'accordatura viennese e berlinese 442 Hz. Nel 1939 una conferenza tenutasi a Londra definì nuovamente il tono di accordatura fissando il la^1 a 440 Hz ad una temperatura di 20° C. Attualmente il tono di accordatura viene leggermente innalzato per ottenere una maggior brillantezza di suono. Peraltro, è importante conoscere, in particolare per le esecuzioni di musica antica, quale era l'esatta frequenza di accordatura in vigore (sono accettate variazioni fino ad un tono intero nel grave o nell'acuto).

[Il *Kammerton* (tono da camera) era l'intonazione usata per la musica da camera, in quanto contrapposta all'intonazione della musica da chiesa (*Chorton*), dove l'impiego dell'organo rendeva impossibile l'oscillazione della detta intonazione, che invece poteva essere variata (in quella da camera) per agevolare i cantanti (un po' come si fa ancora oggi col trasporto). NdC]

Accordatura e sistemi di suoni

10 Con il termine *accordatura* viene indicato il calcolo e la determinazione delle esatte altezze di tono (frequenze delle oscillazioni) in riferimento a un sistema di suoni (vedi 12).
L'accordatura pitagorica, ideata dal filosofo e matematico greco Pitagora (582-496 a.C.), si basa sulla quinta giusta, stabilita dal rapporto di due corde rispettivamente lunghe 2 e 3. Attraverso un calcolo proporzionale egli pose in successione 12 quinte, ottenendo il tono di partenza sette ottave più in alto. La dodicesima quinta (mi diesis) corrisponde alla settima ottava (fa).

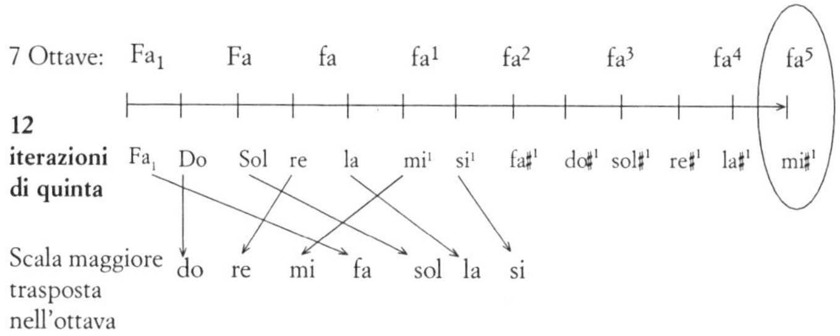

Dal calcolo emerge tuttavia una differenza: il mi$\sharp^5$ è circa 23,46 Cent (vedi 12) più acuto del fa^5 – dunque neanche un quarto di tono temperato. Tale differenza viene chiamata *comma pitagorico*. Con altri intervalli si registrano ulteriori discrepanze.

Questa accordatura rimase in uso per tutto il Medioevo e solo con la nascita della polifonia si dovettero cercare nuove soluzioni. Se calcoliamo il materiale sonoro necessario per la nostra pratica musicale sulla base dei valori naturali della serie dei toni parziali, otteniamo l'*accordatura naturale*. Ottava (1 : 2), quinta (2 : 3), terza maggiore e minore (4 : 5 e 5 : 6) devono venire suonate in modo armonicamente naturale. Questo calcolo porta tuttavia a difficoltà di vario genere nella determinazione degli intervalli: dai due differenti intervalli di tono intero, risultano, ad esempio, i rapporti di 8:9 (dal do al re) e di 9:10 (dal re al mi). L'accordatura naturale ammette in definitiva solo la possibilità che si suoni in una tonalità senza ammettere la possibiltà che si effettuino modulazioni in un'altra tonalità. Sugli strumenti a tastiera dovrebbero così esserci più tasti per ciascun tono, cosa che non è in pratica realizzabile. La differenza tra fa diesis e sol bemolle ammonta a circa 1/9 di un tono intero. Un violino che suona in assolo imposterà il fa diesis (come sensibile del sol) più in alto del sol bemolle, mentre, suonando con l'accompagnamento di uno strumento a tastiera (accordato in base al temperamento equabile), potrà incontrare problemi di intonazione.

11 Numerosi sono stati i tentativi di minimizzare le differenze di accordatura, finché non si impose il *temperamento equabile* (lat. *temperatio* = "giusta mescolanza", "principio ordinatore"), risalente ad Andreas Werckmeister (1645-1708).

Il suo punto di partenza fu il sistema pitagorico, di cui vengono mantenute le ottave giuste; il comma pitagorico (vedi 10) venne distribuito in parti uguali sulle 12 quinte, cosicché le imprecisioni non avessero alcuna rilevanza all'ascolto. Da ciò risulta che nel temperato equabile le ottave vengono suddivise in 12 semitoni matematicamente uguali. In questo modo il fa diesis/sol bemolle e gli altri toni enarmonici (vedi 62) possono essere suonati – ad esempio su lla tastiera di un pianoforte – su un solo tasto.

12 L'ottava suddivisa in 12 semitoni è il fondamento del nostro sistema tonale. Come serie di riferimento si prendono la scala maggiore e quella minore, composte da sette toni (o gradi). Le suddivisioni inferiori al semitono, richieste talvolta dalla musica contemporanea, sono denominate *microtoni*; tra questi si hanno misure di un terzo, un quarto e un ottavo di tono (vedi Appendice 4). Nelle culture musicali extra-europee incontriamo altri sistemi di accordatura, calcolati in base a differenti valori numerici. L'acustico inglese John Ellis introdusse nel 1885 un sistema basato sul Cent come unità di misura. In base a questo sistema, il semitono temperato risulta composto da 100 parti uguali (= 100 Cent), sicché l'ottava risulta contenere 1200 Cent.

Gli elementi della musica

13 L'ordinamento del materiale (tono, suono e rumore) costituisce la base della composizione di un'opera d'arte musicale. La successione temporale dei toni produce la melodia, la compresenza di più voci dà vita all'armonia. Il ritmo (prodotto dalle differenti durate dei toni), il metro (cioè l'ordinamento della battuta in unità temporali accentate e non accentate) e il tempo (la misura del decorso temporale) determinano l'andamento temporale e danno forma allo slancio che produce il movimento. Importanti sono inoltre la dinamica (le sfumature dell'intensità dei toni) e – soprattutto nella musica moderna, nel rock e nel pop – il timbro, caratteristico dei diversi strumenti, della voce umana o delle possibilità offerte dalla manipolazione elettronica del suono.

Ripasso

1. Quali sono le condizioni per la produzione di un tono, di un suono o di un rumore? (2)
2. Distinguete tra tono e rumore. (2)
3. In quale rapporto si trovano l'altezza di un tono e il numero delle sue oscillazioni? (3)
4. Cosa sono i sovratoni? (5)
5. Da cosa dipendono l'intensità del tono e il timbro del suono? (4/6)
6. A quale frequenza è fissato il tono di accordatura? (9)
7. Distinguete tra accordatura pitagorica, naturale e temperata. (10/11)
8. Elencate gli elementi della musica. (13)

Le note

La nota

14 Per trascrivere la musica la nostra tradizione musicale ha dato vita, nel corso di una lunga elaborazione, alla *notazione musicale.* Essa comprende un sistema di linee e di note di diverso valore, segni e simboli (ad esempio chiavi, accidenti, stanghette di misura, simboli di abbellimenti), numeri (ad esempio indicazioni di metro, suddivisioni irregolari delle note, diteggiature), parole o abbreviazioni (indicazioni di tempo e di dinamica, indicazioni per l'interpretazione). Sebbene sia impossibile determinare per iscritto tutte le particolarità e le sfumature dell'evento musicale, la notazione rappresenta un mezzo indispensabile per la pratica musicale.
Il simbolo più importante è la nota (lat. *nota* = "segno"). La sua collocazione permette di riconoscere l'*altezza del tono*, mentre la sua forma indica la *durata del tono*. Ogni nota può essere indicata in due modi: o con delle sillabe che ne indicano il nome (vedi 29) o con il rapporto matematico che ne esprime l'altezza (vedi 67).

15 La *nota* è composta da una *testa* leggermente ovale, che può essere piena (completamente nera) o vuota (è disegnato il solo contorno), e dal *gambo*, alla cui estremità si possono trovare uno o più *uncini*. Teste di note vuote indicano durate di tono maggiori (intero, mezzo). Ottavi, sedicesimi e durate ancora più brevi sono riconoscibili dagli uncini (o dalle *aste*, vedi 25). L'intero consiste soltanto in una testa di nota vuota.

16 Si osservi l'aspetto delle note:

Intero (𝅝), mezzo, (𝅗𝅥 𝅗𝅥), quarto (♩ ♩), ottavo (♪ ♪),
sedicesimo (𝅘𝅥𝅯 𝅘𝅥𝅯), trentaduesimo (𝅘𝅥𝅰 𝅘𝅥𝅰), sessantaquattresimo (𝅘𝅥𝅱 𝅘𝅥𝅱)

Si presti attenzione all'orientamento degli uncini.

17 Le note vengono scritte su un *sistema di cinque linee*, detto *rigo* o *pentagramma*, del quale si utilizzano sia le linee che gli spazi intermedi ad esse. Le linee e gli spazi si contano partendo dal basso verso l'alto.

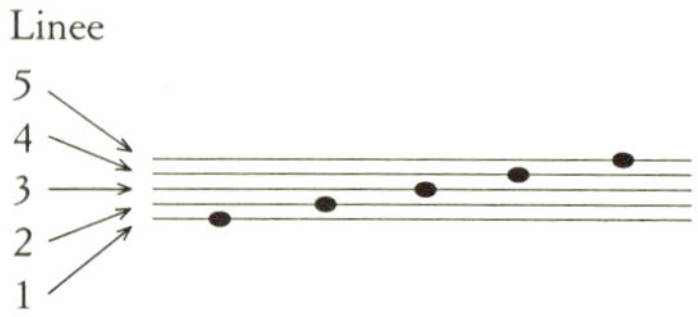

Fa eccezione: la notazione risalente al dodicesimo secolo, che viene ancora oggi utilizzata per annotare le monodie gregoriane: essa si avvale infatti di sistemi di quattro linee soltanto.

18 Come nella scrittura delle parole, anche le note si leggono da sinistra verso destra. La rappresentazione di toni e suoni mediante le figure delle note può essere esemplificata con un sistema di coordinate. Mentre la direzione verticale stabilisce l'altezza del tono (i toni più bassi vengono annotati sotto, quelli più alti sopra), la direzione orizzontale indica lo svolgimento temporale e il ritmo. Da ciò si deduce che le note annotate in sequenza si suonano l'una dopo l'altra (è il caso della melodia di una canzone a una sola voce), mentre le note segnate l'una sopra l'altra si eseguono contemporaneamente (come ad esempio in un brano a due o più voci).

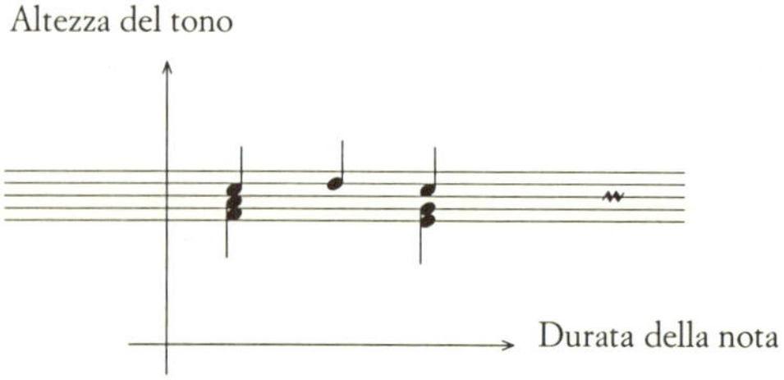

19 I toni che si trovano al di fuori del sistema di linee vengono annotati con i *tagli*. I *tagli* vengono segnati per ciascuna nota singolarmente e non vanno allungati tra più note, qualora queste si trovino in successione.

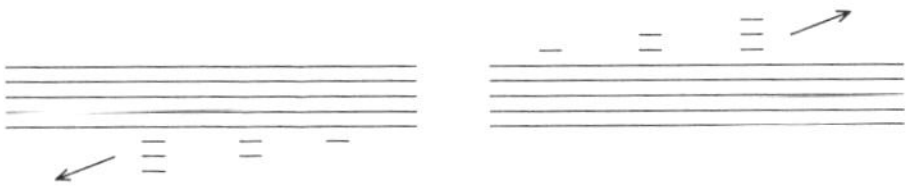

20 È possibile utilizzare parecchi tagli, ma ciò renderebbe difficile la lettura delle note. Allora è meglio cambiare la *chiave* (vedi 38) oppure, nei casi limite, applicare il *segno di trasposizione di ottava*. Le note su cui si trova il segno 8‾ ‾ ‾┐ (anche 8va come abbreviazione di ottava alta) devono essere suonate un'ottava più in alto, mentre le note sotto cui si trova il segno 8_ _ _┘ (anche 8va bassa) devono essere suonate un'ottava sotto. Eccezionalmente, per indicare una doppia trasposizione di ottava, si può trovare segnato anche un 15: in tal caso queste note devono venire eseguite due ottave più in alto o più in basso (in quest'ultimo caso la doppia ottava viene indicata con un 16).

Per indicare la fine della trasposizione di ottava in passato si scriveva *loco*, cioè "al luogo".

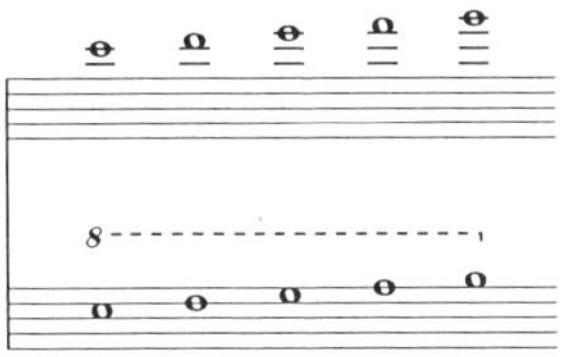

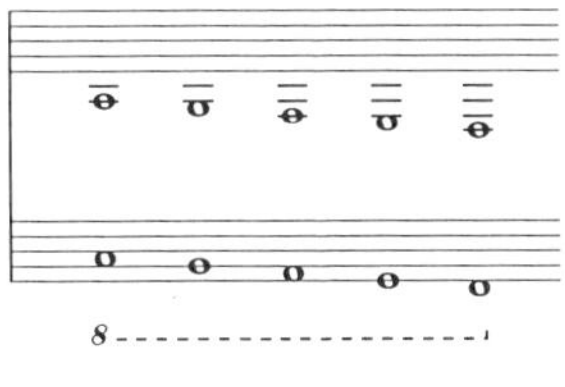

Regole per la corretta scrittura delle note

1. *Posizione del gambo della nota*

21 Nelle note poste al di sotto della linea mediana (terza linea), il gambo viene segnato a destra della testa, orientato verso l'alto. Nelle note poste al di sopra o sulla linea mediana (in una parte per una sola voce), il gambo viene segnato a sinistra della testa, orientato verso il basso.

22 Se vengono eseguiti più suoni contemporaneamente, le note si legano, nella maggior parte dei casi, con *un solo* gambo. Il suo orientamento è diretto verso la nota più lontana dalla linea mediana (a). Nel caso di identica lontananza dalla linea mediana il gambo è orientato verso il basso (b).

• = Nota di riferimento

2. *Uso di uncini e aste*

23 Gli *uncini* si trovano sempre a destra, all'estremità del gambo della nota.

24 Nella *musica vocale*, le note di breve durata, poste in sequenza l'una dopo l'altra, vengono scritte – nella maggior parte dei casi – con gli uncini, e a ogni sillaba del testo viene assegnata un'unica nota, separata dalle altre (cioè senza *aste*). Qualora si abbiano a cantare più note di piccolo valore su una sola sillaba del testo, queste vengono unite con un'*asta*.

25 Nella *musica strumentale* viene usata solo la scrittura con le aste (nel rispetto delle indicazioni metriche, vedi 108-112). Il numero delle aste corrisponde a quello degli uncini. La posizione delle aste è determinata dalla posizione delle note rispetto alla linea mediana.

2. *Notazione di parti a due voci*

26 Se due voci annotate su un unico pentagramma hanno la stessa suddivisione ritmica, la loro notazione segue quanto detto finora (vedi 22). Se tuttavia la ritmica o la dinamica differiscono, allora le voci si dividono e per le note di soprano il gambo viene segnato verso l'alto, mentre per quelle di tenore verso il basso.

27 Durante lo svolgimento della melodia, una parte a due voci può talvolta diventare un *unisono*: in tal caso le singole note prendono due gambi, uno verso il basso e uno verso l'alto. Se si tratta di un sezione più lunga, allora il gambo viene posizionato come per l'unisono e viene indicato *a 2* (a due). Può anche verificarsi un *incrocio delle parti*, quando cioè il soprano si trova per un breve tempo sotto il tenore.

La denominazione delle altezze di tono, la sequenza dei toni naturali

28 Si distingue tra denominazione di altezza di tono *assoluta* e *relativa*. In genere, nell'insegnamento della musica, si usano delle *sillabe* come mezzo per facilitare il riconoscimento delle note, ad esempio basandosi sul sistema do-tonica oppure sul metodo Ja-Le, questo al fine di studiare e cantare le melodie (in unione con i movimenti delle mani) a partire da qualsiasi tono. Queste sillabe non designano alcuna altezza di tono assoluta, bensì indicano un insieme di relazioni melodiche e armoniche, ossia designano delle *altezze di tono relative* (vedi Appendice 6).

29 Per indicare le *altezze di tono assolute* ci si serve dei *nomi delle note*. Essi vengono indicati con le lettere dall'alfabeto: a, b, c, d, e, f, g. Nel corso del X secolo la b si distinse in una nota più grave (b rotundum o b molle, con simbolo ♭) e una nota più acuta (b quadratum o b durum, con simbolo ♮). Dalla ♮ derivò h, simile alla lettera h, che si aggiunse come ulteriore nome di nota. Oggi gli inglesi indicano il nostro si con la b e il si bemolle con b flat (*flat* in inglese indica l'abbassamento di mezzo tono).

[In Germania il si naturale viene ancora oggi indicato con la lettera h, il si bemolle con la lettera b. NdC]

La *serie dei toni naturali*, usata nella nostra consuetudine musicale, suona allora come c d e f g a b (c).

30 In alcuni paesi neolatini e slavi (ad esempio in Italia, Francia, Russia o Bulgaria) gli intervalli vengono indicati con delle sillabe derivate dall'"Inno a S. Giovanni" di Paolo Diacono (720-797 d.C.). In taluni paesi la sillaba ut venne poi sostituita con la sillaba do [dal cognome dell'umanista e teorico musicale italiano Giovanni

Battista Doni (1594-1647). Ndc] (vedi Appendice 1):

31 Si memorizzino le posizioni dei toni naturali sulla tastiera.

c d e f g a b c
do re mi fa sol la si do

I tasti neri si susseguono a gruppi di due e di tre. Da notare: il tasto bianco che precede il gruppo di due si chiama do (c), il tasto bianco prima del gruppo di tre fa (f).

32 L'intera tastiera di un pianoforte a gran coda comprende di norma 52 toni naturali (tasti bianchi). La sequenza dei toni naturali viene ripetuta più volte, ripetendosi anche i nomi delle note. La distanza dal primo intervallo all'ottavo – entrambi aventi lo stesso nome – si chiama *ottava* (vedi 43).

La chiave musicale

33 La lettura dell'esatta altezza dei toni sul pentagramma è resa possibile dal simbolo della *chiave musicale,* la quale, trovandosi all'inizio del rigo – per così dire – "apre". Questo è il motivo per cui ogni rigo musicale inizia con questo simbolo.

34 La *chiave di violino* porta anche il nome di *chiave di sol*, poiché indica la linea della nota sol^1. Memorizzate le note del pentagramma.

Nota della chiave

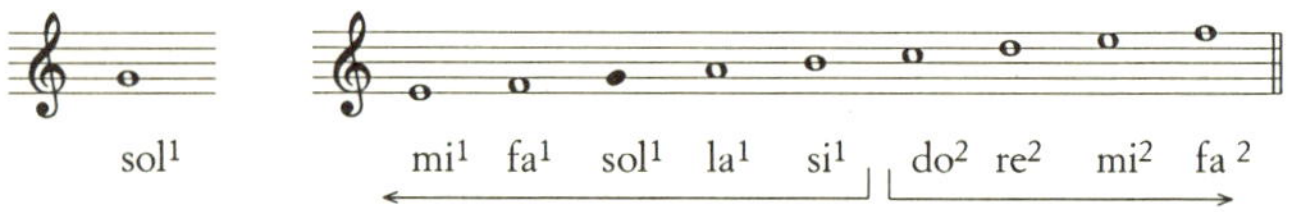

Memorizzate ora le note che si trovano al di fuori del pentagramma.

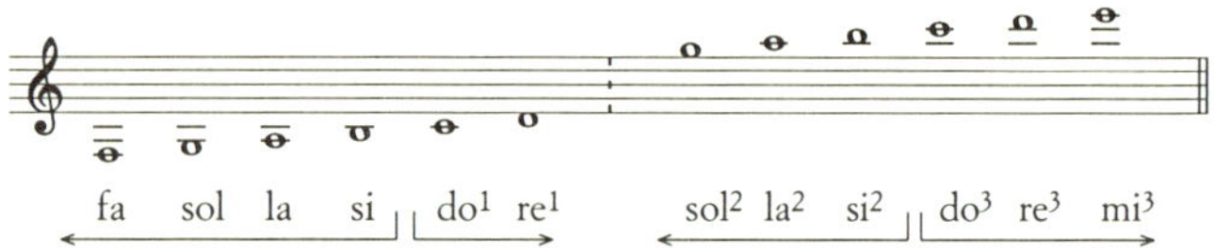

35 L'estensione tonale coperta dalla *chiave di violino* è sufficiente per annotare le voci bianche e le voci femminili (soprano, contralto), nonché diversi strumenti (violino, flauto, oboe, clarinetto, tromba, chitarra, mandolino ecc.). Per le voci maschili (basso) e gli strumenti con un registro più grave (violoncello, contrabbasso, fagotto, trombone, tuba, timpano ecc.) è necessaria invece un'altra chiave, ovvero la *chiave di basso*. Strumenti con un registro più ampio (piano, organo, fisarmonica, arpa ecc.) richiedono entrambe le chiavi.

36 La *chiave di basso* viene anche denominata *chiave di fa*. I due punti racchiudono la linea della nota fa. Memorizzate le note:

Nota della chiave

Memorizzate anche le note con i tagli:

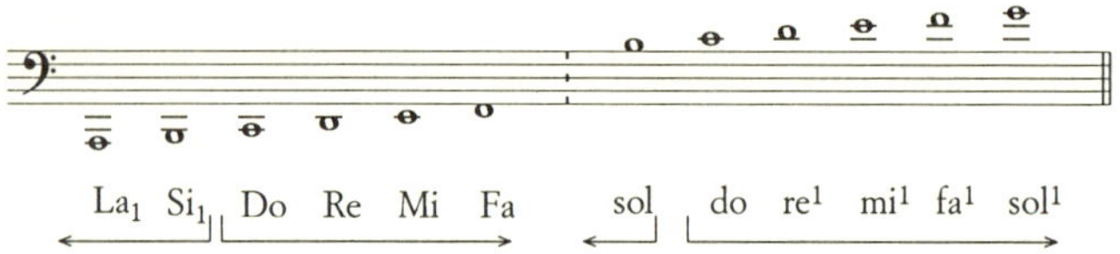

37 Il taglio della nota do[1] può essere considerato come asse centrale dei due pentagrammi (come se si avesse un sistema a undici linee).
Distinguete i toni uguali nelle due chiavi:

38 Un'altra possibilità, che permette di evitare un numero eccessivo di tagli in posizioni estreme, si ottiene con il *cambiamento della chiave musicale* (che è meglio impiegare raramente). Il cambiamento di chiave viene indicato prima della stanghetta di misura o anche nel mezzo di una battuta. Se un nuovo rigo comincia con un *cambiamento di chiave*, allora la chiave voluta deve essere segnata già alla fine del rigo precedente.

39 Talvolta al di sopra o al di sotto della chiave di violino si trova, in corpo più piccolo, la cifra *8*. Essa corrisponde al *segno di ottava* (vedi 20) e sta ad indicare che tutte le note del rigo devono essere eseguite un'ottava sopra (gruppo di soprani e flauti), oppure sotto (tenore e chitarre). Anche la chiave di basso può essere trasposta di ottava (organo a pedale).

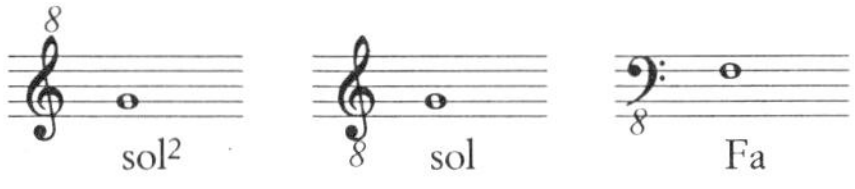

40 Oltre alla chiave di violino e alla chiave di basso meritano una menzione anche le *chiavi di do*. La comune denominazione di *chiavi antiche* rimanda al loro uso nelle composizioni per i cori 'a cappella' del XVI secolo, nelle quali ciascun registro della voce era per lo più contrassegnato dalla relativa chiave (vedi 441). Nelle moderne edizioni musicali di musica antica, le voci vengono generalmente trascritte, per comodità, in chiave di violino e di basso (per le eccezioni vedi 41).

Il semplice simbolo grafico IHI (C) corrisponde al complicato simbolo tipografico 𝄡. Ogni chiave di do ha come punto di riferimento il do centrale (do¹).

41 Tra le chiavi di do vengono ancor oggi utilizzate la *chiave di contralto* (viola) e la *chiave di tenore* (violoncello, fagotto, trombone). Prospetto dell'usuale estensione tonale relativa alle chiavi di violino e di basso:

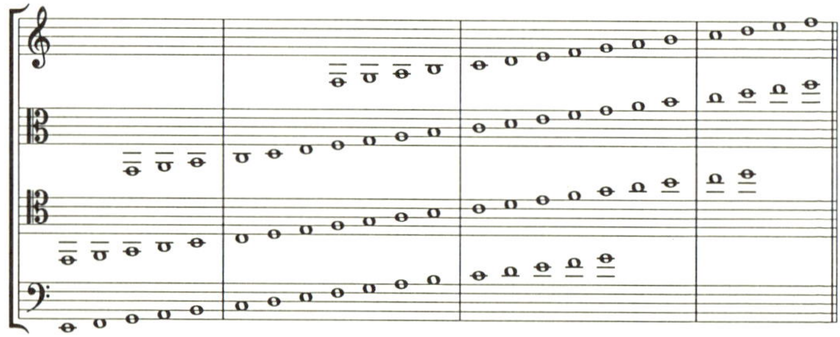

42 Chiavi musicali speciali: nelle lezioni di musica trovano talvolta applicazione le cosiddette *chiavi di tonica*. Esse – come suggerisce il nome – non stabiliscono un'altezza di tono assoluta, bensì determinano la tonica do oppure la (vedi 28). Queste chiavi possono dunque essere posizionate su qualsivoglia linea o spazio del rigo, ad esempio:

Per gli strumenti a percussione con altezze di tono indeterminate si usa la *chiave di percussione*.

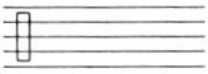 oppure 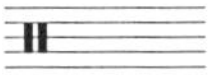

Gli ambiti di ottava

43 La ripetizione della sequenza dei toni naturali dà vita a molteplici ottave. Studiate bene il loro nome e il loro modo di scrittura:

↑ quinta ottava (a cinque linee)	soltanto do^5 (do''''')
quarta ottava (a quattro linee)	do^4 – si^4 (do'''' – si'''')
terza ottava (a tre linee)	do^3 – si^3 (do''' – si''')
seconda ottava (a due linee)	do^2 – si^2 (do'' – si'')
prima ottava (a una linea)	do^1 – si^1 (do' – si')
piccola ottava	do – si
grande ottava	DO – SI
controttava	DO_1 – SI_1 ; oppure $_1DO$ – $_1SI$ (,DO – ,SI)
sotto-controttava	soltanto LA_2 , SI_2 ; oppure $_2LA$, $_2SI$ (,,LA, ,,SI).

alternativamente:

$\underline{\underline{A}}$ $\underline{C}$ C c $\bar{c}$ $\bar{\bar{c}}$ $\bar{\bar{\bar{c}}}$ $\bar{\bar{\bar{\bar{c}}}}$ $\bar{\bar{\bar{\bar{\bar{c}}}}}$

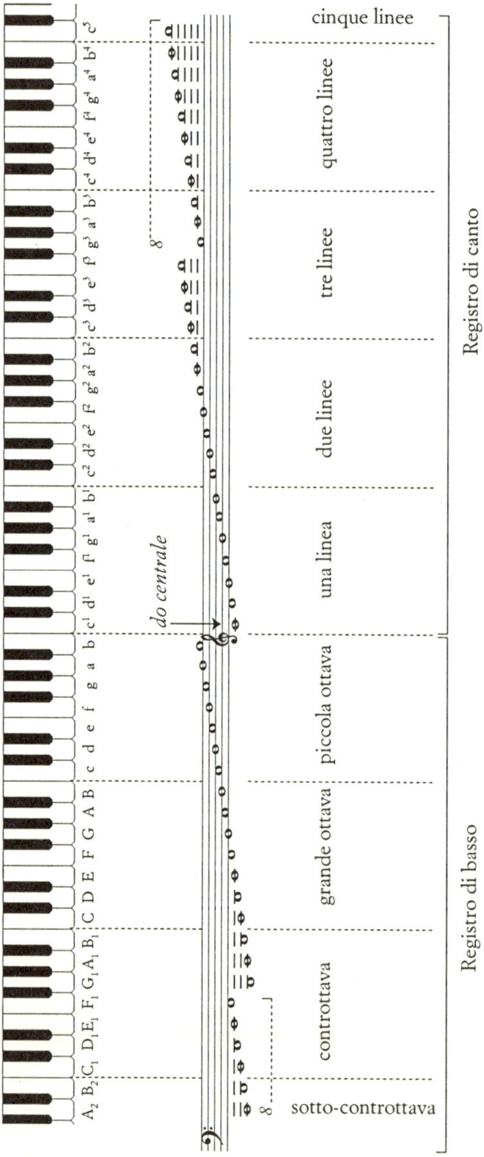

A₂ B₂ C₁ D₁ E₁ F₁ G₁ A₁ B₁ C D E F G A B c d e f g a b c¹ d¹ e¹ f¹ g¹ a¹ b¹ c² d² e² f² g² a² b² c³ d³ e³ f³ g³ a³ b³ c⁴ d⁴ e⁴ f⁴ g⁴ a⁴ b⁴ c⁵
do centrale
8
8
sotto-controttava
controttava
grande ottava
piccola ottava
una linea
due linee
tre linee
quattro linee
cinque linee
Registro di basso
Registro di canto

La suddivisione dello spazio

44 La suddivisione della sequenza degli eventi musicali sul pentagramma viene data dalle *stanghette di battuta* (vedi 86).

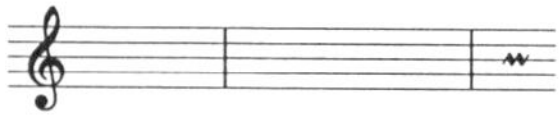

N.B.: all'inizio del rigo non si trova alcuna stanghetta di battuta.

45 Se sono necessari due o più righi per la scrittura, si parla allora di *sistemi*. All'inizio del sistema si trova una parentesi: una parentesi graffa se si ha uno strumento con ampio registro sonoro (ad esempio il pianoforte, l'organo, l'arpa ecc.); una parentesi quadra se nel sistema vengono annotati più strumenti. Nel primo caso le stanghette di misura sono le stesse per entrambi i righi, nel secondo no – a meno che non rientrino in sezioni di strumenti affini (come, ad esempio, in una partitura; vedi 442).

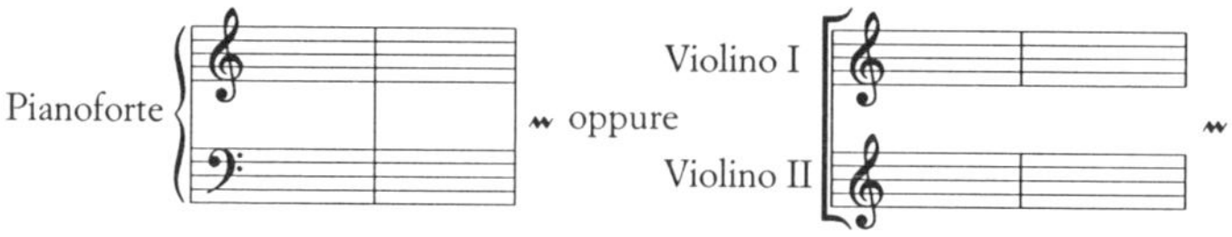

46 Sezioni più ampie sono suddivise da *doppie stanghette*. Le *stanghette di chiusura* indicano la fine di un brano musicale (la seconda stanghetta è più marcata).

47 Se una sezione del brano deve essere eseguita due volte, allora si inserisce il *segno di ritornello* (stanghette di chiusura con due puntini negli spazi mediani). Se la ripetizione deve aver luogo da capo, allora all'inizio del primo rigo del brano non si pone alcun segno di ritornello.

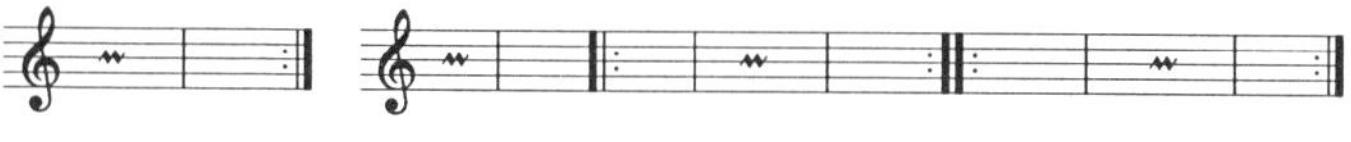

48 Durante la ripetizione di una sezione può accadere che la parte finale cambi. In tal caso vengono poste delle parentesi quadre orizzontali contrassegnate da numeri (in genere chiamate o "case"), poste al di sopra del pentagramma.

- *prima volta*, I^{ma} = ⌈1.⌉
- *seconda volta*, II^{da} = ⌈2.⌉ in chiusura, oppure ⌈2.‾‾ in caso di continuazione del brano

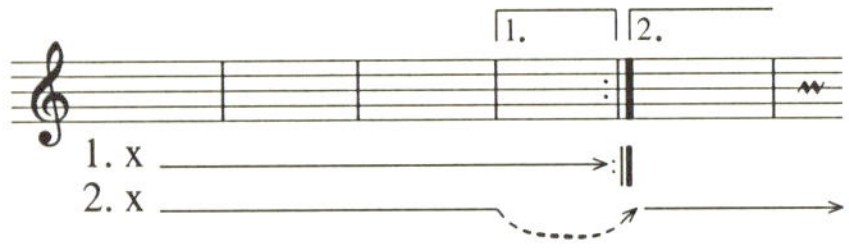

Nella ripetizione la battuta indicata come *prima volta* viene saltata, e si passa immediatamente alla *seconda volta*.

49 Per trovare rapidamente determinati punti in partitura (importante soprattutto durante le prove di brani musicali con molti interpreti) sono di aiuto le *cifre* (o *lettere*) *di riferimento*, che vengono poste al di sopra del sistema di righi: [1], ①, [A] ecc. Spesso le battute vengono numerate: il numero della battuta si scrive all'inizio del rigo. Perciò le ripetizioni non si contano due volte: *prima* e *seconda volta* vengono contati a seconda del numero di battuta raggiunto.

Gli accidenti, l'armatura di chiave

50 Ogni tono naturale può essere modificato con degli *accidenti* o *alterazioni*, ossia può essere "innalzato" o "abbassato". Per ottenere un'alterazione semplice si impiegano il *diesis* e il *bemolle*, per una alterazione doppia il *doppio diesis* e il *doppio bemolle*.

51 Il *diesis* (♯), posto davanti alla nota, la innalza di un semitono.

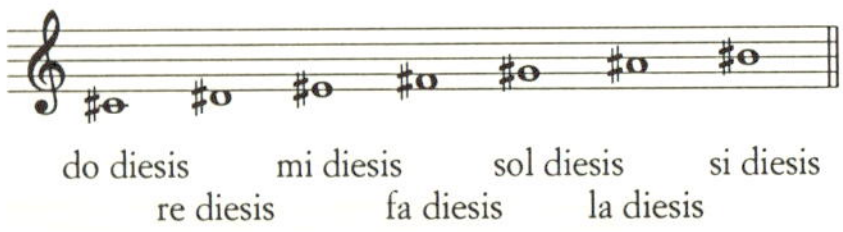

52 Il *bemolle* (♭), posto davanti alla nota, la abbassa di un semitono.

53 Il *doppio diesis* (×), posto prima della nota, la innalza di due semitoni.

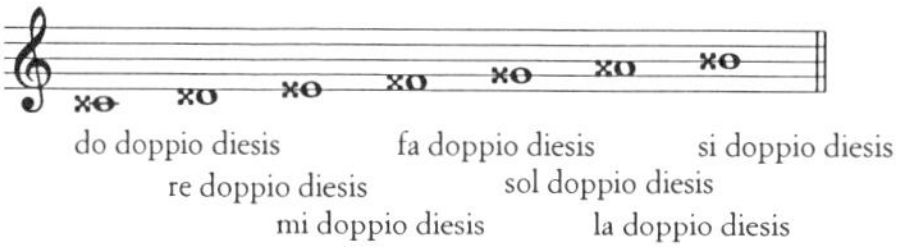

54 Il *doppio bemolle* (𝄫), posto prima della nota, la abbassa di due semitoni.

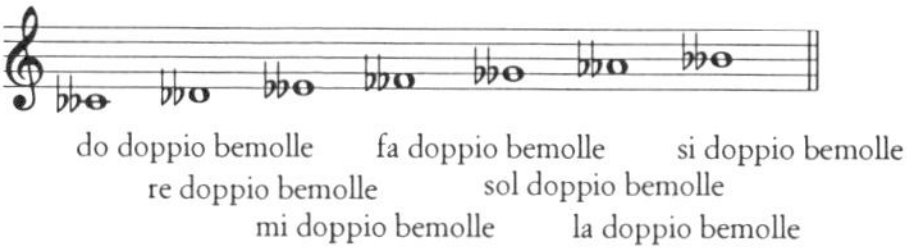

55 Prospetto delle alterazioni dei toni naturali.

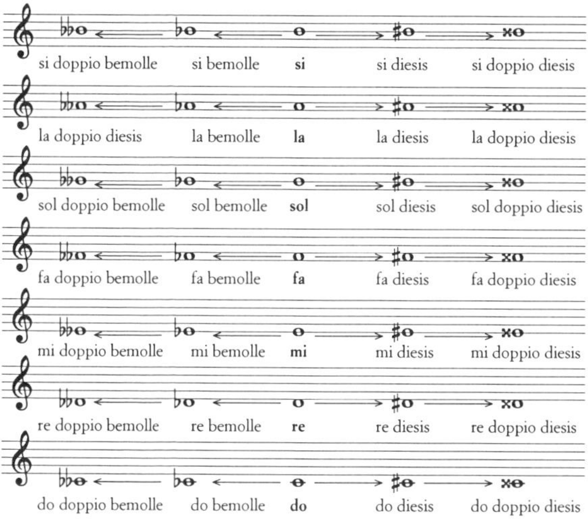

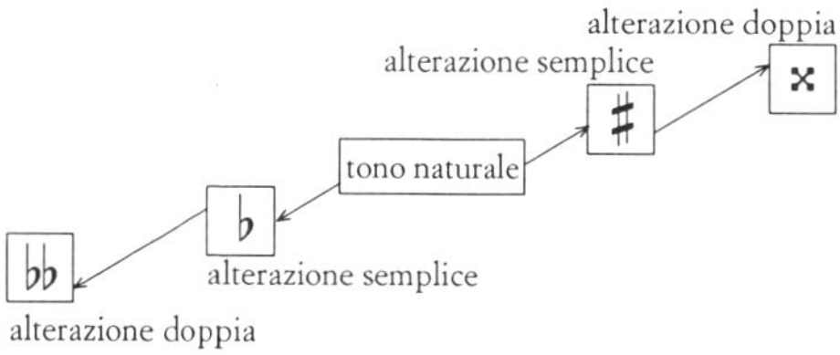

56 L'alterazione viene annullata dal *bequadro* (♮).

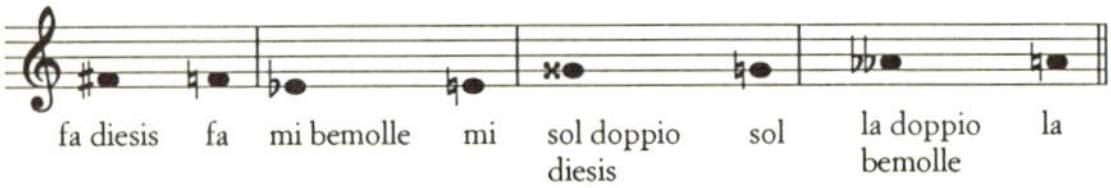

Se dopo un doppio accidente deve seguire un accidente semplice, allora si trova indicato ♯ o ♭ , talvolta anche ♮ ♯ o ♮ b.

57 Il segno di accidente deve essere posto esattamente prima della testa della nota (sugli spazi o sulle linee), altrimenti si potrebbe generare confusione – ad esempio quando si hanno degli accordi. Al di fuori del pentagramma i segni di accidente vengono scritti senza tagli ausiliari.

58 Nella pratica distinguiamo tra segni di *accidente e armatura di chiave* [parliamo allora di *accidenti in chiave*. NdC]. L'armatura di chiave si trova all'inizio del pentagramma, dopo la chiave e prima dell'indicazione di metro (vedi 88). Essa definisce la *tonalità* (vedi 169). L'alterazione in chiave vale per l'intero brano musicale e su tutte le ottave.

Se si cambia l'armatura nel corso del brano, allora il cambiamento va indicato come segue:

59 I *segni di accidente* che riguardano una sola nota vanno segnalati solo nel corso dello svolgimento della parte musicale. Essi valgono solo per la battuta in cui compaiono e solo per l'ottava a cui fanno riferimento.

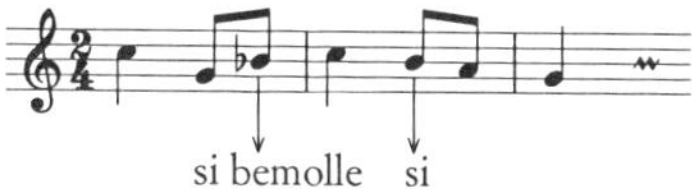

60 Talvolta vengono impiegati i cosiddetti *accidenti di richiamo* – posti tra parentesi, oppure sopra le note –, che facilitano il rapido riconoscimento delle alterazioni. Le note unite da una *legatura di valore* (vedi 76) rimangono invariate al di là della stanghetta di misura, tuttavia, qualora si passi al rigo sottostante, i segni di alterazione devono essere ripetuti.

61 I compositori del nostro secolo talvolta considerano l'effetto degli accidenti essere valido soltanto per le singole note a cui sono associati, oppure per le loro immediate ripetizioni. Questa particolarità d'uso va però evidenziata con una spiegazione a margine. Le alterazioni di un quarto di tono e di tre quarti di tono, che si incontrano nella musica moderna, non hanno ancora una simbologia univocamente definita, in linea di massima si utilizzano i seguenti simboli:

Innalzamento di			Abbassamento di		
quarto di tono	semitono	tre quarti di tono	quarto di tono	semitono	tre quarti di tono
𝄲 𝄲	♯	♯ 𝄰	𝄳 𝄳	♭	𝄳♭ 𝄫
𝄲	♯	𝄰	𝄳	♭	𝄳♭
𝄲↓	♯	♯↑	♭↑	♭	♭↓

(vedi anche Appendice 4)

Gli scambi enarmonici

62 Osservando i tasti neri della tastiera si noterà che ogni nota ha due nomi. Le note si possono infatti denominare a partire dal tono più basso o da quello più alto.

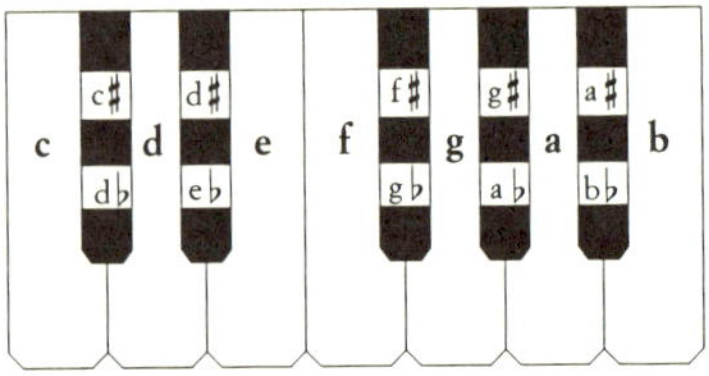

Anche i tasti bianchi possono avere più di un nome.

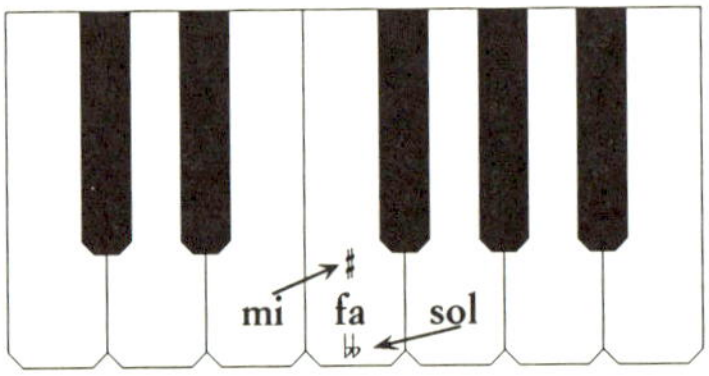

63 Con gli strumenti accordati in base al temperamento equabile (vedi 11), ad esempio con gli strumenti a tastiera o a corda con manico tastato, tali nomi alternativi possono essere impiegati in determinate situazioni. Parliamo allora di *scambi enarmonici* o di *interpretazione enarmonica alternativa* (dal gr. *enharmonios* = "concordante"): *do diesis* ↔ *re bemolle, sol bemolle* ↔ *fa diesis* ecc. Prospetto:

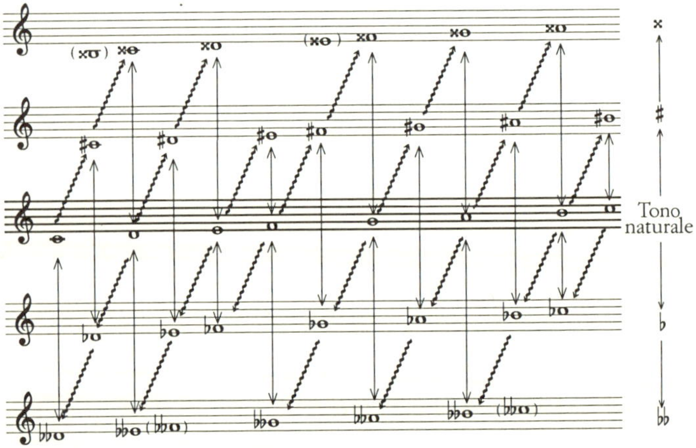

Ripasso

1. Descrivete l'aspetto grafico delle note. (15-16).
2. Distinguete tra le note poste sulle linee e quelle poste sugli spazi. (17)
3. Come si annotano i suoni che risuonano contemporaneamente e quelli che risuonano in successione? (18)
4. Spiegate qual'è l'uso dei tagli. (19)
5. Qual è l'effetto del segno di trasposizione di ottava? (20)
6. Quali regole determinano il posizionamento dei gambi delle note? (21-22)
7. In che cosa differisce il modo di scrittura delle note di breve valore nella musica vocale e nella musica strumentale? (24-25)
8. Quali regole bisogna rispettare nella scrittura a due voci sullo stesso rigo? (26-27)
9. Distinguete tra denominazione di altezze di tono relative e assolute. (28-29)
10. Qual'è la sequenza dei toni naturali? (29-31)
11. Spiegate la nozione di ottava. (32)
12. Qual'è lo scopo della chiave musicale? (33)
13. Elencate le chiavi musicali più usate. (35-40)
14. Perché la chiave di violino e la chiave di basso vengono chiamate anche chiavi di sol e fa? (34-36)
15. Come si segnala il cambiamento di chiave musicale? (38)
16. Cos'è la chiave di do. (40)
17. Quali strumenti vengono annotati oggi in chiave di do? (41)
18. In che cosa si distinguono le chiavi di violino e di basso dalla chiave di tonica? (42)
19. Elencate le denominazioni degli ambiti di ottava. (43)
20. Quali segni grafici si utilizzano per la suddivisione dello spazio? (44/46)
21. Che cos'è un sistema di pentagrammi? (45)
22. Come viene segnalata in un brano musicale la ripetizione di

lunghe sezioni? (47)

23. Spiegate il significato di *prima volta* e *seconda volta* nei ritornelli. (48)
24. Che tipo di alterazione producono il diesis, il bemolle, il doppio diesis e il doppio bemolle? (50-54)
25. Come vengono denominati i toni naturali alterati? (51-55)
26. A cosa serve il bequadro? (56)
27. Distinguete tra accidente e armatura di chiave. (58/59)
28. Esponete i differenti ambiti di applicazione degli accidenti e delle armature di chiave. (58-60)
29. Chiarite il concetto di scambio enarmonico. (62/63)

Esercizi

1. Esercitatevi nella scrittura delle note. Eseguite con attenzione e precisione ogni singola nota!
   a. Disegnate su linee e spazi teste di note vuote e piene.
   b. Aggiungete il gambo della nota (disegnarlo sempre dall'alto verso il basso!).
   c. Disegnate l'uncino (in guisa di lineetta corta) ai gambi delle note.
   d. Inserite le note con i tagli (prima disegnate i tagli, poi le note).
2. Esercitatevi nel disegnare la chiave di violino e la chiave di basso (fate attenzione alla corretta posizione dei puntini).

3. Denominate le seguenti note:

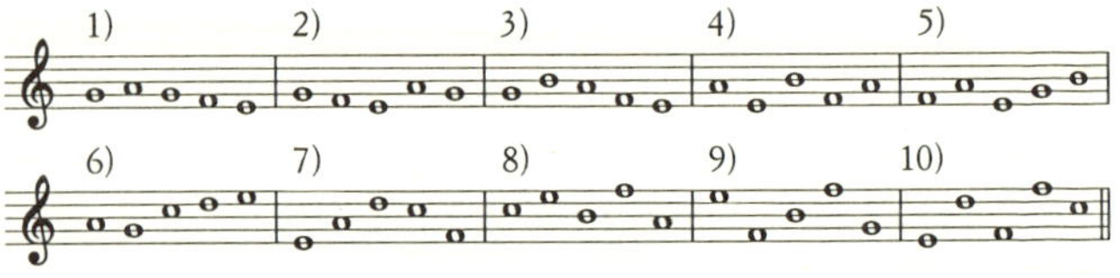

4. Annotate in chiave di violino le seguenti note: sol^1, si^1, fa^1, la^1 | si^1, mi^1, re^2, do^2, sol^1 | do^2, mi^2, la^1, fa^2, fa^1 | mi^1, re^2, fa^2, si^1, mi^2 ||

5. Denominate le seguenti note (insieme all'ambito di ottava):

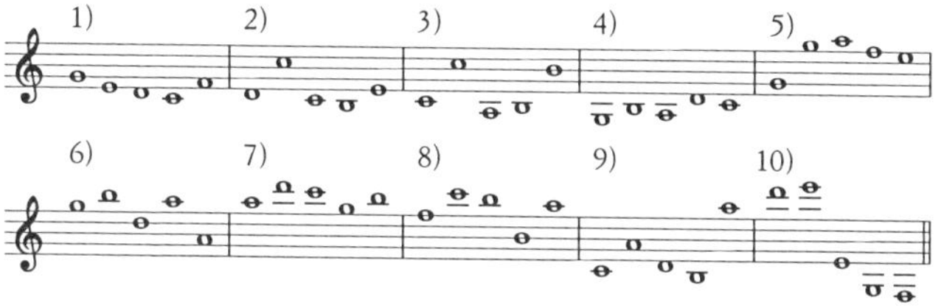

6. Annotate in chiave di violino le seguenti note: re^2, re^1, si, fa^1, do^1 | mi^1, la, si, si^1, sol | do^1, re^2, sol^2, la^2, do^2 | do^3, la^1, si^2, re^3, mi^3 ||

7. Denominate le seguenti note:

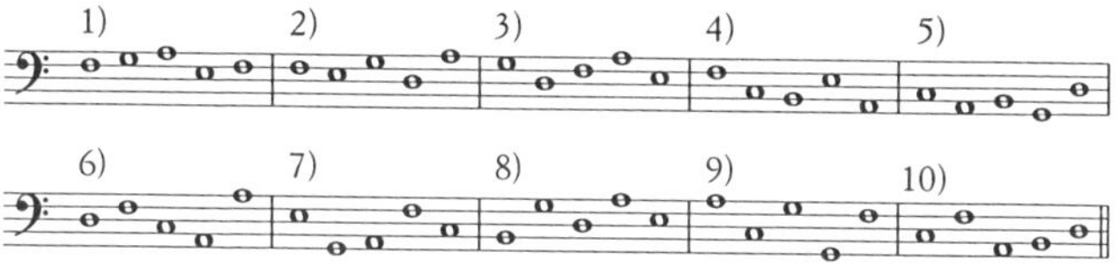

8. Annotate in chiave di basso le seguenti note: sol, fa, si, re, la | fa, do, LA, re, la | do, SOL, SI, mi, re | LA, sol, fa, SOL, do ||

9. Denominate le seguenti note:

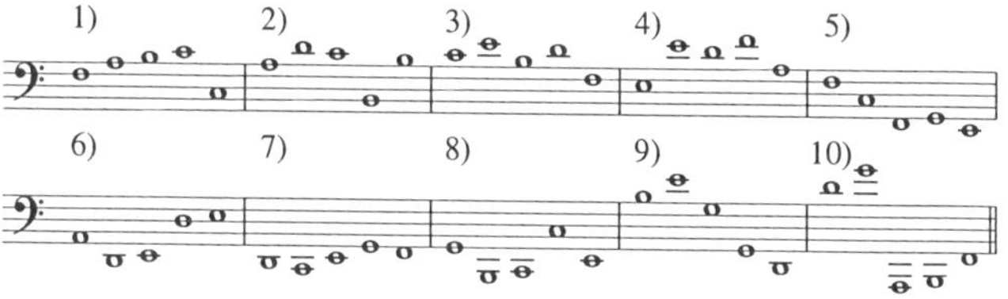

10. Annotate in chiave di basso le seguenti note: la, re^1, sol, fa^1, mi^1 | do^1, do, SOL, FA, si, | re, SI, RE, SI$_1$, DO | RE, re^1, fa, MI, do^1 ||

11. Denominate e annotate alcune delle sequenze di note date sopra in chiave di contralto e di tenore.

12. Riconoscete le seguenti note nelle chiavi indicate:

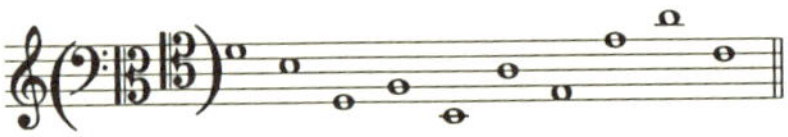

13. Annotate i toni naturali do e sol in diverse ottave.
14. Denominate le seguenti note:

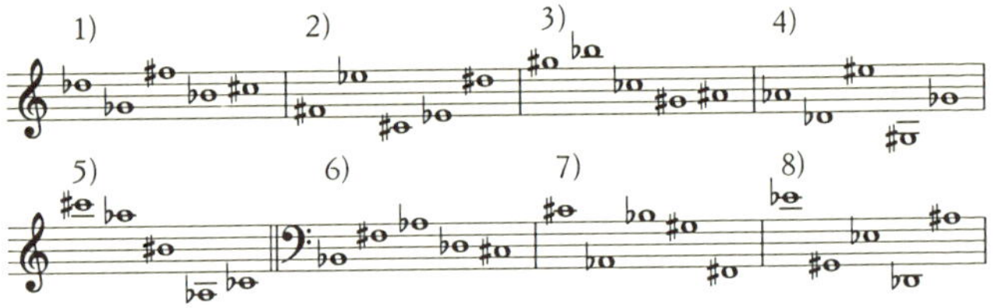

15. Annotate i seguenti toni: do diesis^2, mi bemolle^1, sol bemolle^2, la bemolle, si diesis | mi diesis, la bemolle^1, si bemolle, si bemolle^2, a diesis^2 | SOL diesis, fa bemolle, SI, DO diesis, sol bemolle | mi bemolle^3, fa diesis, re bemolle, LA bemolle, re diesis^2 ||
16. Denominate le seguenti note:

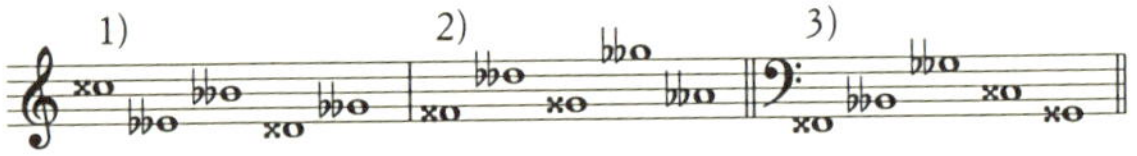

17. Annotate i seguenti toni: mi doppio bemolle^2, do doppio diesis^3, fa doppio diesis, si doppio bemolle, sol doppio diesis^2 | do doppio bemolle, re doppio diesis, sol doppio bemolle, FA doppio diesis, la doppio diesis ||
18. Trovate l'equivalente enarmonico delle seguenti note: la diesis, re bemolle, si diesis, mi doppio bemolle, la bemolle | mi diesis, do bemolle, re diesis, sol diesis, fa doppio diesis ||

Il ritmo

Generalità

64 L'andamento temporale della musica viene determinato dal *ritmo* (suddivisione in durate di suono lunghe e corte), dal *metro* (suddivisione in tempi forti e deboli) e dal *tempo* (la velocità dell'unità temporale).

Il valore delle note e il segno di pausa

65 La *durata* di un suono si riconosce dall'aspetto della nota, in base al quale si contraddistinguono i diversi valori temporali dei suoni. La durata cronometrica di un suono può essere tuttavia appurata solo in relazione al tempo, mentre i *valori delle note* indicano soltanto un rapporto relativo. Ad esempio nell'esecuzione di un canto raccolto e solenne la nota da un quarto dura più a lungo che in una canzone allegra o in una ballata. A ciascun valore di durata delle note corrisponde un *segno di pausa.*

66 Prospetto:

Nome	Nota	Pausa
Semibreve	𝅝	𝄻
Minima	𝅗𝅥 𝅗𝅥	𝄼
Semiminima	𝅘𝅥 𝅘𝅥	𝄽
Croma	𝅘𝅥𝅮 𝅘𝅥𝅮	𝄾
Semicroma	𝅘𝅥𝅯 𝅘𝅥𝅯	𝄿
Biscroma	𝅘𝅥𝅰 𝅘𝅥𝅰	𝅀
Semibiscroma	𝅘𝅥𝅱 𝅘𝅥𝅱	𝅁

67 Il seguente prospetto indica i *rapporti tra i valori temporali delle note* (e, per analogia, delle pause). Ogni nota e ogni pausa ha una durata doppia rispetto a quella che la segue.

1 𝅝 = 2 𝅗𝅥 = 4 ♩ = 8 ♪ = 16 𝅘𝅥𝅯 = 32 𝅘𝅥𝅰 = 64 𝅘𝅥𝅱

1 𝄻 = 2 𝄼 = 4 𝄽 = 8 𝄾 = 16 𝄿 = 32 𝅀 = 64 𝅁

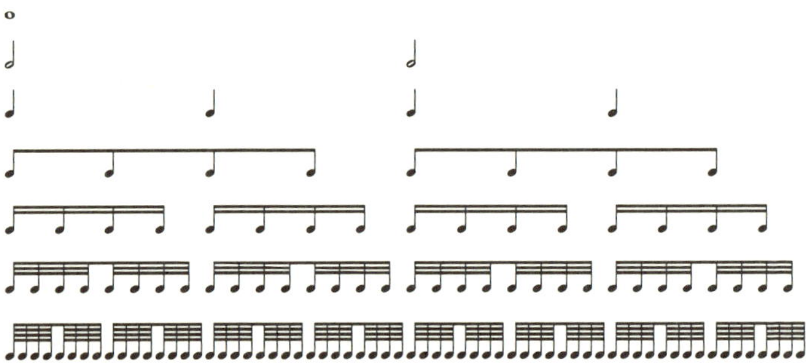

68 Analogamente all'uso di sillabe a mo' di ausilio, per indicare i rapporti melodici, nelle lezioni destinate ai principianti si usano delle *sillabe ritmiche* (vedi Appendice 5), le quali alludono per lo più ai movimenti del corpo (ad es. il correre, il camminare, lo stare in piedi, lo stare fermi e via dicendo).

69 Qualora un compositore volesse usare note di valore ritmico ancor maggiore della semibreve, allora dovrà ricorrere ai simboli della musica antica. Dal XIII secolo fino alla fine del XVI secolo la musica europea venne scritta in *notazione mensurale*. Le note avevano forma quadrata o romboidale (le teste delle note rotonde, quali vengono usate nell'odierna notazione musicale, sono attestate nei manoscritti solo a partire dal XV secolo). Le note mensurali – in origine si presentavano tutte nere – a partire dal 1450 circa conobbero la possibilità di essere rappresentate vuote all'interno, venendo suddivise in valori sempre più piccoli.

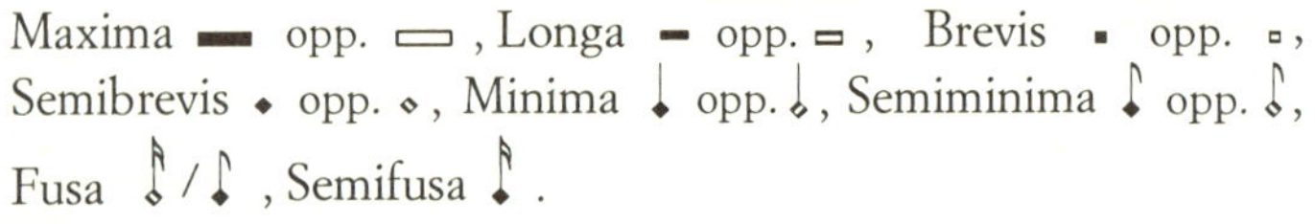

Come punto di riferimento venne adottata la *brevis*, poi la *semibrevis*. La suddivisione della *brevis* veniva dedotta dal segno di misura, che è paragonabile alla nostra indicazione di metro:
○ = *Tempus perfectum*: ternario
C = *Tempus imperfectum*: binario
L'aspetto grafico della nostra semibreve corrisponde a quello della *semibrevis* (◇ → o); valori di durata più lunghi vengono oggi annotati con la *brevis*. Talora sopra una nota tenuta o una pausa prolungata si trova scritto anche *longa*.

70 Se in un brano musicale una voce fa una pausa di più battute, allora queste battute di pausa possono venire raggruppate.

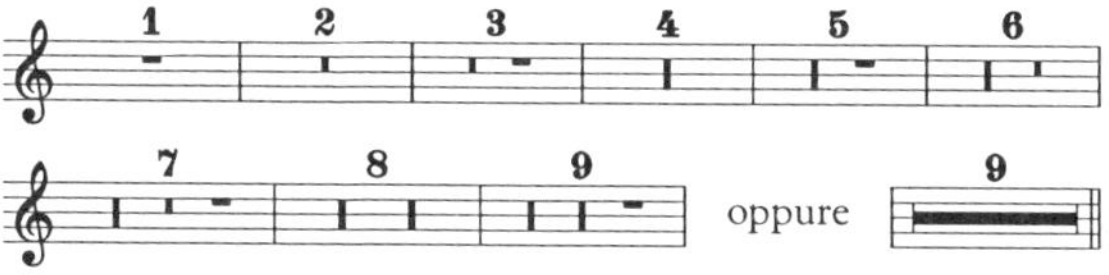

71 La *grande pausa* indica che tutte le voci devono fare una pausa; essa viene indicata con *G.P.*, o anche:

72 La *corona* indica che il musicista deve mantenere la nota con il segno 𝄐 oltre la sua reale durata, in conformità alle esigenze interpretative.

Con una corona viene anche segnalato l'inizio della cadenza nel concerto classico.
Nei canoni le diverse note finali, le quali si susseguono in ragione della successione degli attacchi delle voci, sono spesso provviste di corona, cosa che, tuttavia, non sempre deve comportare un prolungamento della durata del suono.

Michael Praetorius: Viva la musica

La corona si può trovare, come indicazione di conclusione, anche sopra la doppia stanghetta, oppure in corrispondenza dalla parola *fine* in un ritornello (vedi 379).

Il punto

73 Nel caso delle *note con il punto* (posto alla destra della testa della nota) la durata va aumentata della metà del valore della nota. Il punto ha effetto solo all'interno della battuta, la quale dunque non può venire allungata o accorciata da esso.
Si parlerà di:

Nota di tre mezzi
Nota di tre quarti
Nota di tre ottavi
Nota di tre sedicesimi

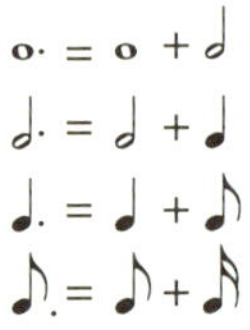

ecc.

Prospetto:

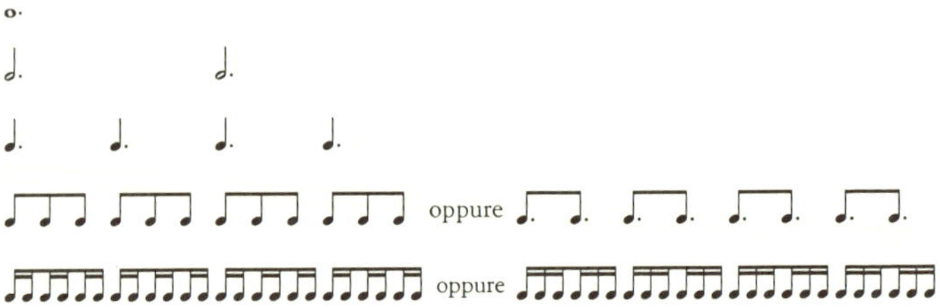

74 Due o tre punti dopo la testa della nota allungano la nota come segue:

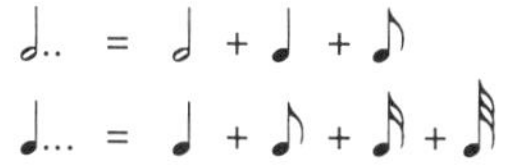

75 Le pause con il punto hanno il seguente valore:

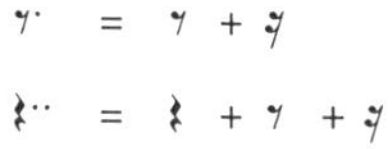

La legatura

76 L'allungamento della durata di un suono può essere effettuato anche con la *legatura*. Le pause non vengono legate.

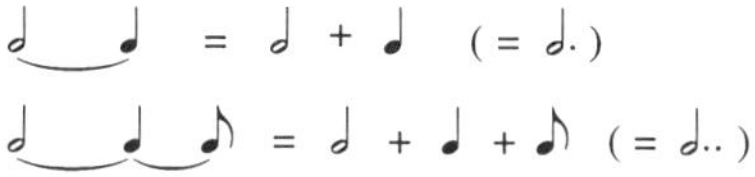

77 Le note legate devono avere la stessa altezza di tono: il valore di durata della nota che segue viene allora sommato al valore della nota che precede: l'arco che le unisce parte dalla testa dell'una per giungere alla testa dell'altra. La legatura viene utilizzata per quei valori di durata che in sé non possono essere rappresentati (ad esempio l'unità di cinque ottavi, come 𝅗𝅥‿♪ o ♩.‿♩), oppure nel caso in cui un tono debba essere prolungato al di là di una determinata configurazione metrica oppure nella battuta successiva (vedi 113/114).
Non si confondano la legatura di valore (a) con la legatura di portamento o di frase (b)!

78 Nella musica contemporanea, al posto della legatura, si trova talvolta segnata una riga.

Suddivisioni irregolari

79 Oltre alle suddivisioni binarie (♩ = ♫) si può anche avere, all'interno della medesima durata di tempo, una *suddivisione ternaria* della nota di riferimento (♩ = ♩♩♩). Al posto di due note se ne troveranno tre (tutte con lo stesso valore): si parlerà allora di *terzina*. Essa viene indicata con un piccolo 3 posto oltre l'asta che unisce le note, oppure all'interno di una graffa.

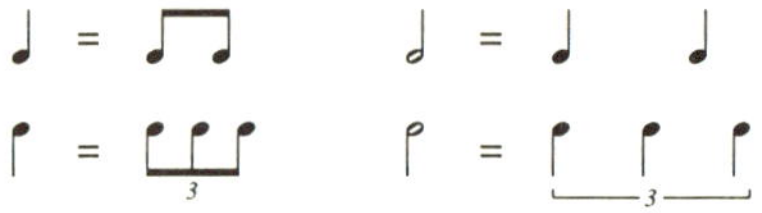

Antichi modi di scrivere la legatura (i quali possono generare confusione con la legatura di portamento):

Giuseppe Verdi: Marcia Trionfale (dall'«Aida»)

Osservate le due versioni dell'"Invenzione in do maggiore" (BWV 772 e 772a) di Johann Sebastian Bach:

80 La figura della terzina può contenere anche pause o note di valore più piccolo. Queste ultime vengono suddivise in due parti, altrimenti sono necessarie ulteriori indicazioni.

Talvolta la terzina corrisponde al valore di quattro note, in tal caso si scriverà:

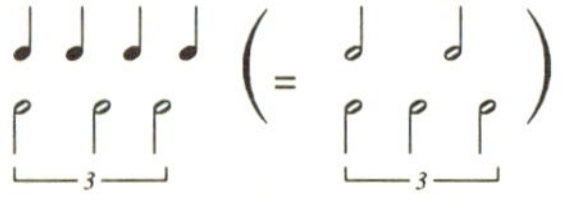

81 Se la durata di un valore ternario viene suddivisa in due parti, allora si ha una *duina*.

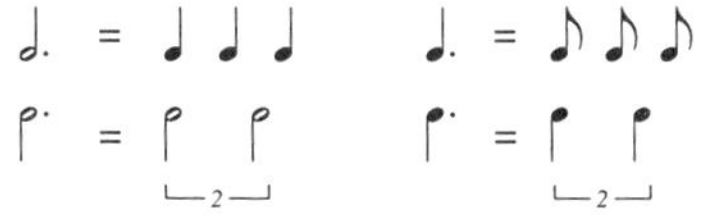

82 Altre suddivisioni irregolari sono la *quartina* (4), la *quintina* (5), la *sestina* (6), la *settimina* (7), l'*ottavina* (8), la *nonina* (9), la *decimina* (10) ecc. Ricordiamo, a mo' di esempio, che si possono avere anche suddivisioni regolari di undici note nella durata di un quarto:

L'annotazione delle suddivisioni irregolari avviene in base ai valori binari o ternari indicati dal seguente schema (il valore delle note cambia quando viene raggiunta la più piccola suddivisione regolare successiva):

binario ternario

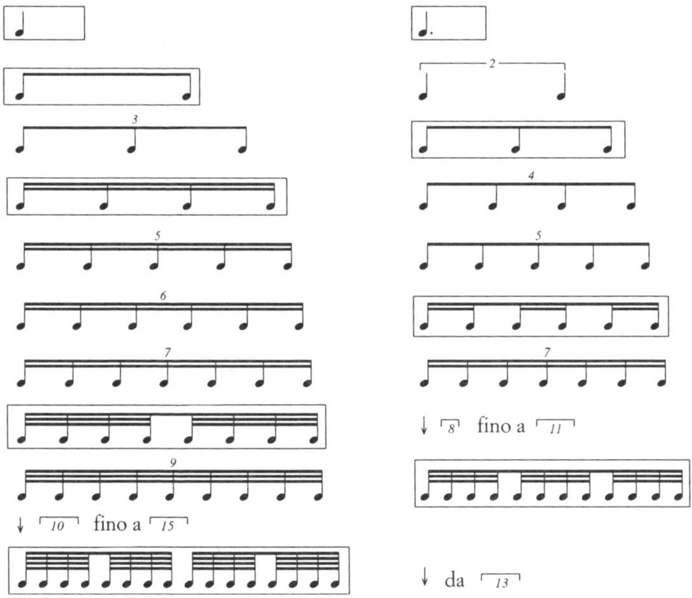

83 Nella notazione contemporanea le suddivisioni irregolari vengono rappresentate anche sotto forma di rapporto numerico (la suddivisione viene posta al numeratore, il valore binario al denominatore), ad esempio per la terzina o altre unità:

84 L'effetto delle suddivisioni irregolari può comportare un acceleramento o un rallentamento del tempo musicale.

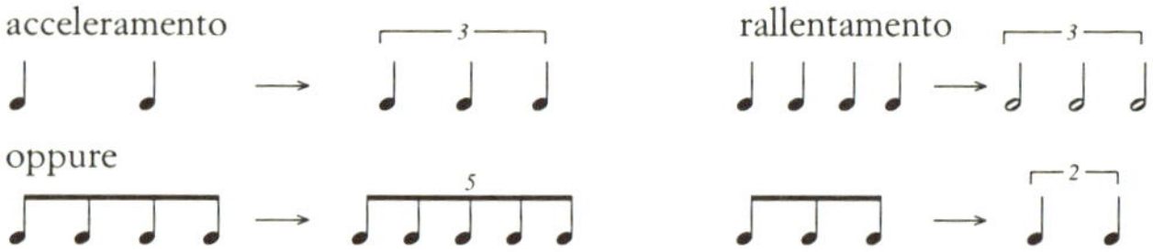

Il metro, la battuta

85 Oltre alla suddivisione in durate di tono lunghe e corte, importanza fondamentale per la forma della melodia e per la sua composizione è tenuta dalla sequenza degli accenti (accenti metrici). Il rapporto tra i tempi accentati (*forti*) e quelli non accentati (*deboli*) prende il nome di *metro* (dal greco *métron* = "misura").

86 L'ordine ritmico-metrico si estrinseca nella battuta. La *battuta* comprende un determinato gruppo di *tempi* o *battiti* organizzati in base all'accento. Le battute sono separate tra loro dalle *stanghette di battuta*. La stanghetta di battuta segnala la presenza di un nuovo tempo accentato (il primo della battuta successiva), e al tempo stesso esprime l'ordine ritmico.

87 Le forme metriche principali sono costituite da battute a due tempi o da battute a tre tempi. Nella battuta a due tempi (tempi pari) si ha la successione tra un battito non accentato e un battito accentato, nel ritmo ternario (tempi dispari) al battito accentato ne seguono due non accentati.

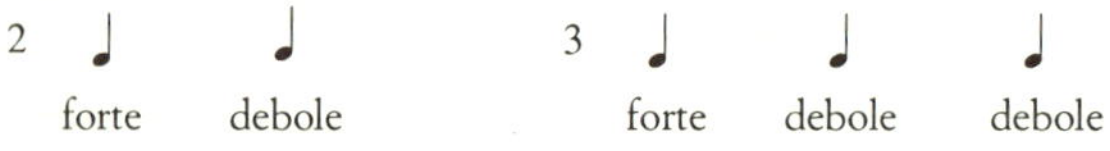

Per farsi un'idea circa le due principali forme metriche si può pensare all'accentazione nella pronuncia dei seguenti nomi:

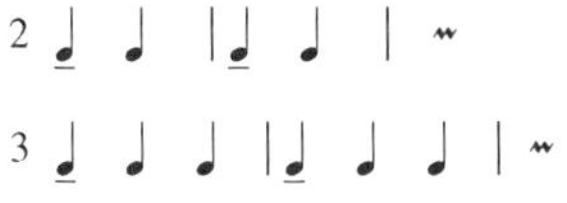

Pino, Lino, Sole, Luna

Carola, Mantova, albero, ospite

88 Il metro della battuta viene indicato sotto forma di frazione aritmetica dopo la chiave musicale e l'eventuale armatura di chiave (vedi 58). Il numero al denominatore indica il valore ritmico di base, ovvero, l'unità di tempo. Il numeratore indica invece quanti battiti cadono nella battuta. Se il metro del brano rimane invariato, allora la sua indicazione si troverà solo all'inizio del primo rigo (al contrario dell'armatura di chiave, che viene ripetuta all'inizio di ogni rigo).

89 Come *valore ritmico di base* della battuta (il denominatore nell'indicazione del metro) possono comparire teoricamente tutti i valori delle note. Quelli che vengono impiegati nella pratica sono i seguenti:

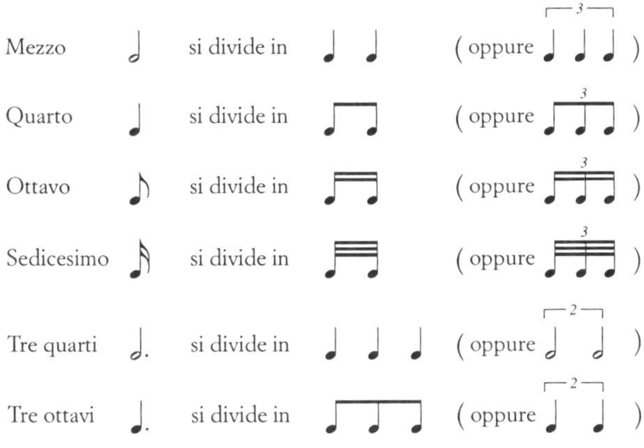

90 Una sequenza di suoni senza alcuna suddivisione metrica può avere differenti interpretazioni:

I diversi tipi di metro

Dalle forme metriche principali (a due e tre tempi) derivano i diversi metri.

91 Metri pari, a due tempi:

semplici

composti a suddivisione pari

composti a suddivisione dispari

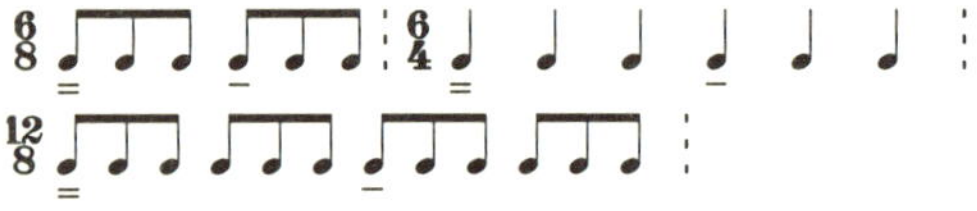

= Tempo principale – Tempo secondario

92 Alcuni simboli per l'indicazione del metro, derivanti dalla notazione antica (notazione mensurale, vedi 69), sono stati mantenuti fino ad oggi:

C = 4/4 ¢ = 2/2 (alla breve) CƆ = 4/2

93 Metri dispari, a tre tempi:

semplici

composti a suddivisione dispari

94 Metri additivi e irregolari: i *metri additivi* sono composti asimmetricamente da due o tre unità metriche, e di solito hanno al numeratore dei numeri primi.

[Diversamente i ritmi non additivi vengono chiamati divisivi in quanto al numeratore hanno un numero multiplo. NdC]

In base alla sola indicazione di metro non si possono tuttavia conoscere i reali rapporti tra gli accenti: la suddivisione tra le unità metriche deve essere indicata al numeratore della frazione, e comunque deve risultare evidente dal raggruppamento delle note nello spartito (eventualmente con legature di frase). Le due varianti del metro di cinque quarti sono:

2 + 3

Peter Tschaikowski, Sesta sinfonia in si minore, op. 74.
Secondo tempo: Allegro con grazia

3 + 2

Paul Desmond, Take Five

Ritmo di accompagnamento

Nel folklore musicale dei paesi balcanici e nella musica extraeuropea, ci si imbatte talvolta in canti e danze con *metri irregolari*, cioè con battute che presentano un'unità di tempo "allungata".

Nelle due melodie bulgare che seguono, l'indicazione di tempo si riferisce all'intera battuta; un tempo all'ottavo con ♪ = 350! sarebbe impossibile da seguire. La suddivisione delle battute ha effetto nei quarti "normali" e nei quarti "allungati" con il punto. In questo modo le unità di tempo non formano un rapporto 1:1, come nelle misure regolari fin qui esaminate (nella battuta di 2/4 1:1, nella battuta di 3/4 1:1:1, e così via), bensì di 1:1,5 nell'esempio a), e di 1,5:1:1 nell'esempio b). In questo caso non si hanno delle combinazioni di battiti come negli esempi sopra riportati per la battuta di 5/4, bensì delle vere e proprie cellule metriche indipendenti.

a)

b)

Il diverso posizionamento dell'unità di tempo dilatata all'interno della battuta può dare luogo a interessanti varianti, ad esempio:

Kinise i Yerakina (Kalamatianos, danza nazionale greca; 3+2+2)

Ratschenitza (danza popolare bulgara; 2+2+3)

O fanciulla (Macedonia; 2+2+2+3)

Danza bulgara (2+2+3+2+2)

95 Anche una battuta di 4/4 può presentare diverse varianti metriche. Nel qual caso essa andrebbe segnalata come battuta di 8/8, ad esempio:

Béla Bartok, Sei danze in ritmo bulgaro («Mikrokosmos», n. 151 e 153)

96 Alcuni compositori rappresentano il *valore ritmico di base sotto forma di nota*, ad esempio:

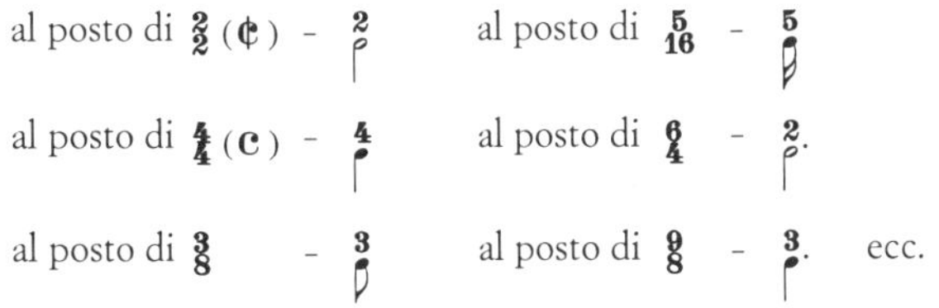

Si osservino gli ultimi due esempi: le battute di 6/4 e 9/8 sono suddivise in modo dispari: il denominatore sotto forma di nota rende immediatamente evidente questo fatto.

Il cambiamento di metro

97 All'interno di una canzone o di un brano strumentale le trasformazioni della struttura metrica possono richiedere un *cambiamento di metro*. Il cambiamento di metro deve essere usato in ogni caso per rappresentare con chiarezza l'andamento metrico proprio del brano.

Nei tempi che dei Guelfi

La scrittura in battute di 3/4 comporterebbe l'accentazione erronea della parola Ghi-bel-lì-ni come Ghi-bel-li-nì.

98 Nel folklore ci sono molte forme di canzoni e di danze caratterizzate da cambiamenti di metro. Una danza popolare delle Alpi, contraddistinta dalla regolare alternanza di battute da due e da tre tempi, è la cosiddetta *Zwiefacher*.

Musica popolare austriaca

99 Il *cambiamento del metro* deve essere indicato espressamente. Ci sono vari modi per farlo. Nella maggior parte dei casi l'indicazione del nuovo metro si trova all'inizio della battuta, davanti alla prima nota. Se un nuovo rigo comincia con un cambiamento di metro, allora il nuovo metro viene indicato, in aggiunta, alla fine del rigo precedente.

Modest P. Mussorgski, Promenade
(da «Quadri di un'esposizione»)

Se il metro cambia spesso, allora esso può venire indicato anche al di sopra del rigo (nei pezzi per pianoforte, spesso tra i due sistemi, vedi l'esempio 294), affinché la scrittura della melodia non debba subire continue interruzioni.

Jetz fängt das schöne Frühjahr an

Per i cambiamenti di metro che si ripetono regolarmente (come ad esempio nella *Zwiefacher*) l'indicazione può non essere ripetuta ad ogni cambiamento, ma essere segnata una volta per tutte all'inizio del rigo (confronta il secondo esempio dato al § 341).

Cambiamenti di metro aritmeticamente strutturati, che danno vita a unità metriche più ampie, vengono chiamati *metri variabili* (secondo Boris Blacher, 1950), ad esempio:

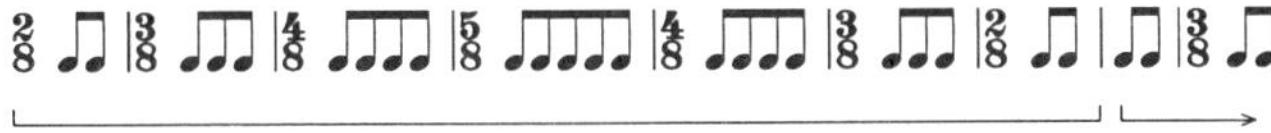

100 Se il valore ritmico di base cambia con il cambiamento di metro (ad esempio da 2/4 in 3/8), allora l'andamento ritmico-metrico voluto dal compositore deve essere segnalato con delle indicazioni aggiuntive.

Distinguete:

a) 

b) 

Mentre nel primo esempio la croma rimane uguale alla croma, nella seconda battuta del secondo esempio la croma subisce un accorciamento temporale: il valore di base ♩ diventa il valore di base ♩. , cosicché la durata temporale, nella prima battuta di due crome, contemplerà nella seconda battuta tre crome.

Leonard Bernstein, America (da «West side story»)

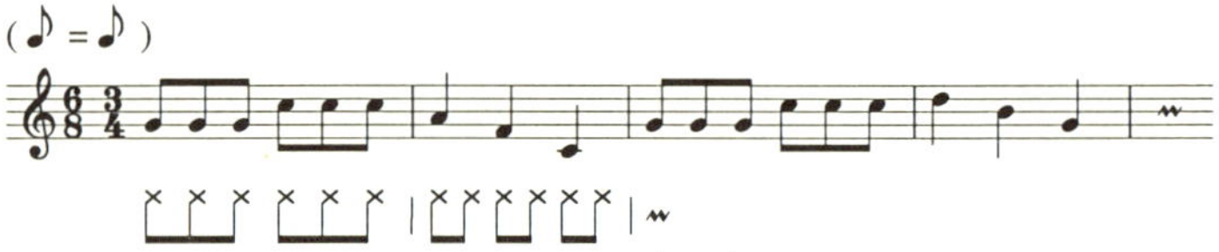

Come suonerebbe questo esempio con ♩. = ♩?

Battuta tetica e anacrusica

101 Molte poesie e molti testi cominciano con sillabe atone (articoli, preposizioni ecc.), di conseguenza le melodie basate su di esse non inizieranno sul tempo forte della battuta, ovvero con una *battuta tetica*, bensì su un tempo debole, vale a dire con una *battuta anacrusica*. In questo caso si ha a che fare con il cosiddetto quarto *tempo anacrusico*:

Der Jäger in dem grünen Wald

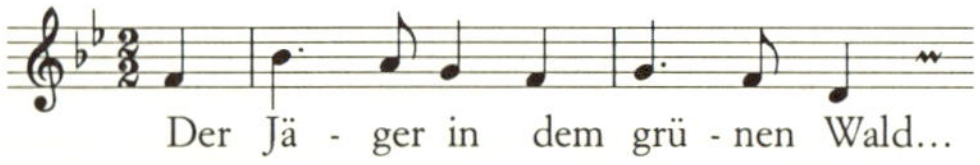

Rouget de l'Isle, Marsigliese

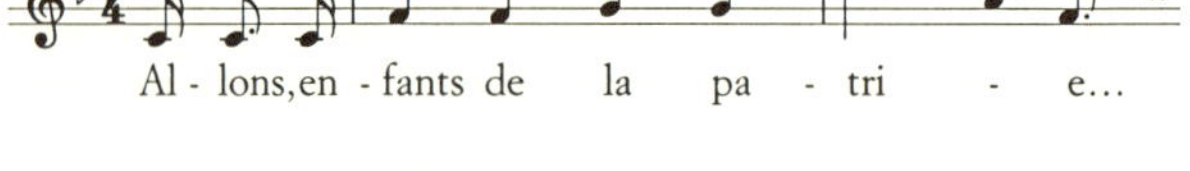

102 Nelle canzoni e nei brani strumentali più brevi e semplici l'anacrusi e la misura finale si completano:

103 Analogamente all'anacrusi nelle canzoni, nelle forme strumentali più complesse le sequenze melodiche di carattere introduttivo (anacrusiche) – che spesso comprendono molteplici battute – vengono chiamate *anacrusi generale.*

Il solfeggio

104 Ogni schema di solfeggio prevede che il primo tempo della misura venga battuto verso il basso (*battere*). In tal modo l'accento principale, che sovente coincide con un punto armonicamente rilevante, riceve un particolare peso.
Rappresentazione schematica dei fondamentali schemi di solfeggio:

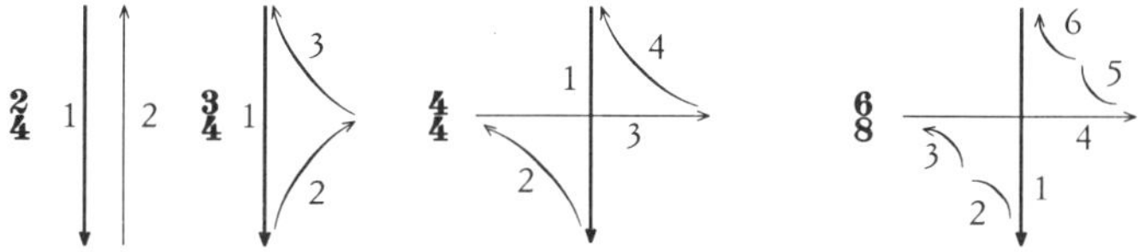

In un tempo veloce le battute di tre tempi vengono solfeggiate con un unico movimento di *battere-levare*, le battute di 6/8 e 6/4 vengono solfeggiate con due movimenti.

Allontanamento dai valori ritmici di base

105 Qualora un brano sia in tempo moderato, il valore ritmico di base serve al musicista come aiuto per contare il tempo. Egli lo conta, ad esempio, così:

Anche l'ascoltatore percepisce generalmente questo valore di base, facile da riconoscere e da battere con il piede, in particolare nella musica pop e jazz.

106 Con un tempo veloce si riesce a cogliere per lo più solo il battito principale, cioè il primo tempo della battuta. Il musicista conta in questo caso l'"intero". Esempi tipici di ciò si possono trovare negli Scherzi delle sinfonie di Beethoven: al posto di 3/4 (3 ♩) ci potrebbe stare 1 𝅗𝅥. .

Ludwig van Beethoven, Terza sinfonia in mi bemolle maggiore, op. 55, terzo tempo

107 Con un tempo lento è invece di aiuto una suddivisione in valori di base più piccoli, in particolare nell'esecuzione in cui si trovano molte note con breve durata: al posto di 4/4 (4 ♩) ci può stare allora 8 ♪ .

Johann Sebastian Bach, Seconda sonata per violino solo, BWV 1003

Sebbene ogni battito abbia la stessa durata (a meno che non siano previsti cambiamenti di tempo), lo spazio da esso occupato sul pentagramma varierà in relazione al numero di note che devono essere suonate in esso. Si deve però fare attenzione che la scrittura sia il più possibile lineare.

Aspetti metrici della scrittura musicale

Al fine di rendere evidenti i *rapporti tra gli accenti* all'interno della battuta, la nostra notazione musicale contempla alcune particolari regole di scrittura.

1. Il collegamento mediante aste delle crome e delle note con valori più piccoli.

108 Battuta di 2/4:

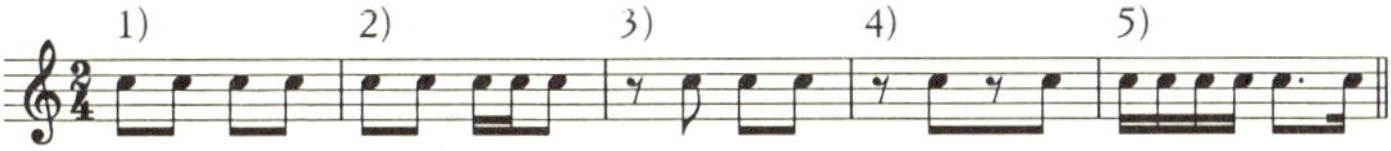

In una sequenza di crome (1/3), le note devono venir riunite in gruppi di due; è anche possibile un raggruppamento mediante un'asta comune  . Se compaiono delle semicrome (2/5), allora anche la parte mediana della battuta deve essere riconoscibile: non  . Note di valore simile tra loro (4) possono essere unite con un'asta.

109 Battuta di 3/4:

Una sequenza di crome deve essere riunita con un'asta, oppure annotata a gruppi di due (1/2), le figure con semicrome mantengono le aste in conformità all'unità del battito, non  (3).

110 Battuta di 4/4:

Nella battuta di 4/4 il terzo tempo, che è accentato, deve essere evidenziato anche graficamente. Le crome vengono ordinate a gruppi di quattro (1), e, nelle suddivisioni temporali, in conformità all'unità del battito (2/3).

111 Battuta di 6/8:

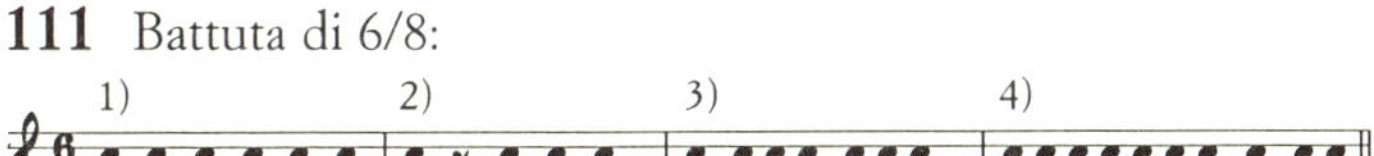

Il raggruppamento con le aste deve tenere conto dell'accento del quarto tempo, dunque non  (che vale invece per la battuta di 3/4).

112 Si incontrano eccezioni a queste regole solo laddove il compositore ignori consapevolmente l'accento naturale e sposti gli accenti per esigenze compositive. Varianti possibili:

2. Utilizzo della legatura di valore (vedi 76)

113 La legatura di valore deve essere usata quando la durata di una nota si prolunga al di là della battuta.

Frédéric Chopin, Walzer, op. 69, 2

114 All'interno della battuta la legatura di valore serve anche per evidenziare la struttura metrica. Oggi tuttavia, nel caso di ritmi caratteristici e ricorrenti, si fa a meno dell'arco.

3. Particolarità nella scrittura delle pause.

115 La *pausa intera* (di semibreve) vale sempre per una battuta intera, dunque anche per battute di 2/4, 3/4, 6/8, 5/4 ecc. (unica eccezione: la battuta di 4/2).

116 La *pausa di minima* viene usata nella battuta di 4/4 per la prima o per la seconda metà della battuta, conformemente al senso della battuta di 3/2 o di 4/2, ma non della battuta di 3/4.

117 Nella battuta di 6/8 si è sviluppato il seguente modo di scrittura delle pause:

Spostamento dell'accento

118 Se proseguiamo nell'analisi della *gerarchia degli accenti* all'interno della battuta, notiamo che la loro importanza diminuisce progressivamente, nel rispetto degli accenti secondari. Parallelamente aumenta la tensione verso il primo battito della battuta successiva. Nella battuta di tre tempi il secondo battito, che segue immediatamente il primo, è più forte del terzo battito.

Oppure, in altri tipi di battuta:

119 Gli accenti che sottostanno all'ordine metrico possono venire rafforzati o spostati mediante accenti aggiuntivi per produrre una determinata forma melodica o dare importanza a un determinato legame armonico. I segni utilizzati sono > e ∧ (si posizionano al di sotto o al di sopra della testa della nota), inoltre le abbreviazioni *sf* / *sfz* (sforzando), *fz* (forzato/forzando) e *rfz* /rinf. (rinforzato). Ricordiamo inoltre il *fp* (fortepiano = dopo aver suonato forte una nota, quella successiva è suonata con minor intensità).

Nel *Leitmotiv* del nonno in “Pierino e il lupo”, la favola musicale per bambini scritta da Sergej Prokofiev, alcune note vengono messe in particolare rilievo mediante gli accenti, senza che il metro subisca sostanziali variazioni.

Nel primo tema della Mazurka dell’opera “Halka”, Stanislaw Moniuszko mette in rilievo, attraverso l’accentazione, il terzo battito non accentato, aspetto che caratterizza questa danza e ne modifica di conseguenza la struttura metrica.

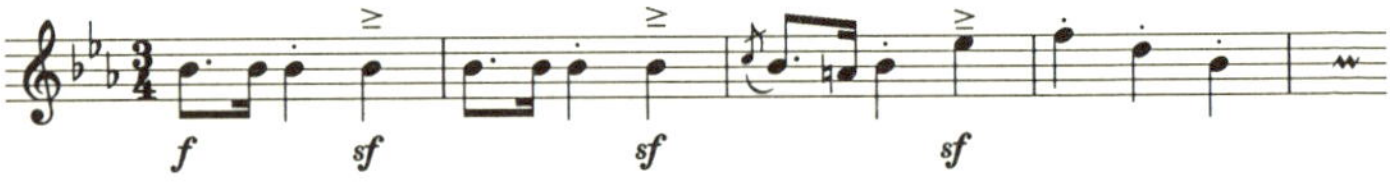

120 Uno spostamento di accenti aumenta la tensione musicale, sia che riguardi le singole note e i singoli accordi, sia che riguardi il ritmo di base della danza (ad esempio, quando si battono le mani sul 2° e sul 4° tempo, che sono deboli = *backbeat*, *afterbeat*).

Joshua Fit The Battle Of Jericho (Spiritual)

Sincope • emiola

121 La *sincope* (dal greco = "battere") rappresenta una interessante particolarità ritmico-metrica: l'accento di un battito "forte" viene spostato su un tempo "debole" e non accentato; allora la nota accentata viene a cadere su un tempo normalmente non accentato.

Luigi Boccherini, Minuetto

La sincopazione dà brio all'andamento melodico e crea tensione: si confrontino la versione originale e la rielaborazione della famosa polka "Škoda Lásky" (Rosamunda):

Jaromír Vejvoda, Škoda Lásky (Rosamunda)

Prospetto:

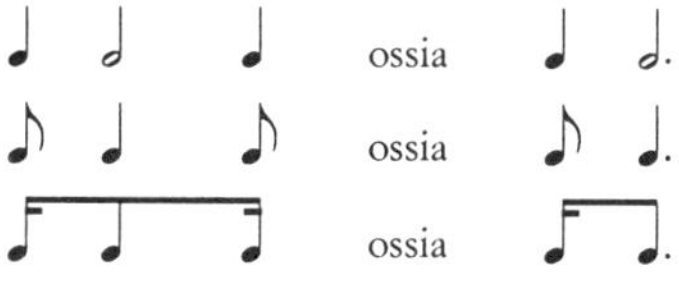

Nel folklore straniero ricorrono spesso figure sincopate:

Csárdás (Ungheria)

Swing Low, Sweet Chariot (Spiritual)

122 Il *fraseggio offbeat*, che si incontra nella musica afroamericana e nelle forme di musica pop che da questa sono state influenzate, viene rappresentato sotto forma di sincope, sebbene l'esecuzione differisca dalla notazione (per le melodie binarie e ternarie, vedi 360). Il battito di base, sia che venga eseguito realmente (come gruppo ritmico) sia che venga solo percepito, viene indicato con il termine *beat* (dall'inglese = "battito").

Nella struttura melodica si distinguono:

- *onbeat* ("sul battito") – melodie che vengono eseguite esattamente sul cadere del battito;
- *offbeat* ("fuori dal battito") – melodie che vengono eseguite in anticipo o in ritardo rispetto al cadere del battito.

Alcuni esempi di fraseggio *offbeat* si ritrovano nelle prime quattro battute della canzone "Aura Lee":

(Numeri cerchiati = battiti anticipati, numeri non cerchiati = battiti posticipati)

123 Quando due unità metriche ternarie vengano trasformate in tre unità metriche binarie, si ha l'*emiola*:

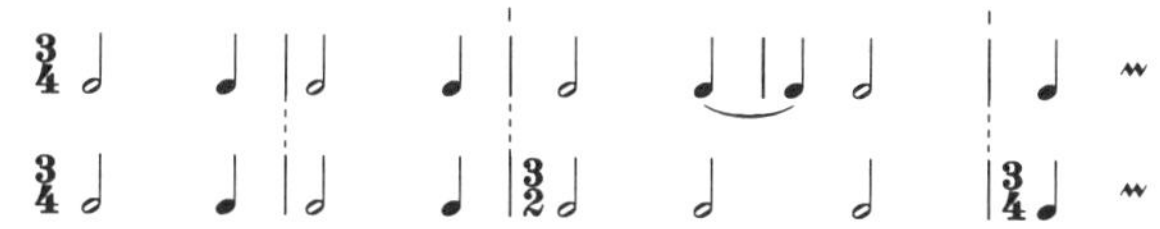

Charles Gounod, Faustwalzer (da «Margarethe»)

Cielito lindo (Spagna)

Poliritmia • polimetria

124 Quando in un'esecuzione musicale si hanno più ritmi contemporaneamente, allora si parla di *poliritmia* (il metro rimane invariato). I ritmi possono essere suddivisi tra le voci presentandosi con valori differenti (*ritmica divisiva*), completarsi a vicenda (*ritmica complementare*) oppure, mediante una differente suddivisione tra le voci dei valori uguali (*ritmica conflittuale*) produrre una certa tensione.

Ritmica divisiva:

Ludwig van Beethoven, «Die Wut über den verlorenen Groschen», op. 129

Ritmica complementare:

W.A. Mozart, Sonata in la maggiore, KV 331, Primo tempo, Variazione I

Ritmica conflittuale:

Joseph Haydn, Sonata per pianoforte in do maggiore, Primo tempo

125 Talvolta in un brano musicale si possono avere due o più metri al contempo, anche se – nella maggior parte dei casi – in chiave si trova segnato un solo metro. Questa forma si chiama *polimetria*.

Aram Chatschaturjan, Danza delle spade, parte intermedia (da «Gajaneh»)

Musica non strutturata metricamente

126 Studiando la musica del periodo che va dal XIII al XVI secolo circa, si può notare che le composizioni non presentano un ordine metrico nel senso in cui lo intendiamo noi oggi. Il ritmo si sviluppa senza un comune riferimento metrico – le battute non sono dunque necessarie. Con il termine *tactus* (lat. "battito") si intende il battito costante del tempo. Per trascrivere questa musica in notazione moderna si presentano dei problemi, in quanto la suddivisione artificiale in battute dà vita a figure ritmiche estremamente complesse. Per evitare ciò e per non perdere la suddivisione peculiare a questa musica, si tralasciano le stanghette di battuta o le si accennano soltanto (stanghette di metro).

Heinrich Isaak, «Innsbruck, ich muß dich lassen»

Lo stesso avviene nella notazione del folklore straniero.

127 Anche i compositori contemporanei rinunciano talvolta alla suddivisione in battute, considerando che la notazione diverrebbe in alcuni casi troppo complicata a causa dei frequenti cambiamenti di metro e della complessità della suddivisione ritmica. Inoltre, alla base di certe opere contemporanee si trovano strutture per lo più ametriche e senza forma, oppure tecniche di composizione che richiedono comunque modi di rappresentazione originali e si allontanano inevitabilmente dalle tradizionali regole di notazione.

Ecco alcuni segni usuali nell'annotazione degli eventi ritmici nella musica contemporanea:

 linea che indica la durata delle note

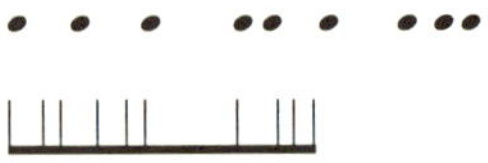 posizione della sequenza delle note conformemente alla figura

 accelerando

 rallentando

 il più veloce possibile

 sequenza irregolare

 interruzione breve

 interruzione lunga

Friedrich Goldmann, 4 Klavierstücke, Nr. 2

Il tempo

128 Il valore di una nota (ad esempio di una croma) non esprime nulla riguardo alla sua durata temporale cronometrica. Quest'ultima emerge solo in relazione al *tempo* stabilito. Peraltro bisogna ricordare che l'orecchio umano può percepire in un secondo dieci o al massimo dodici note in sequenza.

129 Indicazioni scritte riguardanti il tempo di una composizione si incontrano solo a partire dal XVII secolo. Nella musica più antica si finirebbe, nella maggior parte dei casi, per cercarle invano: il tempo, in questo caso, emerge dal valore delle note (*integer valor notarum*, lat. "valore delle note invariato"), fungendo il battito del cuore oppure il passo di una persona da metro di paragone – dunque si tratta di un tempo tra i 60 e gli 80 battiti di metronomo (vedi 137). Oggi come tempo medio si prende l'*andante*, che corrisponde all'andatura di un uomo che cammina lentamente.

130 Schema delle principali *indicazioni di tempo*:

prestissimo
vivacissimo
presto
vivace
allegro
allegretto
moderato
andantino
andante
grave
adagio
lento
larghetto
largo
larghissimo

131 Ragguagli sulla variazione del tempo:
Per il *rallentamento* del tempo si usano le seguenti espressioni: *ritardando* (*ritard.*, *rit.*), *ritenuto* (*riten.*, *rit.*), *rallentando* (*rall.*), *meno mosso*, *allargando*, *calando*, *morendo*, *perdendosi*.

Per l'*acceleramento* del tempo si hanno: *accelerando* (*accel.*), *stringendo* (*string.*), *stretto*, *più mosso.*
Per la *sospensione* del tempo (tempo libero) si trova: *rubato*, *senza tempo*, *ad libitum* (*ad lib.*), *a piacere.*
Per il *ripristino del tempo originario* (di nuovo nel tempo; ad esempio dopo *rit.*, *accel.*, *ad lib.* ecc.) si trova: *a tempo*, *tempo primo*, *Tempo I.*

132 Spesso si fa ricorso a espressioni aggiuntive: *assai*, *comodo*, *con brio o con fuoco*, *con moto*, *ma non troppo*, *meno*, *molto*, *più*, *poco a poco*, *possibile*, *sostenuto*, *subito*, *un poco.*

133 Queste indicazioni di tempo, espresse internazionalmente in lingua italiana, vengono oggi sostituite per lo più da indicazioni nella lingua madre del compositore. Peraltro indicazioni come "Allegro, ma non troppo" non garantiscono ancora un'interpretazione univoca del tempo: ciascun interprete le esegue infatti conformemente alla propria sensibilità musicale (confrontate le esecuzioni di uno stesso brano musicale fatte da diversi interpreti: le differenze sono spesso rilevanti!).

134 L'*indicazione di tempo* si trova all'inizio del brano musicale, al di sopra del primo rigo, e vale fino alla fine, oppure finché non viene indicato un *cambiamento di tempo.* Le indicazioni di tempo si trovano sempre al di sopra del pentagramma (così anche: *rit.*, *accel.*, *a tempo*, ecc.). Dopo *ritard.*, *accel.* ecc. deve venire sempre indicato *a tempo* (eccetto che nelle battute di chiusura).

135 Le indicazioni dei movimenti delle opere musicali (ad esempio nel caso di sonate, sinfonie, concerti) sono in gran parte identiche alle indicazioni di tempo.

Ludwig van Beethoven: Prima sinfonia in do maggiore, op. 21
I movimento: Adagio molto - Allegro con brio
II movimento: Andante cantabile con moto
III movimento: Minuetto (allegro molto e vivace)
IV movimento: Adagio - Allegro e molto vivace

136 Per rendere l'esecuzione vivace ed espressiva, e per evidenziare la forma e il fraseggio, l'interprete talvolta cambia in modo impercettibile il tempo in alcuni punti, oppure prolunga e sforza le figure ritmiche, compie delle cesure, suona con libertà o rubato ecc. Per indicare l'insieme di queste sfumature interpretative Hugo Riemann introdusse il termine *agogia* (dal greco = "condurre").

137 Se il compositore vuole che la propria opera sia eseguita nel tempo esatto da lui desiderato, allora dovrà indicare il *tempo di metronomo* (MM). Il metronomo ("misuratore del battito"), brevettato da Johann Nepomuk Mälzel nel 1816, rende possibile l'esatta misurazione del tempo sulla base delle oscillazioni regolari (visibili e udibili) di un pendolo (100 ♩ = 100 oscillazioni al minuto) – oggi per lo più mediante oscillazioni elettriche.

I valori del metronomo:

40	–	60	=	Largo
60	–	66	=	Larghetto
66	–	76	=	Adagio
76	–	108	=	Andante
108	–	120	=	Moderato
120	–	168	=	Allegro
168	–	128	=	Presto

Per l'interpretazione della musica contemporanea vengono talvolta scritte – sopra una linea posta al di sotto del pentagramma o su degli spezzoni di pentagramma posti come riferimento – anche le indicazioni del *tempo in secondi* e le indicazioni di *battiti al secondo* o *bpm* (beats per minutes, "battiti al minuto").

Ripasso

1. Distinguete tra ritmo, metro e tempo. (64)
2. Descrivete la rappresentazione grafica dei singoli valori delle note e dei segni di pausa. (66)
3. Spiegate la loro relazione temporale. (67)
4. Come può venire rappresentata una pausa che comprende più battute? (70)
5. A cosa servono la Grande Pausa e la corona. (71/72)
6. Che effetto comporta un punto dopo una nota o dopo una pausa? (73-75)
7. Quando si può ottenere il prolungamento del valore di una nota con la legatura di valore? (77)
8. Che cos'è una terzina? (79)
9. Elencate le altre suddivisioni irregolari. (82)
10. Distinguete tra duina e terzina. (79/81)
11. Qual'è la funzione della battuta e delle stanghette di battuta. (86)
12. Quali sono le due forme metriche di base. In che cosa si distinguono tra loro? (87)
13. Che cosa esprime l'indicazione di metro? In che punto dello spartito si trova? (88)
14. Descrivete i metri pari più comuni. (91)
15. Descrivete i metri dispari più comuni. (93)
16. Che cosa significano i segni 𝄴 e 𝄵? (92)
17. Citate esempi di misure composte e irregolari. (94)
18. Cosa significano le indicazioni di metro 2/♩. 3/♩. 2/𝅗𝅥. e 5/𝅘𝅥𝅯 ? (96)
19. Come deve essere indicato in partitura un cambiamento di metro? (99)
20. Che cosa significano ♩ = ♩. o ♪ = ♪ al di sopra della stanghetta di battuta? (100)
21. Distinguete tra battuta tetica e battuta anacrusica. (101)

22. Che cosa si deve considerare per unire con le aste crome e note di valore inferiore nei diversi metri? (108-112)
23. Quando dobbiamo segnare la pausa intera e quella di un mezzo? (115/116)
24. Quali segni e abbreviazioni vengono usati per accentare le note? (119)
25. Che cos'è una sincope? (121)
26. Che cos'è un'emiola? (123)
27. Cosa s'intende con poliritmia e polimetria? (124/125)
28. Nominate le indicazioni di tempo più importanti. (130)
29. Spiegate le abbreviazioni *ritard.*, *accel.*, *string.*, *ad lib.* e i concetti di *a tempo* e *rubato*. (131)
30. Che cosa indicano le espressioni *assai*, *meno*, *non troppo*, *più*, *poco a poco*, *subito*? (132)

Esercizi

1. Determinate il valore delle seguenti note e delle seguenti pause:

2. Dite quanto durano le seguenti note e le seguenti pause:

3. Riconoscete il metro di canzoni a voi note.
4. Battete il ritmo di canzoni a voi note e trascrivetelo.

5. Battete i seguenti ritmi in tempi differenti e cercate di inventare delle semplici melodie sulla base di essi:

21) 

22) 

6. Inventate ritmi simili.
7. Completate l'anacrusi e la battuta finale:

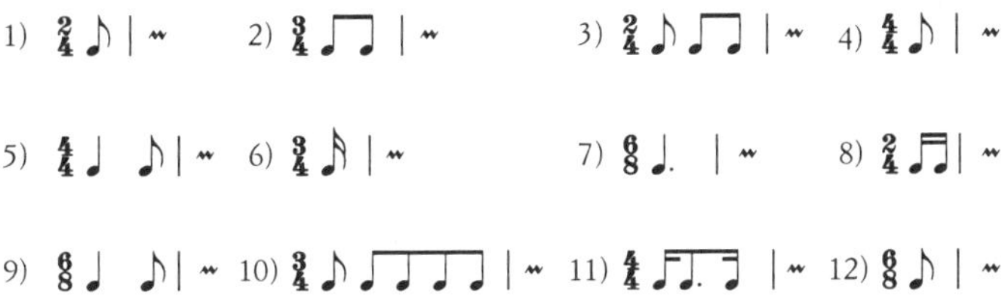

8. Esercitatevi nel solfeggio riprendendo canzoni note.
9. Annotate il cambiamento di metro:

1) 

2) 

3) 

10. Battete i seguenti esempi in tempi differenti (prestate attenzione all'esatta differenza tra sedicesimi e terzine) e inventate ritmi simili:

1) 

2) 

3) 

4) 

5) 

6) 

7) 

8) 

9) 

10) 

11) 

12) 

13) 

14) 

15) 

11. Battete i seguenti ritmi (utilizzando due mani):

1) 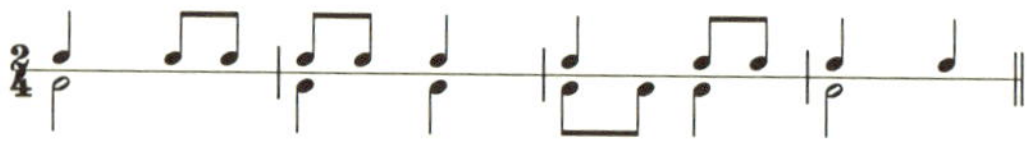

2) 

3) 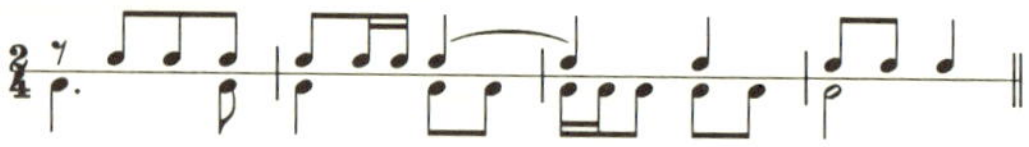

4) 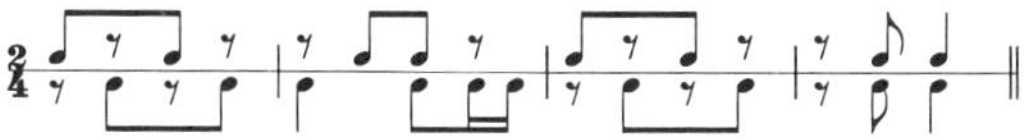

5) 

6) 

12. Esercitatevi inoltre con i seguenti:

Gli intervalli

Generalità

138 Due note possono risuonare l'una dopo l'altra, in successione (nel corso di una melodia), ma anche insieme, simultaneamente (come bicordo). In entrambi i casi indichiamo il rapporto tra le due note, cioè la loro rispettiva distanza, con il termine *intervallo*.

a = intervallo melodico, b = intervallo armonico

139 Gli intervalli vengono denominati sulla base della nota di riferimento mediante *numeri ordinali*, contando sia il tono di partenza che quello di arrivo. In riferimento alla nota do avremo:

1ª = prima o unisono	5ª = quinta
2ª = seconda	6ª = sesta
3ª = terza	7ª = settima
4ª = quarta	8ª = ottava

140 Proseguendo oltre l'ottava:

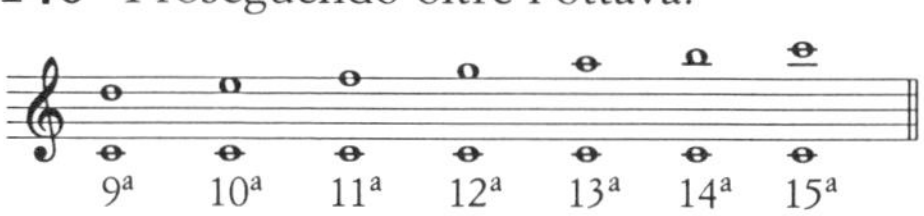

9ª = nona	(ottava + seconda)
10ª = decima	(ottava + terza)
11ª = undicesima	(ottava + quarta)
12ª = dodicesima	(ottava + quinta)
13ª = tredicesima	(ottava + sesta)
14ª = quattordicesima	(ottava + settima)
15ª = quindicesima	(ottava + ottava)

141 Gli intervalli non vengono indicati solo dal basso verso l'alto, ma anche dall'alto verso il basso. Per la precisione parleremo di *seconda superiore* (o *sopra*) e di *seconda inferiore* (o *sotto*), di *terza superiore* e di *terza inferiore*, e così via.
Ogni nota può essere presa come nota di riferimento di un intervallo.

142 Nel linguaggio musicale si usa spesso la coppia di termini *passo* e *salto* per descrivere in modo chiaro l'andamento melodico. *Passo* indica l'avanzamento senza lacune e graduale da un tono ad un altro (intervallo di seconda), *salto* definisce invece tutti gli intervalli melodici che sono più ampi di una seconda (quindi terza, quarta ecc.).

Intervallo giusto, maggiore e minore

143 Se consideriamo l'intervallo di seconda partendo dalle singole note di riferimento, noteremo che ci sono diverse categorie di rapporti (chiaramente visibili sulla tastiera del pianoforte). Tra la nota di riferimento e la seconda nota si trova talvolta un passo di mezzo tono (semitono), talaltra due passi di mezzo tono (= un passo di un tono intero).

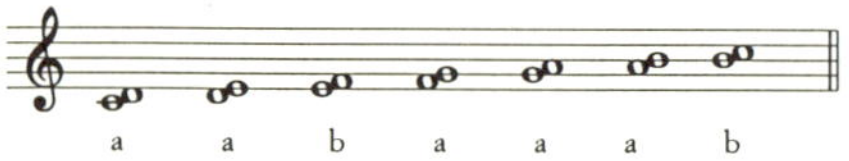

a = intervallo di tono intero, b = intervallo di semitono

Questo aspetto riguarda diversi intervalli e risulta particolarmente chiaro se si confrontano le distanze al di sotto e al di sopra di una nota di riferimento nella sequenza dei toni naturali (cioè nella scala maggiore o diatonica).

144 Contate i passi di mezzo tono dal do² alla nota superiore e dunque alla nota inferiore.
Risultato: quarta, quinta e ottava hanno come intervallo superiore e inferiore lo stesso numero di semitoni; per la seconda, la terza, la sesta e la settima l'intervallo superiore è maggiore di un semitono rispetto all'intervallo inferiore.

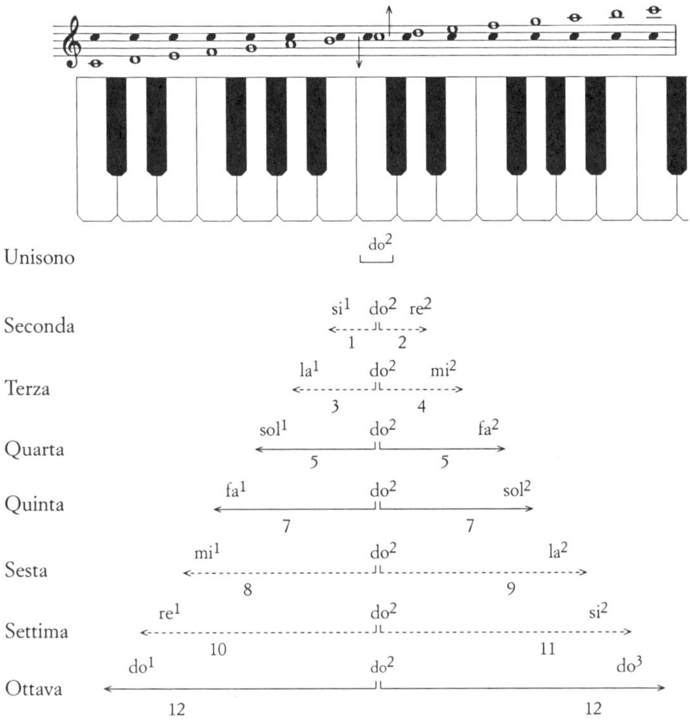

145 Prima, quarta, quinta e ottava sono nella loro forma non alterata intervalli *giusti*.

146 Diversamente la seconda, la terza, la sesta e la settima hanno due possibili forme non alterate, quella *maggiore* e quella *minore*:

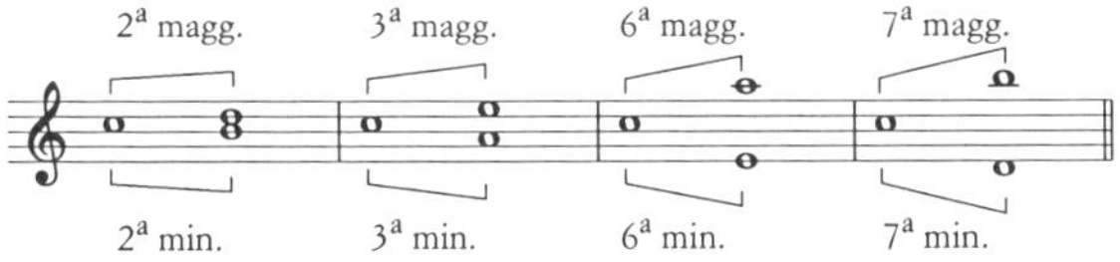

Intervalli aumentati e diminuiti (alterazioni)

147 L'aumento o la diminuzione di mezzo tono (cioè la trasformazione cromatica) delle note di un intervallo vengono indicati come *alterazioni* (vedi 50). Intervalli giusti e maggiori vengono *aumentati* o resi *eccedenti* mediante un innalzamento di mezzo tono (sia tramite l'innalzamento del tono superiore sia tramite l'abbassamento del tono inferiore).

Abbreviazioni:
1. L'intervallo è definito dal numero
2. g = giusto, M = maggiore, m = minore, e = eccedente, d = diminuito

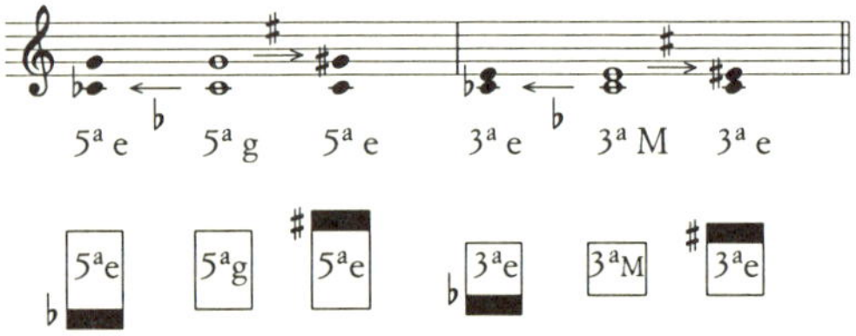

La rappresentazione grafica indica l'aumento dello spazio dell'intervallo (fonte di errore è l'idea che un diesis aumenti in ogni caso lo spazio intervallare e che il bemolle lo diminuisca comunque).

148 Intervalli giusti e minori vengono *diminuiti* con un abbassamento di mezzo tono (per abbassamento del tono superiore o per innalzamento del tono inferiore).

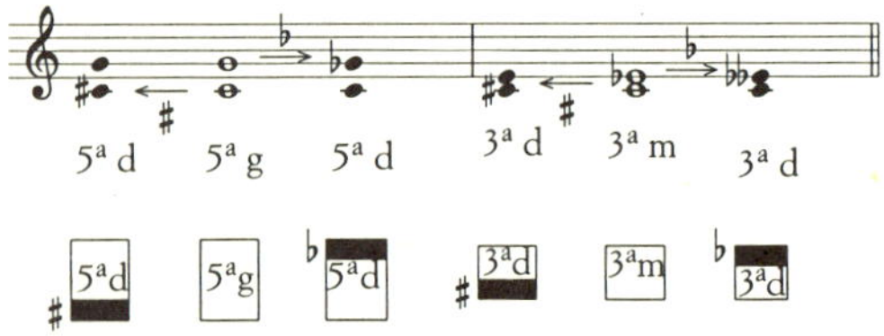

La rappresentazione grafica evidenzia la *diminuzione* dello spazio dell'intervallo.

149 Una particolare relazione tra le note è quella descritta dall'intervallo di *tritono*, cioè dalla quarta eccedente. Come dice il nome (*tritonus*, lat. = "tre volte un tono"), esso comprende tre passi di tono intero. Di solito anche la sua interpretazione enarmonica alternativa, cioè la quinta diminuita, viene indicata come tritono.

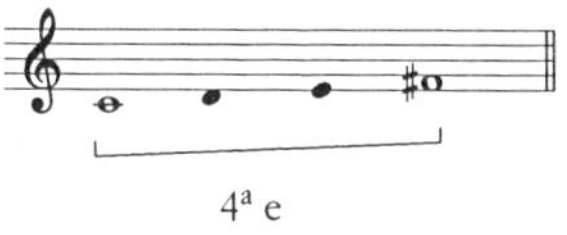

Il tritono, a causa della difficile cantabilità, era vietato nella musica antica come elemento della progressione melodica, motivo per cui assunse il nome di "*diabolus in musica*". Considerato che il tritono suddivide in modo esatto la sequenza dei dodici semitoni cromatici, esso trova importanza nella musica del nostro secolo (in particolare nella musica atonale, vedi 291).

150 Nella prassi musicale si incontrano talvolta intervalli *doppiamente eccedenti* (o *aumentati*) oppure *doppiamente diminuiti.*
Gli intervalli diminuiti vengono *doppiamente diminuiti* mediante il restringimento dello spazio intervallare.
Gli intervalli eccedenti vengono *doppiamente aumentati* mediante l'ampliamento dello spazio intervallare.
N.B.: l'intervallo do diesis-mi bemolle è una terza diminuita, non una seconda maggiore (quale sarebbe l'intervallo re bemolle-mi bemolle)! Uno scambio enarmonico porta infatti a una differente denominazione dell'intervallo!

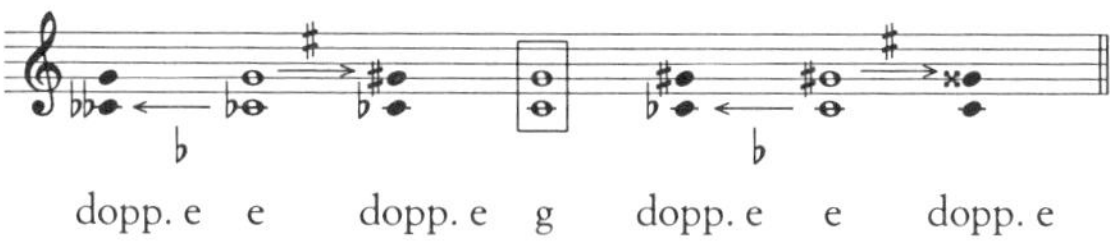

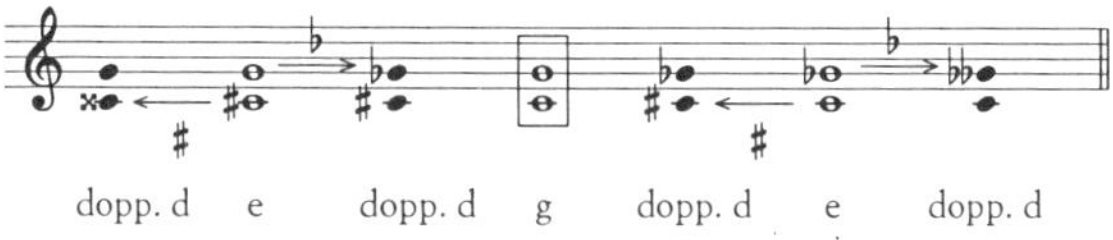

151 Sommario degli intervalli superiori e inferiori rispetto al do^{2}:

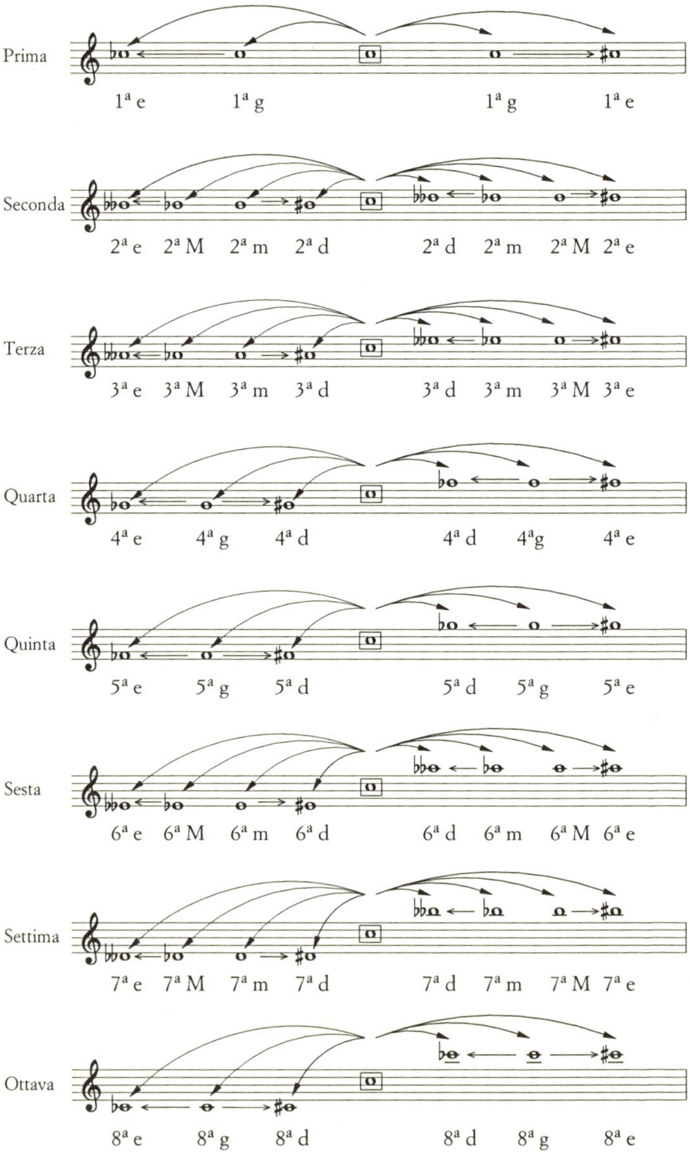

Le inversioni o intervalli complementari

152 Se trasportiamo la nota di un intervallo di un ottava (il tono più basso all'ottava superiore oppure il tono più alto all'ottava inferiore), allora si otterrà *l'inversione* o *intervallo complementare.*

P C

P C

P = Forma principale C = Intervallo complementare

153 Intervalli complementari:

prima e ottava	1 + 8 = 9
seconda e settima	2 + 7 = 9
terza e sesta	3 + 6 = 9
quarta e quinta	4 + 5 = 9
e viceversa	C = 9 – P

Nel caso dell'intervallo giusto l'*inverso* rimane giusto. In tutti gli altri casi i rapporti si trasformano nel complementare; inoltre gli intervalli maggiori diventano minori, i minori maggiori, gli intervalli diminuiti diventano eccedenti e gli intervalli eccedenti diminuiti.

1ªg/8ªg 1ªe/8ªd 2ªm/7ªM 2ªM/7ªm 3ªm/6ªM 3ªM/6ªm 4ªd/5ªe 4ªg/5ªg 4ªe/5ªd

Indicazioni metodiche

154 *Riconoscere gli intervalli in base alla notazione*: la posizione delle note dell'intervallo nel sistema di notazione consente la rapida lettura nonché la giusta denominazione degli intervalli (gli accidenti non vengono per il momento considerati).

1. da uno spazio a uno spazio o da una linea a una linea = intervalli dispari (3, 5, 7, 9)

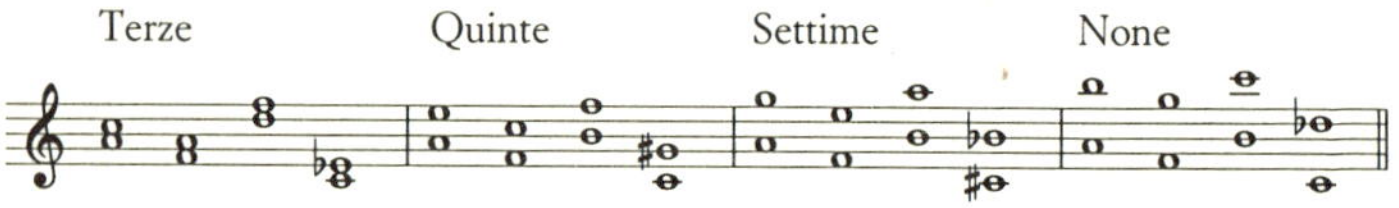

2. da uno spazio a una linea o da una linea a uno spazio = intervalli pari (2, 4, 6, 8)

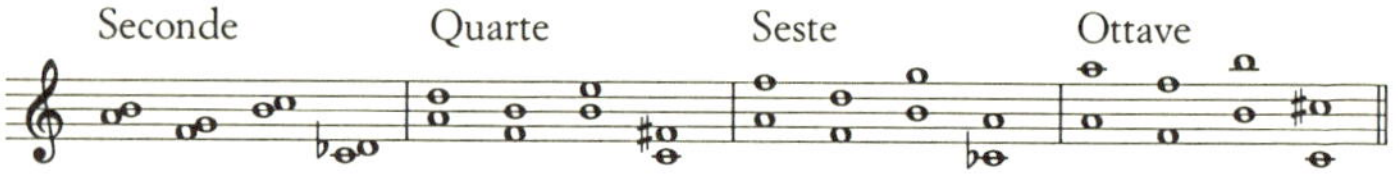

3. Per la precisa determinazione degli intervalli osservate l'ordine dei passi di mezzo tono e di tono intero, ma non dimenticate gli accidenti!

155 Il riconoscimento all'ascolto e il canto degli intervalli viene facilitato dal ricordo dell'*incipit* di una melodia nota. Visto che la conoscenza personale di un repertorio di canzoni può variare in modo considerevole, si consiglia di impiegare – oltre a quelli qui riportati – anche esempi presi dal proprio repertorio mnemonico di melodie (vuoi di canzoni vuoi di brani strumentali).

Seconda minore (passo di mezzo tono, semitono, intervallo cromatico):

Ludwig van Beethoven, Per Elisa (WoO 59)

Giuseppe Verdi, La Traviata, Preludio

Jacques Offenbach, I racconti di Hoffman, Barcarola

Seconda maggiore (passo di tono intero, intervallo iniziale della scala):

Terza minore (triade minore, richiamo del cuculo):

(Greensleeves)

(L'inverno è passato)

Terza maggiore (triade maggiore):

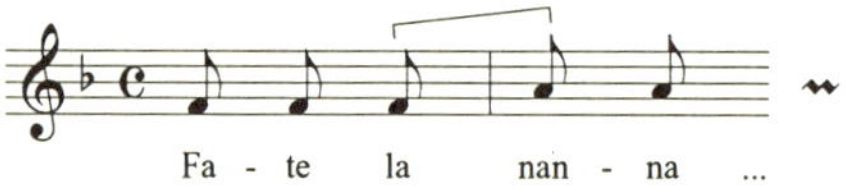

Tiritomba

(Spiritual)

(Skip to my Lou)

Quarta giusta (quarta di anacrusi, sirena dei pompieri):

Wolfgang Amadeus Mozart, Eine kleine Nachtmusik, I Mov. (KV 525)

(Clementine)

Quinta giusta (intervallo su cui si estende la triade maggiore):

(Scozia)

Sesta maggiore (intervallo su cui si estende l'accordo maggiore di quarta e sesta):

Giuseppe Verdi, La Traviata, Aria di Alfredo

(Spiritual)

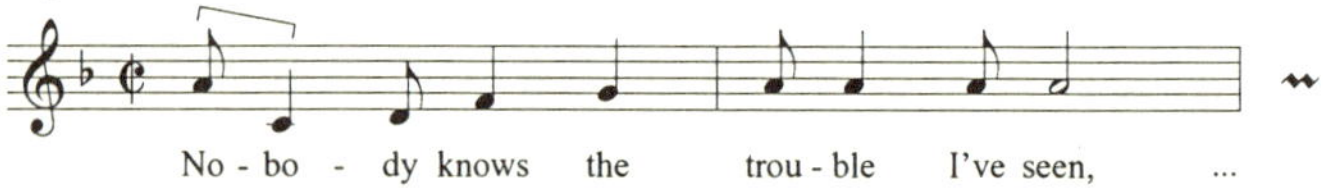

Sesta minore (intervallo su cui si estende l'accordo di sesta e l'accordo minore di quarta e sesta):

(Go down, Moses. Spiritual)

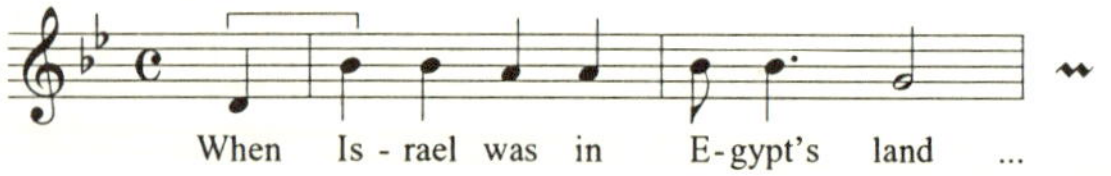

Ottava giusta:

(Tre passi avanti e poi casché)

Frederich Loewe, My Fair Lady

Tutti gli altri intervalli compaiono molto raramente nelle melodie delle canzoni. In questi casi, per il riconoscimento e l'esecuzione, ci si appoggia a intervalli di facile formazione, ad esempio:

Settima minore (intervallo su cui si estende l'accordo di settima di dominante):

Settima maggiore (si canta l'ottava e poi si scende di un semitono)

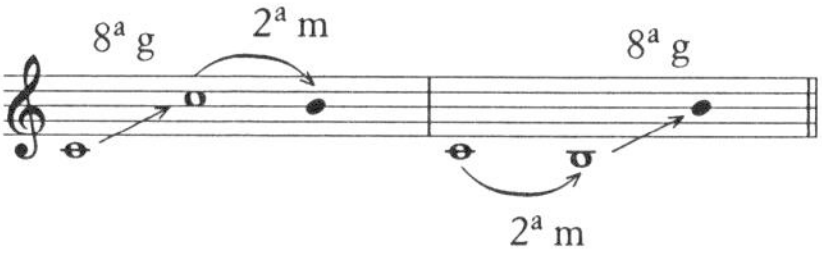

Quarta eccedente/quinta diminuita

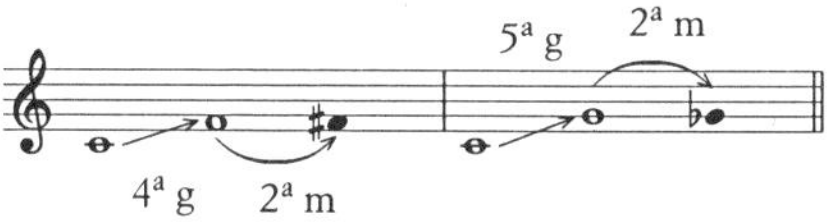

Esempi di melodie con ampi salti intervallari:

Joseph Haydn, Ein einzig böses Weib (Canone)

Intervalli consonanti e dissonanti

156 Per la composizione e il fraseggio melodico, ha grande importanza la suddivisione degli intervalli in *consonanze* e *dissonanze*. Il fondamento di questa suddivisione sta nell'occorrenza degli intervalli nella serie dei toni parziali (vedi 5), e si basa sul rapporto delle frequenze di oscillazione.

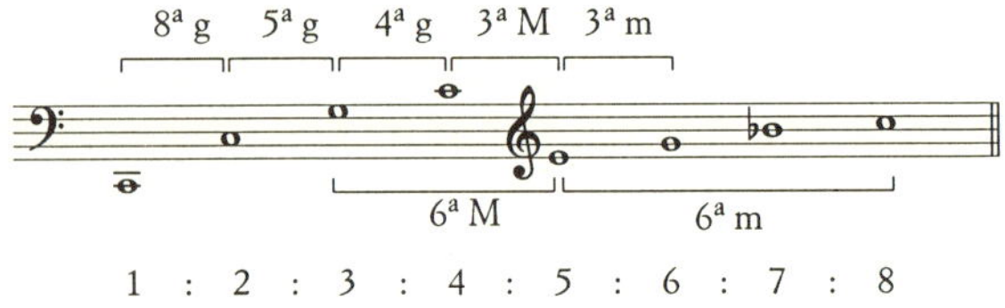

157 *Intervalli consonanti* erano considerati in origine solo l'unisono, l'ottava, la quinta e la quarta giuste, nonché la terza minore e maggiore; in seguito anche la sesta maggiore e minore divennero consonanze. Più piccolo è il rapporto delle frequenze di oscillazione, maggiore è il grado di fusione tra le note, che ha il suo massimo nelle consonanze perfette di unisono (1:1) e di ottava (1:2).

158 Tra gli *intervalli dissonanti* erano in origine annoverate le seconde e le settime, nonché gli intervalli aumentati e diminuiti. Essi presentano rapporti complessi tra frequenze di oscillazione.

159 Come regola compositiva, più o meno osservata, valse a lungo la norma che una dissonanza deve risolversi in una consonanza, sebbene questo principio ebbe diverse interpretazioni a seconda delle epoche. Nel XX secolo alcuni rapporti dissonanti si resero via via "indipendenti", cosicché, in base alle attuali capacità di percezione uditiva e attitudine all'ascolto, risulta sovente difficile distinguere se un intervallo sia consonante o dissonante. Inoltre bisogna distinguere il caso in cui – ad esempio – una seconda compaia all'interno di una melodia oppure come inasprimento armonico di un accordo.

Intervalli diatonici, cromatici ed enarmonici

La spiegazione dei termini *diatonico* (vedi 165), *cromatico* (vedi 202) ed *enarmonico* (vedi 63) verrà data in altri capitoli.

160 Gli *intervalli diatonici* appartengono a determinate scale; ad esempio, la terza maggiore re-fa diesis compare nelle scale maggiori di re, sol e la, nelle scale minori naturali di si, mi e fa diesis, nelle scale minori armoniche di si, sol, fa diesis, e infine nelle scale minori melodiche di si e sol. La seconda eccedente sol-la diesis è invece propria solo della scala minore armonica di si.

161 Gli *intervalli cromatici* si formano per alterazione di una nota, ad esempio sol-si diesis o sol-si bemolle (terza aumentata o diminuita), e non appartengono ad alcuna scala.

162 Gli *intervalli enarmonici* nel temperamento equabile suonano identici, ma ciò nonostante vengono indicati in modo diverso a seconda dei contesti, come, ad esempio, do-fa diesis (quarta aumentata) e do-sol bemolle (quinta diminuita).

Ripasso

1. Cos'è un intervallo? (138)
2. Distinguete tra intervalli melodici e intervalli armonici facendo anche degli esempi concreti. (138)
3. Elencate gli intervalli in ordine di grandezza. (139)
4. Come vengono indicati gli intervalli più ampi dell'ottava? (140)
5. Distinguete tra terza superiore e terza inferiore. (141)
6. Chiarite i concetti di *passo* e *salto* melodici. (142)
7. In che cosa si distinguono gli intervalli di prima, quarta, quinta e ottava dagli intervalli di seconda, terza, sesta e settima? (144)
8. Elencate gli intervalli giusti. (145)
9. Quali intervalli possiedono due forme inalterate differenti? (146)
10. Come si formano gli intervalli aumentati e diminuiti? (147/148)
11. Spiegate cos'è il tritono. (149)
12. Che cosa sono gli intervalli doppio-aumentati e doppio-diminuiti? (150)
13. Che cos'è un intervallo complementare? (152)
14. Quali intervalli si formano dall'inversione della prima, della seconda, della terza e della quarta? E quali dall'inversione della quinta, della sesta, della settima e dell'ottava? (155)
15. Come cambiano i rapporti intervallari nel caso dell'inversione di intervalli giusti, maggiori, minori, aumentati e diminuiti? (153)
16. Distinguete tra consonanza e dissonanza. (156)
17. Suddividete gli intervalli in consonanze e dissonanze. (157/158)

18. Cos'è un intervallo diatonico? (161)
19. Come si formano gli intervalli cromatici? (161)
20. Chiarite cos'è un intervallo enarmonico. (162)
21. Elencate alcuni esempi di canzoni note per ciascuno degli intervalli più comuni presi come *incipit*. (155)

Esercizi

1. Cantate fino alla perfetta padronanza le forme inalterate degli intervalli, sia in senso ascendente che discendente, partendo da toni differenti (controllate poi con uno strumento).
2. Determinate e cantate i seguenti intervalli (gli accidenti valgono solo per le note a cui sono riferiti):

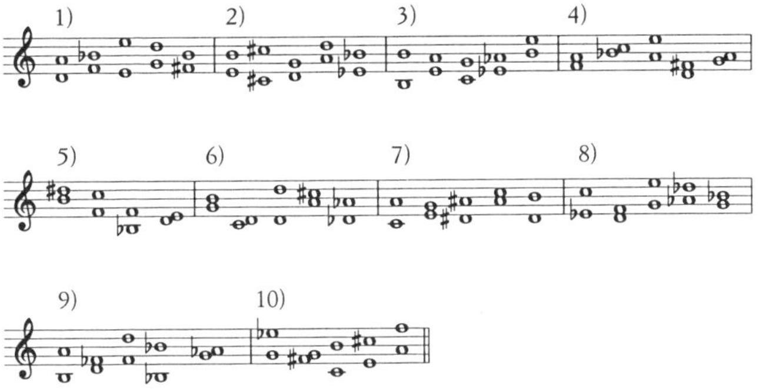

3. Distinguete tra intervalli maggiori e minori:

4. Cantate e formate al di sopra e al di sotto della seguente serie di note la quinta giusta, la seconda maggiore, l'ottava giusta e la sesta maggiore, poi la terza maggiore, la prima giusta, la set-

tima maggiore e la quarta giusta, e infine i rispettivi intervalli minori.

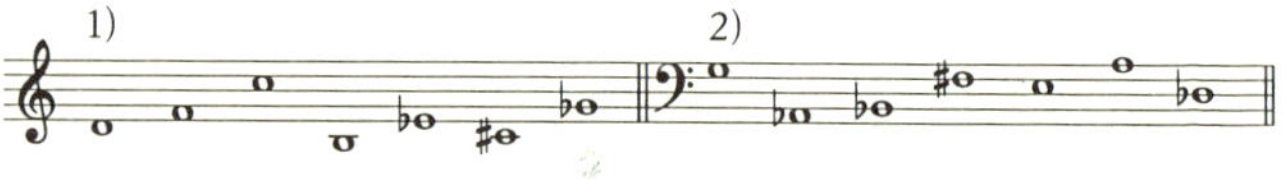

5. Determinate gli intervalli:

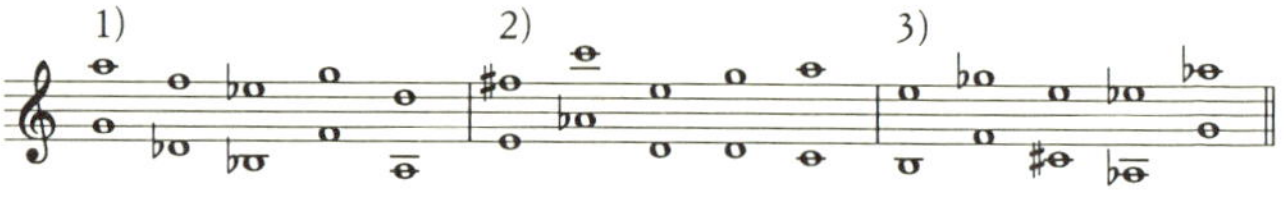

6. Esaminate gli intervalli di canzoni e brani musicali.
7. Determinate la seguente serie di intervalli:

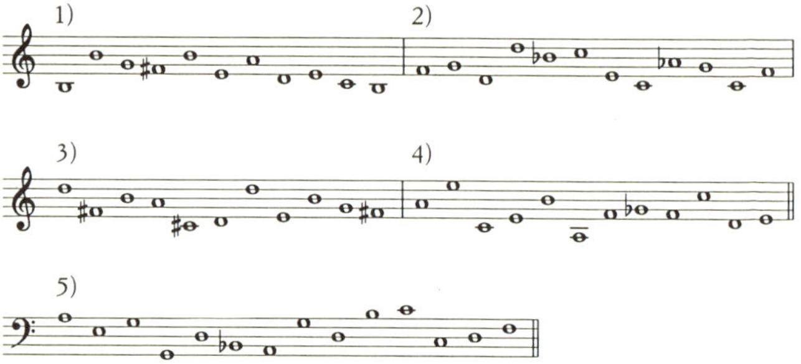

8. Trasformate gli esempi dati negli esercizi 2, 3, 5 in intervalli aumentati e diminuiti.
9. Determinate e cantate gli intervalli:

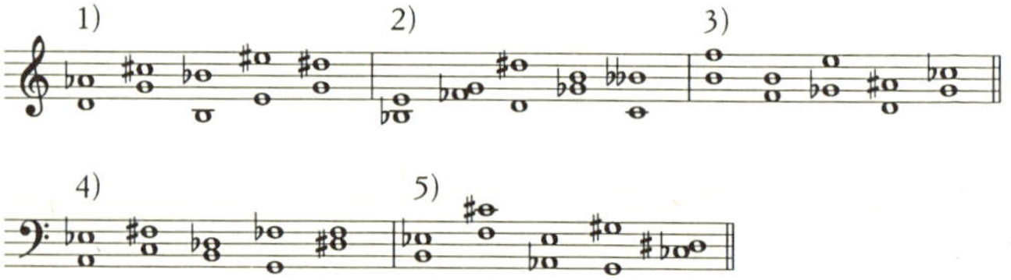

10. Formate con gli esempi dati negli esercizi 2 e 9 gli intervalli complementari.

11. Trovate il relativo enarmonico dei seguenti intervalli e denominatelo:

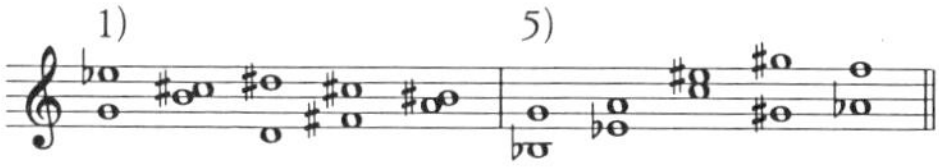

Le scale

Generalità

163 Le note di una melodia stanno tra loro in reciproca *relazione funzionale*. Questo fatto costituisce il fondamento per cui si rende possibile il riconoscimento delle relazioni musicali durante l'ascolto. Nel corso dello sviluppo storico della musica si sono affermate particolari successioni di toni (strutture melodiche), in base alle quali l'ascolto suole orientarsi. Il sistema delle relazioni tra le note (e la loro singola funzione) viene indicato nel complesso come *tonalità*.

164 Le note vengono raggruppare e ordinate in una serie di rapporti acustici numerabili, ovvero in successioni di suoni e in scale musicali (il materiale ordinato a scala e le scale usate per la composizione), nelle quali ogni nota ricorre per una sola volta. Con *scala musicale* (intesa come serie di riferimento per la tonalità) si intende una serie di note disposte per gradi (in base alla successione delle altezze) e regolarmente ordinata in base all'intervallo di seconda, ovvero l'intervallo di un tono intero.

165 Nelle diverse culture musicali si riscontra una grande varietà di scale musicali, in una certa misura differenti tra loro, la cui formazione e accordatura, soprattutto nella musica extra-europea, soggiace a differenti canoni (si vedano ad esempio le scale giavanesi Pelog e Slendro, cfr. *Glossario*). Dal XVII secolo la prassi musicale europea si è basata sulle *tonalità maggiori* e *minori* e sulle scale ad esse corrispondenti. Solo con il soggiungere del XX secolo si sono affermate nella musica europea anche altre scale e nuove tecniche compositive. Sia le scale maggiori che quelle minori sono formate da *sette gradi*, differenziandosi in base alla posizione in esse occupata dall'intervallo di semitono. Come ottavo e conclusivo grado della scala si trova il tono di partenza trasposto all'ottava superiore. Le scale maggiori e minori, con la loro caratteristica disposizione degli intervalli di tono e semitono, vengono definite *diatoniche* (diversamente si hanno, ad esempio, scale cromatiche, pentatoniche ecc.).

La formazione del tetracordo

166 La distanza tra le note che si trovano in successione nella scala può essere:

- un passo di semitono (seconda minore), simbolo:
- un passo di tono intero (seconda maggiore), simbolo:
- un passo di un tono e mezzo (seconda eccedente), simbolo:

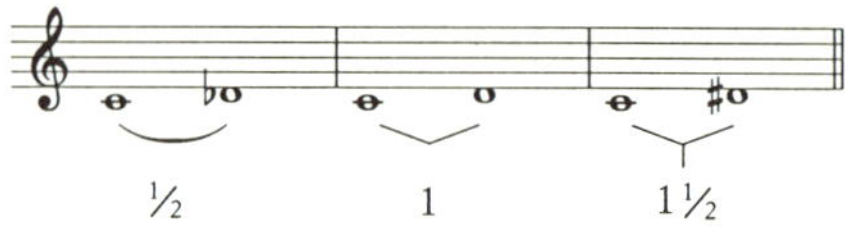

167 Le scale di sette gradi (eptatoniche) vengono suddivise in due gruppi di quattro note chiamati *tetracordi* (dal gr. *tetrachordos* "sequenze di quattro toni"). In essi, mentre entre i due toni esterni rimangono invariati (costituendo l'intervallo di base, che è una quarta giusta), la disposizione dei due toni interni varia. Tra *do* e *fa* si possono avere i seguenti tetracordi:

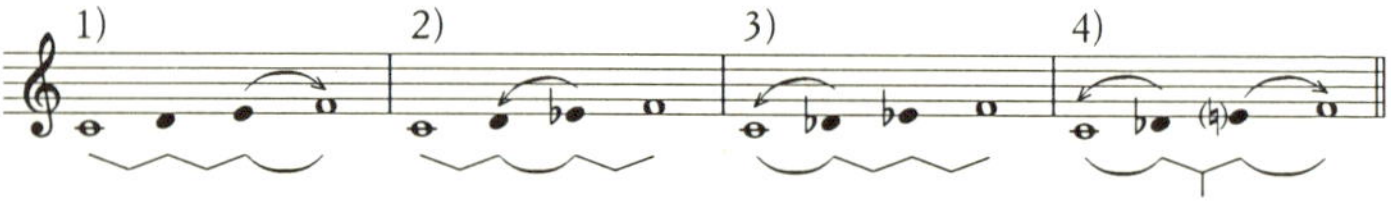

168 Per la formazione della melodia e la progressione dell'armonia grande importanza hanno i *rapporti di tensione* che si formano sulla base delle tre possibili distanze tra le note: il passo di semitono spinge alla risoluzione (sensibilizzazione, vedi 172); il passo di tono intero lascia aperto lo sviluppo, mantenendosi neutrale; il passo di un tono e mezzo rallenta, e vuole risolversi sui toni fondamentali. Nell'esempio musicale precedente, le frecce illustrano queste tensioni.

Scala • tonalità

169 La definizione di un scala comporta delle informazioni sull'ordine degli intervalli (ad esempio scala maggiore e scala minore, scala cromatica ecc.) e rende possibile il riconoscimento dei rapporti tra i toni (tonica, sensibile ecc.), la definizione di una *tonalità* comporta invece delle informazioni sull'armatura di chiave, sulla tonica e sulle relazioni armoniche (cadenza, vedi 235): ad esempio, con la scala di mi bemolle maggiore si sa che un brano è in tonalità di mi bemolle maggiore, con la scala di si minore in tonalità di si minore.

La scala maggiore

170 La sequenza dei toni naturali che va dal do^1 al do^2 (vedi 29) costituisce la *scala maggiore*. Dal momento che questa scala inizia e finisce con la nota do (cioè il do è la *tonica*) essa viene chiamata *scala di do maggiore*. Una caratteristica essenziale di questa scala è costituita dalla struttura uguale dei due tetracordi:

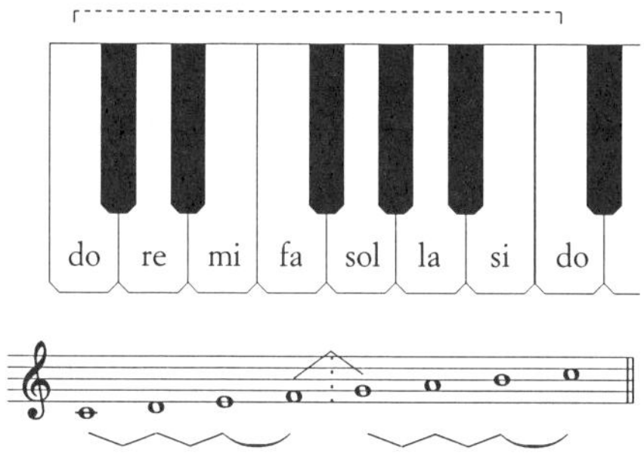

I singoli toni vengono anche interpretati come *gradi*, e indicati con i numeri romani (vedi 182).

171 Il *tetracordo maggiore* è formato da due passi di tono intero e un passo di mezzo tono. Le due sequenze tetracordali sono separate da un passo di tono intero. Studiate l'ordine dei passi di mezzo tono (dal III grado al IV e dal VII all'VIII).

172 Cantando la scala di do maggiore fino al settimo grado, cioè fino alla nota si, si percepisce la necessità di proseguire fino all'ottavo grado, cioè fino alla tonica, ovvero al tono di partenza all'ottava superiore. Il settimo grado chiama l'ottavo, cioè chiede una *risoluzione*. In base a questa proprietà il settimo grado viene denominato *sensibile*. N.B.: la sensibile si trova un passo di mezzo tono (una seconda minore) al di sotto del tono conclusivo (tonica).

173 Anche l'altro passo di mezzo tono della scala maggiore (dal III al IV grado) richiede una continuazione, comportandosi da sensibile dal mi al fa, e in certi casi anche dal fa al mi: per questo motivo il IV grado prende il nome di *tono scivolante*.

[Nella terminologia didattica tedesca è entrato recentemente in uso il termine *Gleitton* ("tono scivolante"), a indicare la propensione discendente del quarto tono all'interno del primo tetracordo, in analogia con la tensione ascendente della sensibile nel secondo tetracordo. NdC]

174 I due tetracordi della scala maggiore si distinguono tuttavia per un ruolo funzionale: il primo gruppo di quattro toni rafforza la terza (III grado) attraverso la propensione discendente del *tono scivolante*, il secondo gruppo di quattro toni conduce alla tonica (VIII grado) attraverso la tensione ascendente della *sensibile*.

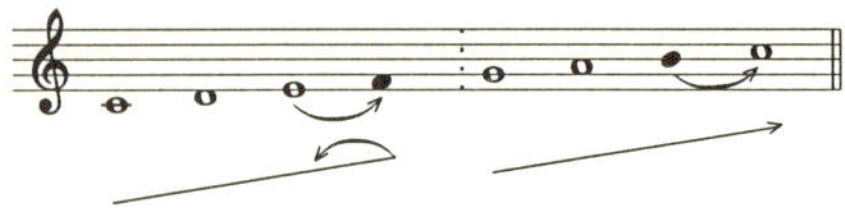

175 Qualsiasi scala maggiore ha la stessa struttura della scala di do maggiore. Dunque una scala maggiore può essere formata rispettando la sequenza di intervalli di tono intero e di mezzo tono sopra riportata. In altre parole, possiamo dire che attraverso la *trasposizione* (lat. *transponere* = "spostare") della scala di do maggiore otteniamo tutte le altre scale maggiori. Fate però attenzione al necessario innalzamento o abbassamento di alcuni dei toni naturali della scala richiesto dalla trasposizione.

176 Il legame (in relazione al circolo delle quinte, vedi 83) diventa ancora più chiaro se deriviamo una scala maggiore dalla scala di do maggiore, tramite l'aggiunta di ulteriori tetracordi.

Le scale maggiori con i ♯

177 Il secondo tetracordo della scala di do maggiore si forma tramite l'aggiunta di una sequenza di quattro toni (appartenenti alla scala) al materiale di partenza della nuova scala maggiore:

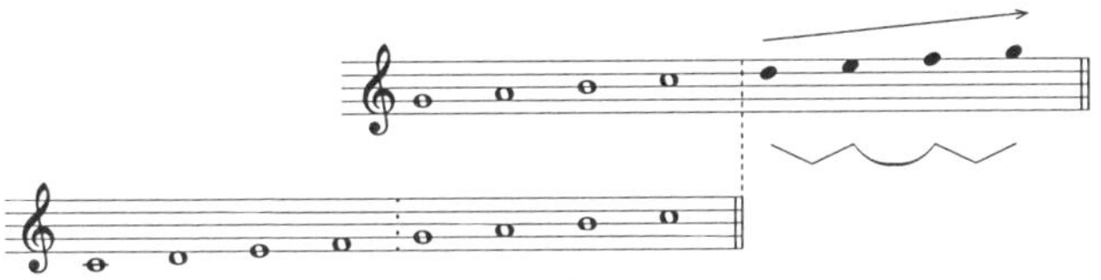

Tuttavia la sequenza dei passi di tono ottenuta () risulta differente da quella del tetracordo maggiore (). Per costruire una nuova scala maggiore deve allora essere cambiata la struttura del nuovo tetracordo. La sequenza dei quattro toni re, mi, fa, sol mantiene la caratteristica del maggiore grazie all'*innalzamento del settimo grado* della nuova scala (il fa diventa fa diesis). Siccome il tono di partenza è il sol, quella che si ottiene è la scala di sol maggiore.

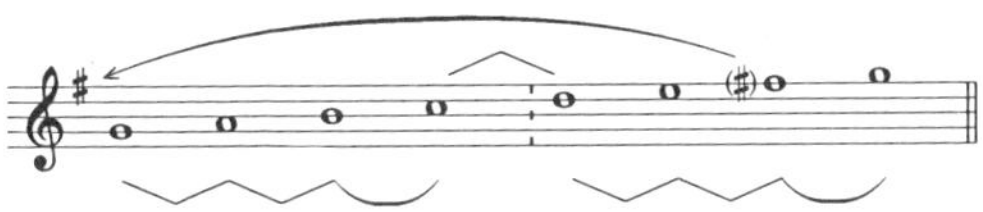

Ripetendo questo procedimento a partire dalla scala di sol maggiore, otterremo la scala di re maggiore.

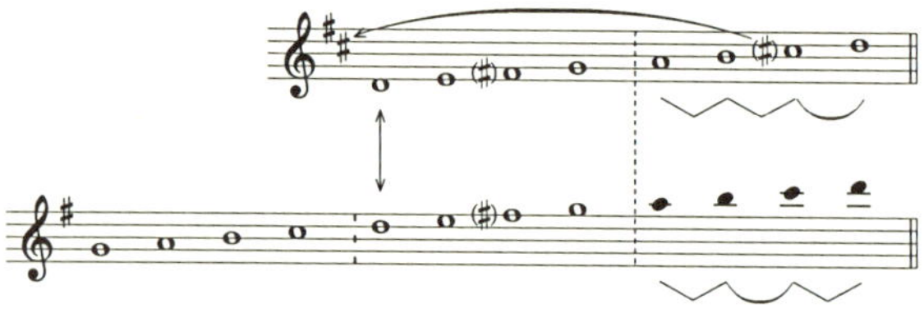

178 Iterando qusto metodo si noterà che il quinto grado della vecchia scala diventa sempre il primo di quella nuova: le toniche delle due scale si trovano così alla distanza di un intervallo di quinta. A partire dal do, otterremo dunque le scale maggiori di sol, re, la, mi, si, fa diesis. Ciascuna di queste scale riceve in armatura un diesis in più rispetto a quella di derivazione, ciò a causa dell'innalzamento del settimo grado.

Le scale maggiori con i ♭

179 Basandoci sullo stesso metodo deriviamo ora le scale con i bemolli: al primo tetracordo della scala maggiore di do anteponiamo una nuova sequenza di quattro toni, formata da toni appartenenti alla scala naturale.

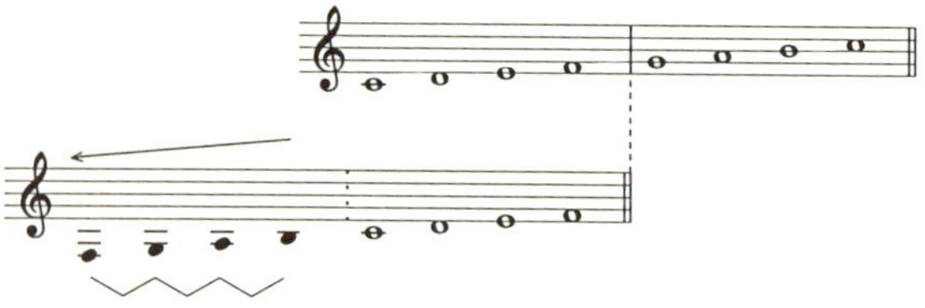

Il tetracordo formato dai toni fa, sol, la e si prende allora la forma di tetracordo maggiore attraverso l'abbassamento del quarto grado (si → si♭).
Il tono di partenza nella derivazione delle scale con i bemolli sarà il fa, cosicché otterremo innanzitutto la scala di fa maggiore.

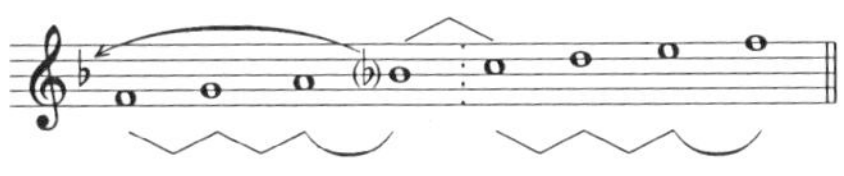

Iterando il procedimento ampliamo la scala maggiore di fa con un tetracordo inferiore, in modo da ottenere la scala maggiore di si bemolle (tenendo sempre per ferma la diminuzione del quarto grado della nuova scala).

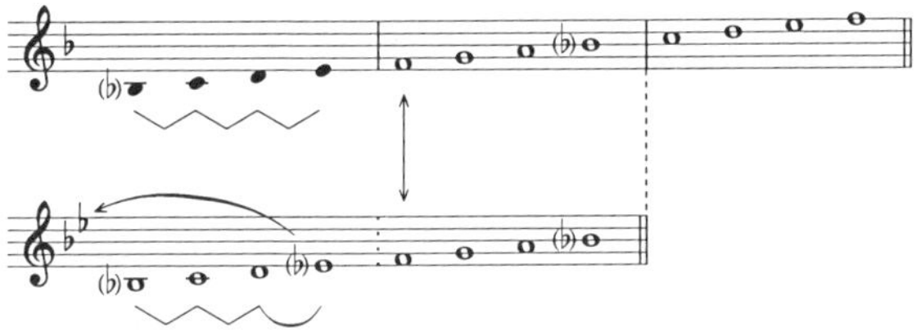

180 Il primo grado della vecchia scala diviene il quinto grado della nuova scala, dunque anche in questo caso si avrà una distanza di un intervallo di quinta rispetto alla tonica di partenza. Reiterando questo processo a partire dal do, si formeranno le scale maggiori di fa, si bemolle, mi bemolle, la bemolle, re bemolle, sol bemolle, dotate di volta in volta di *un bemolle aggiuntivo* in armatura, in ragione della diminuzione del quarto grado del tetracordo aggiuntivo.

181 Si può facilmente notare che tramite la derivazione delle scale maggiori mediante l'aggiunta di quattro toni alla sequenza dei toni naturali si produce un cambiamento nella direzione del moto tensionale del tetracordo e al contempo un *mutamento nel rapporto funzionale* tra i toni.

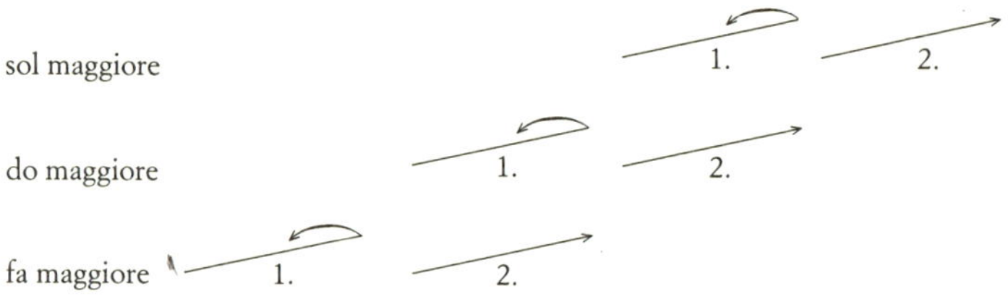

Riepilogo e prospetto delle scale maggiori

182 I prospetti alle pagine 110/111 espongono, in base al procedimento descritto (vedi 178 e 180), l'ordine delle scale maggiori fino a sei accidenti in chiave, conformemente al circolo delle quinte (vedi 183).

Il seguente esempio mostra diverse possibili denominazioni delle altezze di tono: a) con le sillabe do, re, ecc., b) con il metodo JA LE, c) con i numeri dei gradi; vedi anche Appendice 6.

a)	do	re	mi	fa	sol	la	si	do
b)	JA	LE	MI	NI	RO	SU	WA	JA
c)	I	II	III	IV	V	VI	VII	I

Circolo delle quinte • progressione delle quinte

183 Il metodo di derivazione delle scale maggiori con i diesis e con i bemolli evidenzia che le note fondamentali delle scale si distanziano, in progressione, di un *intervallo di quinta.*

<- - - - SI♭ <———— FA <———— [DO] ————> SOL ————> RE - - - ->

quinte discendenti — quinte ascendenti

Dal momento che (grazie al temperamento equabile) fa diesis e sol bemolle possono essere scambiati enarmonicamente (vedi 11), si rende possibile anche una diversa interpretazione delle scale maggiori di fa diesis e di sol bemolle. Questo fatto ci permette di ordinare le scale maggiori in base a un diagramma circolare, il *circolo delle quinte*, che risulta di grande utilità per chiarirne le relazioni e per la loro memorizzazione.

[Lo studente potrà memorizzare le scale con i diesis contando sulle dita in base alla sequenza delle note del circolo delle quinte (ricordando che la prima scala, quella di do, non ha alterazioni), dunque: do (nessun diesis), sol (1 diesis), re (2), la (3), mi (4), si (4), fa♯ (5), do♯ (6) ecc. I diesis di queste scale si ricaveranno ancora in base al circolo delle quinte, aggiungendo la nuova alterazione a quelle delle scale precedenti: fa (1° diesis: scala di sol), do (2°: si aggiunge alla scala di re), sol (3°, scala di la), ecc. Nel caso delle scale con i bemolli il procedimento è lo stesso, ma si conterà sul ciclo delle quarte (che è il ciclo delle quinte letto al contrario): la prima scala è qualla di fa (1° bemolle: si bemolle), quindi scala di si bemolle (2° bemolle: mi bemolle), mi bemolle (3° ♭: la♭) , la bemolle (4° ♭: re ♭), re bemolle (5° ♭: sol ♭), sol bemolle (6° ♭: do ♭), do bemolle (7° ♭: fa ♭), fa bemolle (8° ♭: si doppio ♭) ecc. NdC]

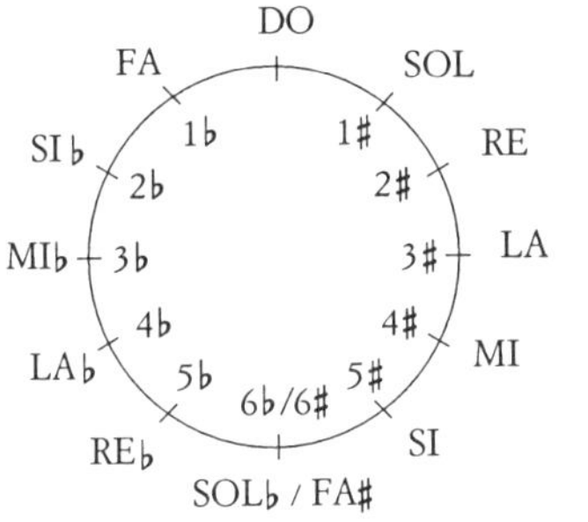

184 Se si assume l'accordatura naturale (vedi 10), il circolo delle quinte non sarà tale, considerato che il fa diesis e il sol bemolle sono note differenti. L'ordinamento compare allora in forma di *progressione delle quinte*.

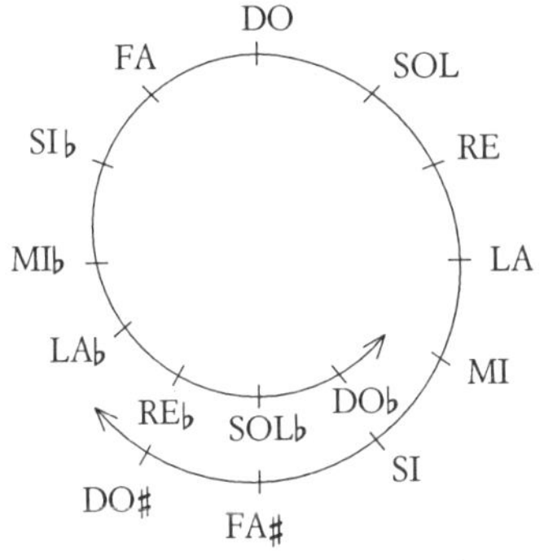

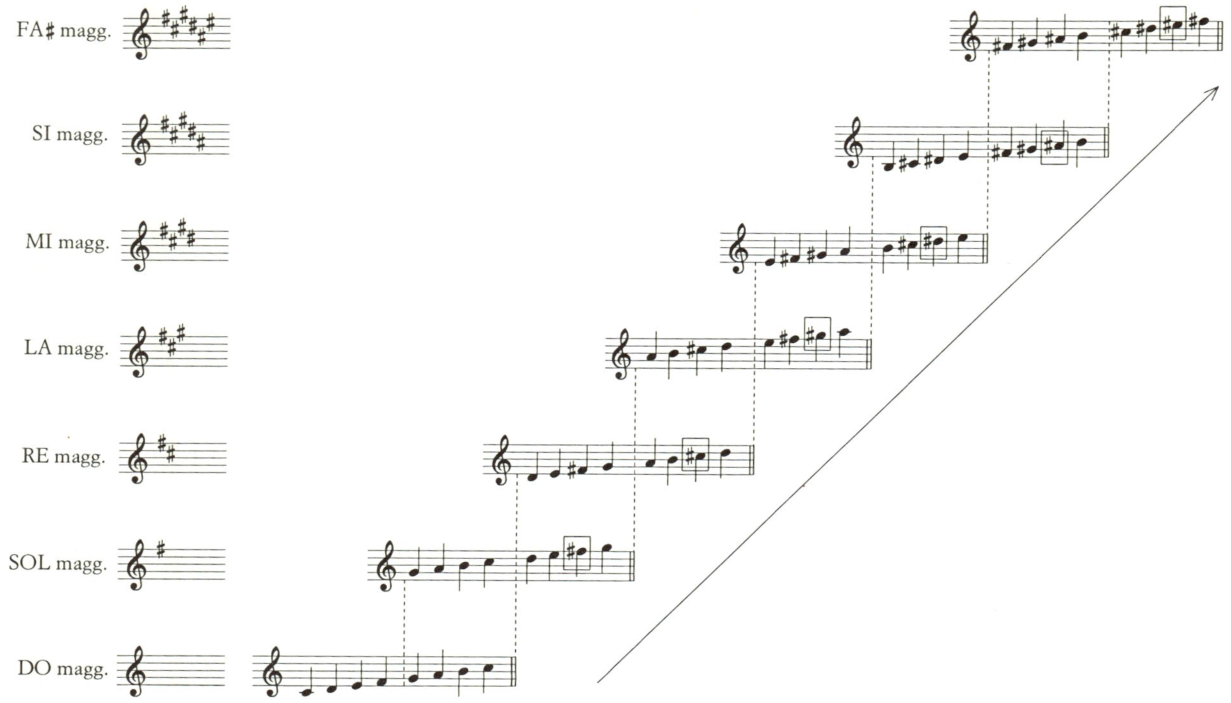
FA♯ magg.
SI magg.
MI magg.
LA magg.
RE magg.
SOL magg.
DO magg.

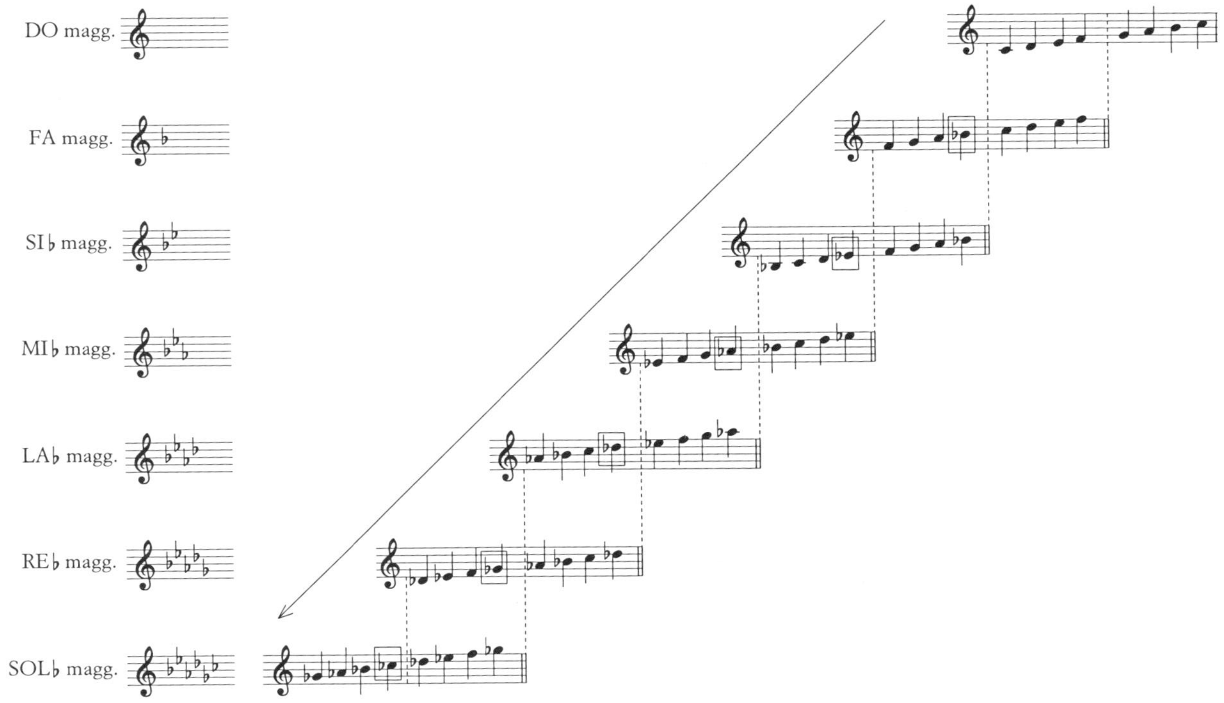
DO magg.
FA magg.
SI♭ magg.
MI♭ magg.
LA♭ magg.
RE♭ magg.
SOL♭ magg.

L'armatura di chiave

185 L'*armatura con i ♯*: come ultimo diesis viene annoverato di volta in volta il settimo grado aumentato (sensibile).

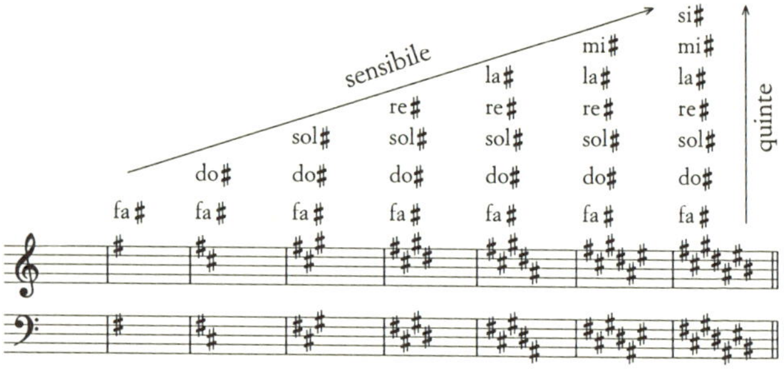

Maggiore:	DO	SOL	RE	LA	MI	SI	FA♯	DO♯
Minore:	la	mi	si	fa♯	do♯	sol♯	re♯	la♯

Per ragioni di completezza sono inserite nel prospetto le scale parallele minori (vedi 197).

Va evitato, tramite una diversa annotazione, il salto di ottava per il quinto diesis (la diesis):

186 L'*armatura con i ♭*: il quarto grado della scala di derivazione viene aggiunto di volta in volta come ultimo accidente (tono scivolante).

Minore:	la♭	mi♭	si♭	fa	do	sol	re	la
Maggiore:	DO♭	SOL♭	RE♭	LA♭	MI♭	SI♭	FA	DO

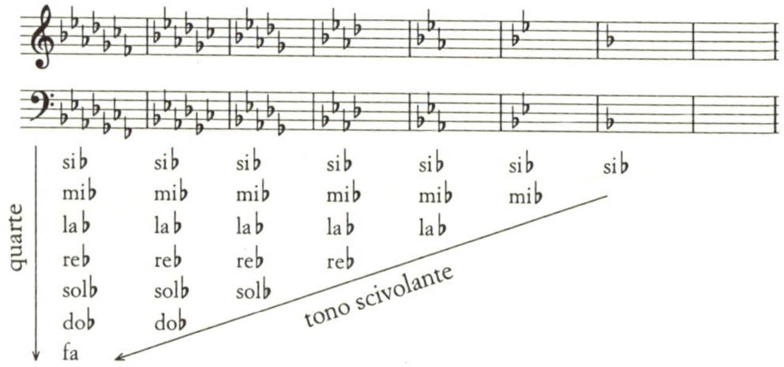

187 Memorizzate l'*ordine* degli accidenti e la loro *posizione sul pentagramma*! Fate sempre attenzione (anche quando si scrive in fretta) all'esatta posizione degli accidenti!

188 Nella prassi musicale, al fine di semplificare la lettura, vengono utilizzate solo tonalità che raggiungo i sei e, raramente, i sette accidenti.
Sono tuttavia teoricamente possibili le seguenti tonalità:
• do ♯ maggiore (7 ♯), sol ♯ maggiore (8 ♯); re ♯ maggiore (9 ♯), la ♯ maggiore (10 ♯), mi ♯ maggiore (11 ♯); si ♯ maggiore (12 ♯).
• do ♭ maggiore (7 ♭), fa ♭ maggiore (8 ♭), si doppio ♭ maggiore (9 ♭), mi doppio ♭ maggiore (10 ♭), la doppio ♭ maggiore (11 ♭), la doppio ♭ maggiore (12 ♭).
N.B.: la somma enarmonica degli accidenti presenti in una scala dà sempre come risultato 12, ad esempio do ♯ maggiore/re ♭ maggiore = 7♯ / 5♭ (7+5 = 12).
Ad esempio: quanti accidenti ha il sol♯ maggiore? Sol♯ maggiore cambiato enarmonicamente in la ♭ maggiore (= 4 ♭); 12 - 4 = 8, dunque il sol♯ maggiore ha 8 ♯ in armatura.

La scala minore naturale

189 Se facciamo iniziare la sequenza dei toni naturali con il la invece che con il do (ottenendo la successione la, si, do, re, mi, fa, sol) la, si ottiene la *scala minore naturale.*

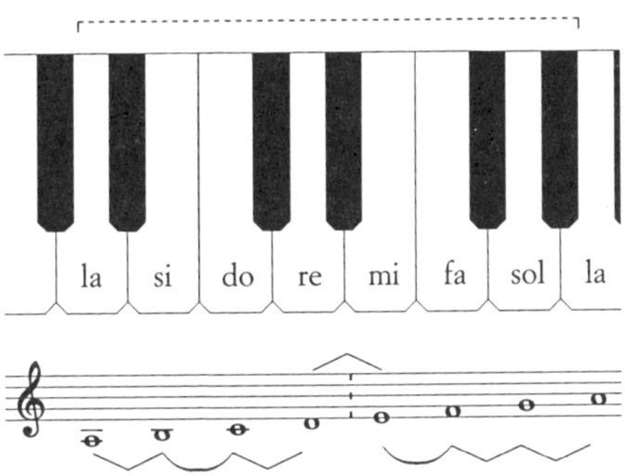

Essa si distingue dalla scala maggiore per la disposizione degli intervalli di semitono dal secondo al terzo grado e dal quinto al sesto. Al contrario della scala maggiore, i due tetracordi della scala minore sono strutturalmente diversi l'uno dall'altro.
Dal momento che dal settimo all'ottavo grado compare un intervallo di tono intero, nella scala minore naturale manca la sensibile.

190 La derivazione delle *scale minori* con i ♯ e i ♭ è analoga al procedimento descritto per le scale maggiori.

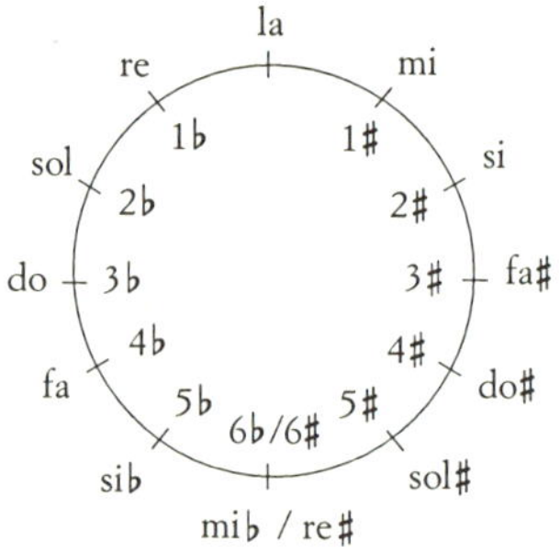

La scala minore armonica

191 Innalzando il settimo grado della scala minore si ottiene la sensibile (artificiale), che ha grande importanza nelle cadenze (vedi 236). Per tale motivo questa scala porta il nome di *scala minore armonica*.

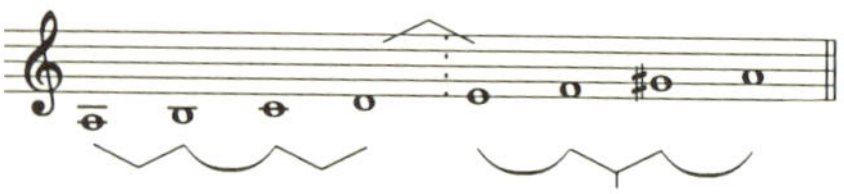

192 L'aumento del settimo grado della scala minore ha come conseguenza la formazione di un intervallo di un tono e mezzo dal sesto al settimo grado. Questo salto, difficile da cantare (è infatti una seconda eccedente), suddivide la scala (vedi 167) in modo tale da comportare di sovente nell'esecuzione i seguenti movimenti melodici:

Dopo la salita fino al sesto grado, la linea melodica discende e conduce al tono di base attraverso la sensibile trasposta all'ottava inferiore.

Johann Sebastian Bach, Invenzione in re minore, BWV 775

Ich hab die Nacht geträumet

La scala minore melodica

193 Nel XVIII secolo si sviluppò una terza forma di scala minore, nella quale si ovviava – grazie all'ulteriore aggiunta di un tono – all'intervallo di un tono e mezzo sul sesto grado. Essa è detta *scala minore melodica*.

Minun kultani (Finlandia)

Il secondo tetracordo della scala minore, così modificato, assume carattere maggiore. La tensione formata dal sesto e settimo grado aumentati, che tendono all'ottavo, viene però meno quando la scala è letta in senso discendente. Per questo motivo la scala minore melodica discendente viene cantata e suonata nella maggior parte dei casi senza i detti innalzamenti.

Johann Sebastian Bach, Fantasia cromatica e fuga in re minore, BWV 903

Non risolto (armonicamente appropriato):

Edvard Grieg, Walzer (dai «Pezzi lirici», op. 12, n° 2)

Riepilogo e prospetto delle scale minori

194 Riassunto: il *primo tetracordo* rimane invariato in tutte e tre le forme di scala minore; esso contiene l'intervallo di terza minore, caratteristico della tonalità minore (vedi 223). Solo il *secondo tetracordo* subisce dei cambiamenti nelle tre scale:

naturale  (manca la sensibile)

armonica 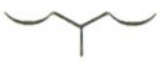 (settimo grado innalzato = sensibile artificiale; presenza di un tono e mezzo tra il sesto e il settimo grado)

melodica  (sesto e settimo grado innalzati = tetracordo maggiore; forma discendente senza innalzamenti)

La tonalità minore si può trovare – spesso anche nel corso di un brano – con o senza il sesto e settimo grado aumentati. Per questa ragione l'ambito tonale della scala minore può essere rappresentato nel seguente modo:

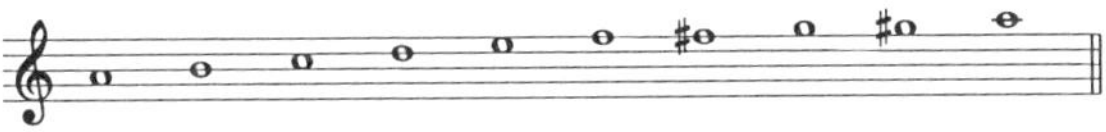

Prospetto (confronta 182):

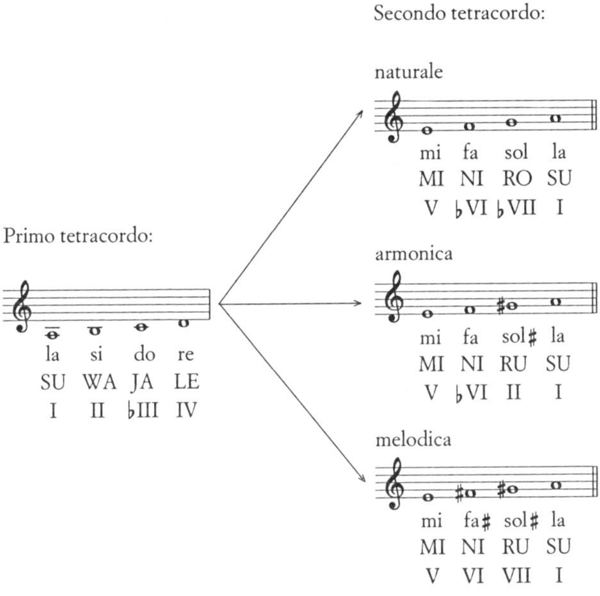

195 N.B.: le alterazioni necessarie per ottenere le scale minore armonica e melodica vengono segnate sempre prima della nota e non hanno alcuna influenza sull'armatura di chiave, la quale, nella scrittura moderna, corrisponde sempre a quella della scala minore naturale.
Talvolta, nelle antiche edizioni musicali, si incontra – in presenza di una tonalità minore – la cosiddetta *armatura di chiave dorica* (vedi 213); ad esempio, nel caso del sol minore con un solo accidente (♭).

Claudio Monteverdi, Raggi dov'è 'l mio bene (1584)

Nell'odierna notazione questo esempio contemplerebbe la presenza di due bemolli; il mi², nella prima e nella seconda battuta, sarebbe dunque provvisto di bequadro. Si osservi anche la desueta scrittura ritmica nella seconda battuta:

196 Prospetto:

Tonalità relative • tonalità parallele

197 La serie dei toni naturali, nella sequenza che va dal do^1 al do^2, costituisce la scala maggiore, mentre, nella sequenza che va dal la^1 al la^2, la scala minore. Osservate (vedi esempio seguente) come le due scale procedano in reciproca relazione spaziale. La distanza delle toniche consta sempre di tre semitoni (una terza minore).

- Sesto grado della scala magg. = tonica della tonalità relativa minore
- Terzo grado della scala min. = tonica della tonalità relativa maggiore

Questo rapporto rende chiaro il concetto di *tonalità relativa*.
Le scale relative maggiori e minori hanno le stesse alterazioni in chiave!

198 Prospetto delle tonalità relative:

do magg. / la min.			
sol magg. / mi min.	(1 ♯)	fa magg. / re min.	(1 ♭)
re magg. / si min.	(2 ♯)	si ♭ magg. / sol min.	(2 ♭)
la magg. / fa ♯ min.	(3 ♯)	mi ♭ magg. / do min.	(3 ♭)
mi magg. / do ♯ min.	(4 ♯)	la ♭ magg. / fa min.	(4 ♭)
si magg. / sol ♯ min.	(5 ♯)	re ♭ magg. / si ♭ min.	(5 ♭)
fa ♯ magg. / re ♯ min.	(6 ♯)	sol ♭ magg. / mi ♭ min.	(6 ♭)

199 Tonalità relative sul circolo delle quinte:

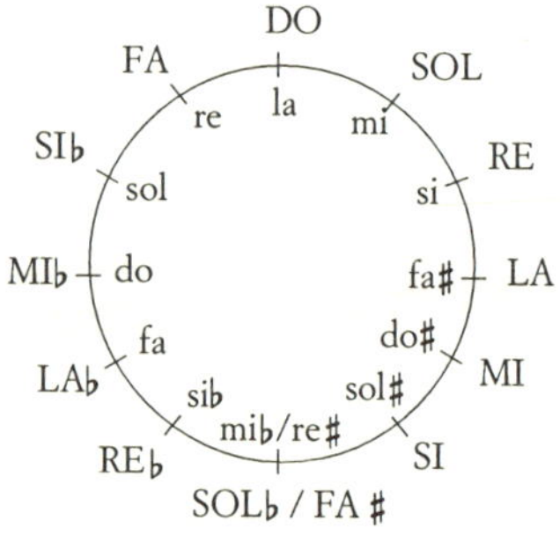

200 La determinazione delle alterazioni in chiave:

- Tonalità relativa minore di una scala maggiore = si prende la terza minore discendente.
- Tonalità relativa maggiore di una scala minore = si prende la terza minore ascendente.

Esempio: per trovare le alterazioni della relativa maggiore di sol♯ minore, si prende la terza minore sopra il sol ♯, cioè il si; la tonalità relativa sarà allora il si maggiore; alterazioni in si maggiore = fa♯, do♯, sol♯, re♯, la♯; queste saranno anche le alterazioni della tonalità di sol♯ minore.

201 Le tonalità basate su scale maggiori e scale minori che hanno la stessa tonica vengono denominate *tonalità parallele*, o anche tonalità omonime. Esse si distinguono tra loro in base al terzo grado (tonalità maggiore = terza maggiore, tonalità minore = terza minore). Ad esempio: Do maggiore (nessun accidente) / do minore (3 ♭), Fa maggiore (1 ♭) / fa minore (4 ♭).
Tonalità maggiori e minori parallele differiscono sempre per tre alterazioni.

La scala cromatica

202 La suddivisione dell'ottava in dodici semitoni uguali dà vita alla *scala cromatica* (dal gr. *croma* = "colore"). I suoi dodici toni non hanno tuttavia lo stesso valore, ma si suddividono in sette gradi principali e cinque gradi secondari. I gradi principali corrispondono ai toni della scala diatonica maggiore (o minore), i gradi secondari (toni che non appartengono alla scala) cadono in mezzo agli intervalli di tono intero. La scala cromatica costituisce dunque nella musica tonale la base della scala di sette gradi.

o = grado principale • = grado secondario

203 N.B.: i gradi principali della tonalità di base rimangono invariati in notazione. Ascendendo, i gradi secondari vengono trattati come sensibili (♯ o ♮); discendendo, come toni scivolanti (♭ o ♮).

Consiglio: bisogna annotare prima i gradi principali, poi inserire i gradi secondari (fate attenzione ai semitoni della scala!).

Scala cromatica in mi bemolle maggiore.

Scala cromatica in mi maggiore.

204 Sezioni della scala cromatica, brevi inversioni del movimento melodico o toni singoli, seguono le regole di notazione sopra date.

Friedrich Kuhlau, «Musik von Cherubini?», (canone).

Eccezioni nella notazione, ossia diverse interpretazioni enarmoniche, sono possibili nel caso in cui la lettura risulti eccessivamente difficile, oppure siano richieste dal contesto armonico.

Johann Sebastian Bach, Minuetto, 1ª parte, BWV Appendice 120

Nelle battute 5 e 7 della voce superiore, la prima parte del minuetto contiene delle note di passaggio cromatiche (x), la linea di basso, nelle battute che vanno dalla 5^a alla 9^a, è stata annotata da Bach, per ragioni armoniche, nella forma indicata (e non come la - la♭ - sol - sol♭ - fa).

La scala pentatonica

205 La scala più arcaica è composta da cinque toni, motivo per cui essa viene nominata *scala pentatonica* (dal gr. *pente* = "cinque"). È possibile eseguire una scala pentatonica suonando solo sui tasti neri della tastiera.

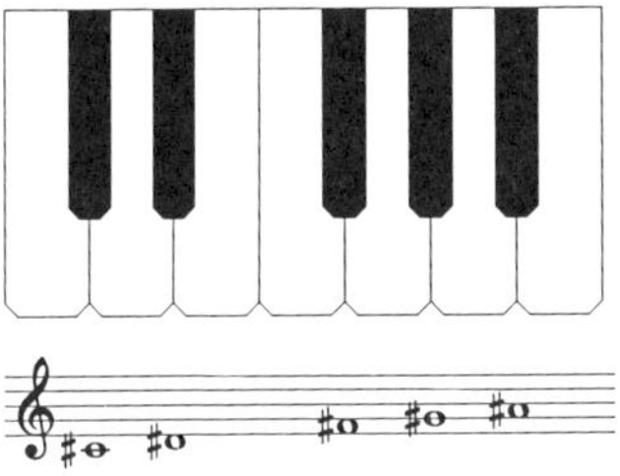

La pentatonica ha origine da una sequenza di quinte:

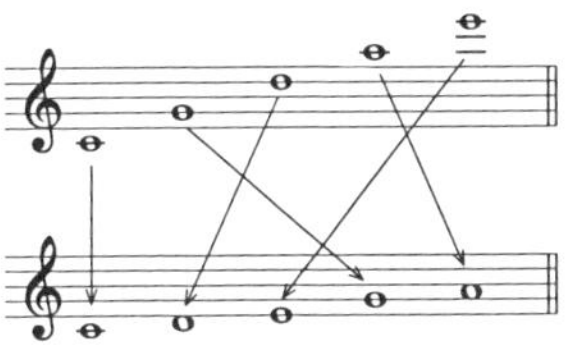

Mediante la trasposizione di ottava di questi toni si possono formare altre serie pentatoniche.

I nomi delle note determinano la seguente denominazione: do pentatonico, re pentatonico ecc.
Per facilitare l'apprendimento, sono stati introdotte le espressioni *pentatonica maggiore* e *pentatonica minore* (anche se il concetto di maggiore e di minore è estraneo alla pentatonia).

Pentatonica maggiore Pentatonica minore Pentatonica di la

La pentatonica minore si adatta molto bene all'improvvisazione di musica *blues*, giacché contiene entrambe le *Blue Notes* (3ª minore e 7ª minore, vedi 218); inoltre, molti Spirituals e brani del folklore afro-americano si basano su questa scala:

Blin' Man Stood On De Way And Cried (Spiritual)

206 Data l'assenza di passi di semitono, nella scala pentatonica manca anche la tensione comportata dalla sensibilizzazione, cosicché la scala dà un'impressione di mancanza della tonica: ciò comporta per il nostro udito un senso di omogeneità e di vaghezza. Le melodie pentatoniche venivano originariamente cantate o suonate all'unisono, oggi sono per lo più calate in un contesto di accompagnamento tonale in maggiore o in minore.

Amazing Grace (Scozia)

Sulla scala pentatonica è basata la musica di molti popoli premoderni dell'Africa e dell'America. La incontriamo inoltre nelle maggiori culture antiche, ad esempio quella cinese e quella greca. Serie di cinque toni che contengono passi di semitono si trovano anche nella musica giapponese e indonesiana, ad esempio:

Sakura - Fiore di ciliegio (Giappone)

Scala:

I modi e i toni ecclesiastici

207 I modi (dal lat. *modus* = "misura, modo, maniera"), chiamati anche *toni ecclesiastici*, costituirono il fondamento della pratica musicale medievale. Sono scale che – avendo ciascuna un proprio àmbito tonale – emersero a poco a poco dalle figure melodiche dei corali gregoriani (i canti monodici della Chiesa romana) e della musica popolare. Vennero menzionati in uno scritto teorico per la prima volta nell'850 d.C. circa.

208 I modi suddividono lo spazio dell'ottava in passi di tono intero e di semitono. Il tono finale porta la denominazione di *finalis* (dal lat. *finis* = "fine"). A seconda della posizione della *finalis* si è soliti distinguere tra modi *autentici* e modi *plagali*. Mentre lo spazio tonale del modo autentico inizia con la *finalis*, il modo plagale ha un'ambito tonale inferiore di una quarta. I nomi dei modi plagali contengono il prefisso *hypo-* (in gr. = "sotto"). Oltre alla *finalis*, nelle melodie di recitazione salmodica si trova un altro importante tono, il *tono di recitazione* o *repercussa* (anche *tenor*, *tuba* e, in seguito, *dominante*, vedi 209).

Dies irae (sequenza gregoriana in modo dorico, XIII secolo)

(plagale)

(autentico)

F = finalis, R = repercussa

Ogni modo, analogamente alla scala maggiore e a quella minore, possiede dodici tonalità (ad esempio do dorico, re dorico, mib dorico ecc.).

[L'interpretazione tonale dei modi ecclesiastici è tuttavia un consuetudine sviluppatasi solo in epoca moderna, e affatto assente nella musica medievale. NdC]

209 A partire dal X secolo si sono determinati otto modi, i cui nomi vennero ripresi dalla teoria musicale greca:

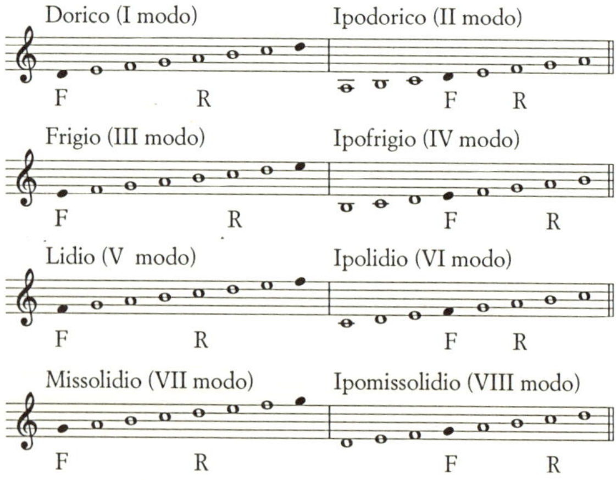

F = Finalis, R = Tono di recitazione
autentici = I, III, V + VII; plagali = II, IV, VI + VIII

210 Nel corso della successiva evoluzione musicale, caratterizzata dalla polifonia e dall'influenza della musica popolare, nel primo e nel quinto modo si prese a cantare il si più basso di mezzo tono (= si♭). Per questo fatto, intorno alla metà del XVI sec., si passò da otto a dodici modi.

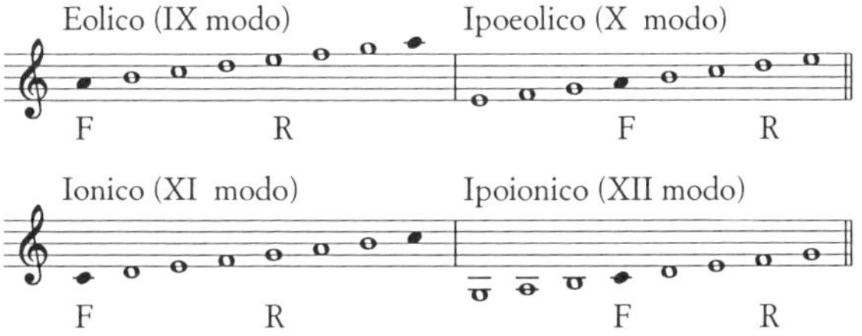

Il modo che va dal si al si^1, denominato *locrio*, non va contato.

211 L'*influenza dell'armonia*, che divenne preponderante nel XVI secolo, portò infine al predominio della scale maggiori e minori, derivate dai modi ionico ed eolico; i modi vennero completamente abbandonati (i modi hanno infatti un significato melodico, mentre le tonalità hanno un significato armonico). Così al posto della *modalità* subentrò la *tonalità* (vedi 237).
Nel XIX-XX secolo le progressioni modali riacquistarono spazio nella composizione, in opposizione alle tonalità maggiori e minori (vedi 288), sia nel jazz (jazz modale) che nella musica rock.

212 Esempi di canzoni e prospetto metodico:
L'armatura di chiave nei seguenti esempi si riferisce – come si usa per lo più odiernamente – alla tonalità maggiore o a quella minore. I gradi caratteristici della modalità sono facilmente riconoscibili dai segni di alterazione (compreso il bequadro).

Drei Laub auf einer Linden (1540) *ionico*

What Shall We Do With The Drunken Sailor (canto da osteria, Inghilterra) *dorico*

alterazioni del dorico: si♭, mi♭

Martin Luther, Aus tiefer Not (corale, 1524) *frigio*

alterazioni del frigio: nessuna

Adam de la Halle, «Kume, kum, Geselle min» (1285) *lidio*

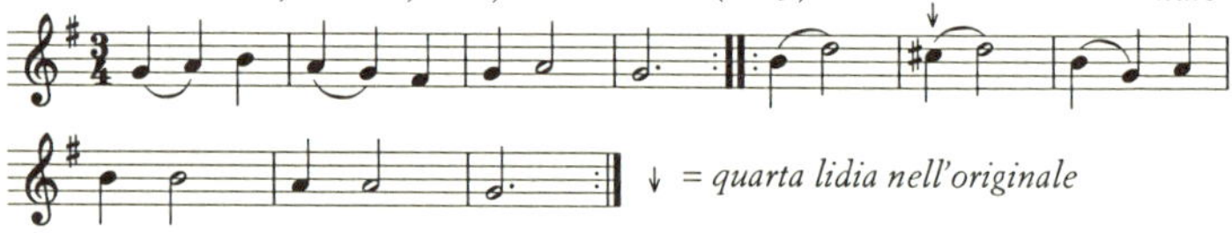

alterazioni del lidio: fa ♯ , do ♯

Kuckuck (Russia) *eolidio*

Es ist ein Schnitter (1638) *missolidio*

Prospetto melodico a pag. 130.

213 Le alterazioni dei modi trasposti (riferiti alla *finalis*):

	4♭	3♭	2♭	1♭	–	1♯	2♯	3♯	4♯
Dorico	si♭	fa	do	sol	re	la	mi	si	fa♯
Frigio	do	sol	re	la	mi	si	fa♯	do♯	sol♯
Lidio	re♭	la♭	mi♭	si♭	fa	do	sol	re	la
Missolidio	mi♭	si♭	fa	do	sol	re	la	mi	si
(Locrio	sol	re	la	mi	si	fa♯	do♯	sol♯	re♯)

Segue prospetto alla pagina seguente:

Scala	senza alterazioni	trasposta in do[1]	intervallo caratteristico in riferimento al maggiore e al minore
Ionica			= maggiore
Dorica			sesta maggiore (di carattere minore)
Frigia			seconda minore (di carattere minore)
Lidia			quarta eccedente (di carattere maggiore)
Misso-lidia			settima minore (di carattere maggiore)
Eolica			= minore
Locria			seconda minore quinta diminuita (di carattere minore)

La scala a toni interi

214 La *scala a toni interi* si basa (nel temperamento equabile) sulla suddivisione dell'ottava in sei intervalli uguali di un tono, onde viene anche detta *scala esatonale*. Dal momento che mancano in questa scala sia la sensibile che la quinta giusta, l'intervallo di "metà ottava" (cioè la quarta eccedente o quinta diminuita) compare come intervallo caratteristico della scala.

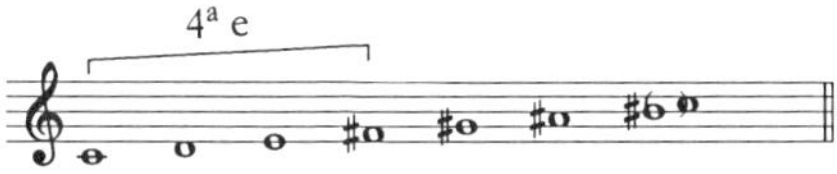

215 A causa della sua struttura, la scala esatonale può essere trasposta solo una volta. Sono comunque possibili sue diverse interpretazioni enarmoniche.

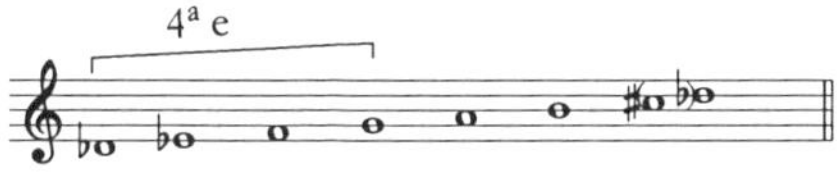

Claude Debussy, «Voiles» (Préludes I, n° 2)

Modéré (♪ = 88)

Scala:

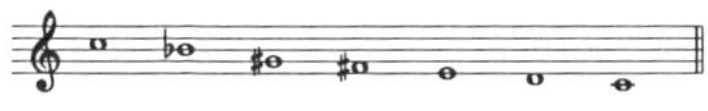

[Per l'ampio uso che ne fece il compositore francese, la scala esatonale è anche chiamata "scala di Debussy" NdC]

Scale etniche

216 Nel folklore internazionale si hanno molteplici scale di riferimento, le quali hanno in parte avuto una significativa influenza sulla pratica musicale occidentale. Meritano una menzione, ad esempio, le scale con due intervalli di un tono e mezzo (terza minore), che si incontrano nei Balcani (ma anche in altre regioni), indicate comunemente come scale "tzigane" maggiore e minore:

Tzigana maggiore Tzigana minore

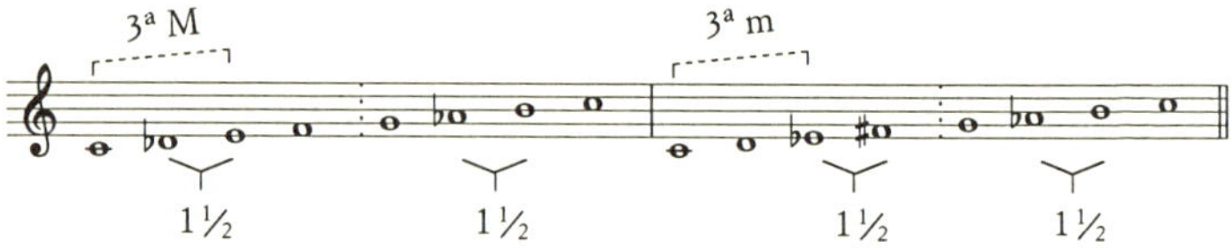

George Bizet, Preludio della «Carmen»

a + c = Tzigana maggiore (re mi♭ fa♯ la si♭ do♯ re)
a + b = Tzigana minore (re mi fa sol♯ la si♭ do♯ re)

Nelle canzoni dell'Europa continentale non si incontra facilmente l'intervallo di un tono e mezzo (vedi 192), nel folklore mediterraneo e balcanico esso costituisce invece un'importante caratteristica melodica.

Hava nagila (Israele)

Anche la *scala di terza minore* (istriana), importante per l'improvvisazione jazz in quanto *scala diminuita*, deriva dal folklore. Esistono due varianti nella divisione della terza minore:

Alternanza tra intervallo di semitono e intervallo di tono

Alternanza tra intervallo di tono e intervallo di semitono

Nel folklore di alcune regioni ritroviamo, come caratteristica melodico-armonica, la combinazione di segmenti di scale diverse. Un tipico esempio ci viene offerto dal *flamenco* spagnolo.

Alalá (Spagna)

Materiale della battuta iniziale: mi fa♯ sol♯ la (= mi maggiore)
Materiale della battuta finale: mi fa sol la (= mi frigio)

217 Il tratto distintivo della *scala blues*, impiegata nella musica afro-americana e caratteristica del jazz, consiste nell'ambiguità del terzo e del settimo grado – armonicamente importanti nella scala maggiore – tale da realizzare un equilibrio particolare tra tonalità maggiore e tonalità minore. Questa stabilità si ha a partire dalla pentatonica (vedi 205) per arrivare a scale con dieci e più toni, nella maggior parte dei casi privi di funzione sensibile, ad esempio:

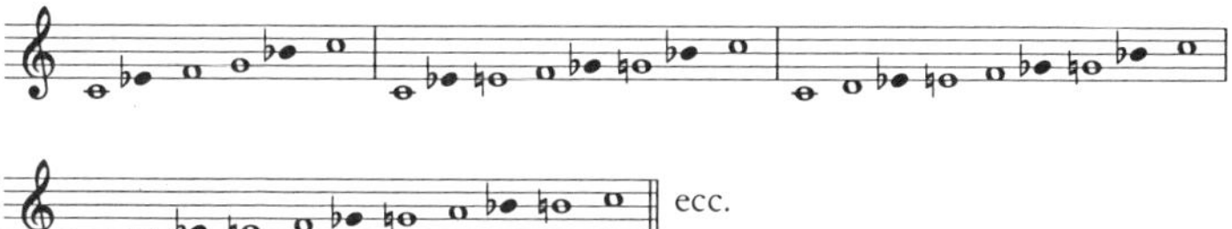

ecc.

• = blue note

218 Le note caratteristiche del Blues, ai quali si aggiunse tardivamente anche la quinta diminuita ("*flatted fifth*"), vengono chiamati *blue notes* o *note blues*. Sebbene la scala blues abbia una valenza prevalentemente melodica, essa influenza anche la struttura armonica del brano (vedi 262).

Backwater Blues (Stati Uniti)

La formazione delle scale nel XX secolo

219 A partire dalla fine del XIX secolo i compositori – ricercando nuove forme melodiche e nuove strutture sonore – hanno aperto numerose strade per rinnovare e trasformare le possibilità compositive tradizionali. Mentre, da un lato, si sviluppò una certa attenzione per i *modi medievali*, il *folklore extraeuropeo* ispirò, dall'altro, sperimentazioni con scale inusuali e intervalli stabiliti da rapporti numerici complessi.
Alcuni compositori e alcuni teorici crearono dei sistemi personali di organizzazione delle note , ai quali attribuirono nelle loro opere una funzione espressiva. Vanno ricordati Olivier Messiaen, che tra l'altro formò ed elaborò una serie di *modi originali*, oppure Alois Hába, il quale, attraverso la suddivisione microtonale della seconda minore, riuscì a creare *sequenze intervallari di un quarto e di un sesto di tono* (microtoni).

Ripasso

1. Che cosa si intende con tonalità e scala (163/164)?
2. Spiegate cosa si intende con diatonico. (165)
3. Che cos'è un tetracordo? (167)
4. Come si distinguono le strutture dei tetracordi? Quali rapporti di tensione si vengono a formare tra le note dei tetracordi? (167/168)
5. Distinguete tra scala e tonalità. (169)
6. Descrivete i tetracordi della scala maggiore. (171/175)
7. Perché si indicano il quarto e il settimo grado della scala maggiore come tono scivolante e sensibile? (172/173)
8. Come si ricavano le tonalità con i diesis e quelle con i bemolli? (178/180)
9. Spiegate cosa sono il circolo e la progressione delle quinte. (183/184)
10. Elencate le armature di chiave delle scale maggiori (fino a sette alterazioni). (185/186)
11. Distinguete le strutture tetracordali delle scale minori (naturale, armonica e melodica). (194)
12. Che cosa si intende per tonalità relativa e per tonalità parallela? (197/201)
13. Come si annotano i gradi principali e i gradi secondari della scala cromatica? (203)
14. Descrivete la struttura della scala pentatonica. (205/206)
15. Quali sono i nomi dei modi (toni ecclesiastici)? (209/210)
16. Esponete la struttura dei modi e riferite quali sono gli intervalli differenti in relazione al maggiore e al minore. (202)
17. Descrivete la struttura e il significato della scala a toni interi. (214/215)
18. In che cosa si distinguono le scale tzigane maggiore e minore? (216)
19. Descrivete la struttura della scala di terza minore. (216)

20. Quali sono i gradi caratteristici delle scale blues? (217/218)
21. Di che accorgimenti si avvalgono alcuni compositori moderni nella formazione di nuove scale? (219)

Esercizi

1. Cantate i tipi di tetracordo citati (vedi 167) a partire da diversi gradi. Svolgete questo esercizio anche per iscritto.
2. Cantate le scale descritte il più spesso possibile, a partire da gradi differenti, sia in senso ascendente che discendente: fate attenzione alla precisa intonazione (controllate con uno strumento). Cercate di improvvisare delle piccole melodie.
3. Scrivete le scale maggiori di sol, la, fa, si bemolle, re, mi e mi bemolle.
4. Annotate l'armatura di chiave delle scale maggiori di si bemolle, mi, la bemolle, sol, re bemolle, la e si, tanto nella chiave di violino quanto in quella di basso.
5. Scrivete le scale minori naturali di si, sol, mi, do, fa diesis, e re. Quali cambiamenti si hanno nelle scale minori melodiche e armoniche?
6. Annotate l'armatura di chiave delle scale minori di do diesis, sol, mi, si bemolle, fa, la e si, tanto nella chiave di violino quanto in quella di basso.
7. Determinate le scale maggiori e minori che hanno le seguenti armature di chiave:

8. Determinate il secondo e il quinto grado delle scale di si bemolle, mi e la bemolle maggiore, nonché delle scale di la, do e fa minore. Determinate il terzo e il sesto grado delle scale di re, sol bemolle e si maggiore, nonché delle scale di mi, si e si bemolle minore.

9. I seguenti toni, di quali scale maggiori costituiscono il settimo grado?

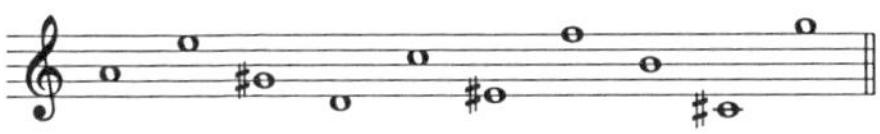

10. Di quali scale minori costituiscono i seguenti toni il quarto grado?

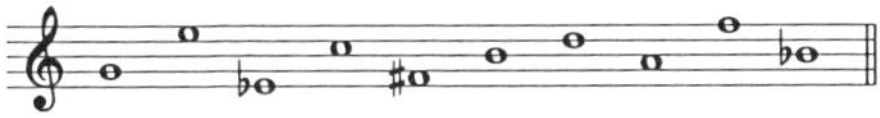

11. In quali scale troviamo le seguenti note?

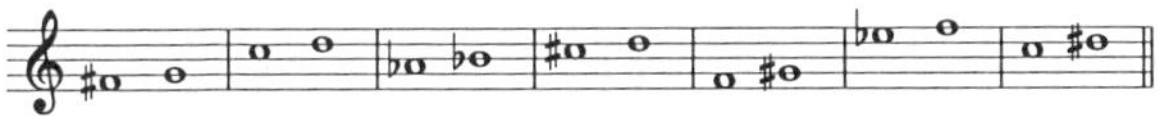

12. Trovate le tonalità relative e parallele di sol, mi, si bemolle e la bemolle maggiore, nonché di re, si bemolle, fa e do diesis minore.
13. Scrivete le scale cromatiche in re e mi bemolle maggiore.
14. Riconoscete i seguenti modi:

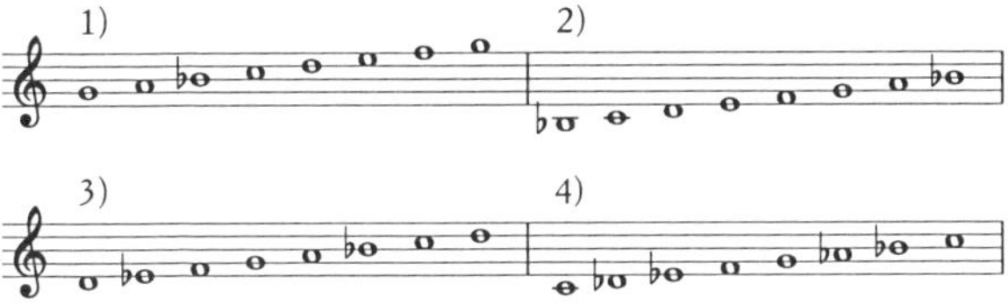

15. Costruite in re e fa i modi dorico, frigio, lidio e missolidio.
16. Determinate le seguenti scale:

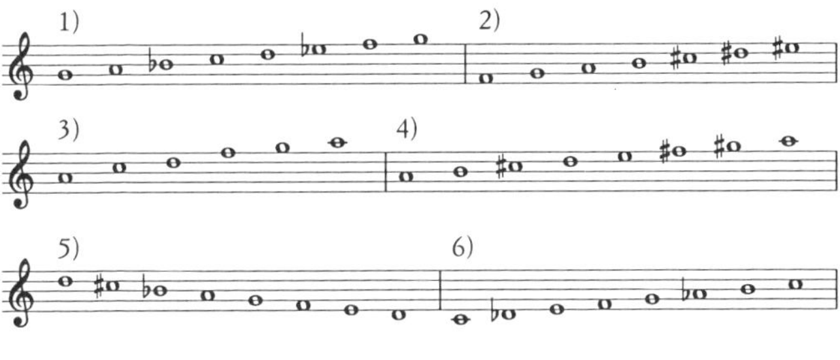

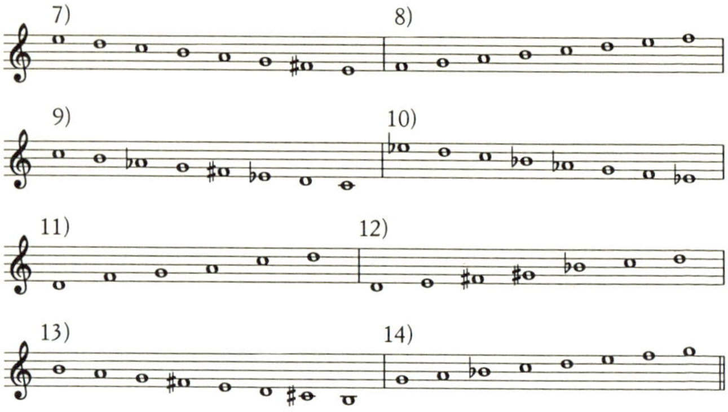
7)
8)
9)
10)
11)
12)
13)
14)

Gli accordi e le relazioni armoniche

[Nei seguenti capitoli si incontreranno due tipi di sigle (composte da lettere e numeri): in tondo verranno indicati i nomi degli accordi (ad es. D^7); in corsivo la funzione armonica (ad es. *T*). In entrambi i casi ci siamo attenuti alla loro grafia originaria, essendo questa diffusa internazionalmente e di uso corrente anche in Italia. Nel caso delle *relazioni armoniche* la lettera che compare nella sigla non è che l'abbreviazione del nome della funzione stessa in tedesco (vedi Appendice 9), nel caso degli *accordi* si è invece adottata la modalità di siglatura angloamericana, in uso soprattutto nel jazz e nella musica leggera (vedi Appendici 1 e 8). NdC]

Generalità

220 Abbiamo visto che la distanza fra due toni viene definita *intervallo*. Se invece due o più toni di diversa altezza vengono uniti polifonicamente, allora il risultato musicale che ne deriva viene definito *accordo*. L'accordo – seguendo l'insegnamento tradizionale dell'armonia – non è un accostamento casuale di intervalli, bensì una costruzione basata su precise regole, la quale, nella sua forma di base, è determinata dall'intervallo di terza. La musica contemporanea costringe ad ampliare il concetto di accordo, con le nozioni di toni aggiunti, accordi di quarta, ecc., e altri che chiariremo più sotto.

221 Il concetto di *armonia* riguarda ogni insieme sonoro costituito da più toni, cioè l'ordine delle progressioni polifoniche. Oggetto dell'insegnamento dell'armonia, oltre alla struttura degli accordi, è soprattutto la relazione tra i suoni nelle progressioni musicali.

Le triadi e i loro rivolti

222 Una *triade* è un accordo composto da due terze sovrapposte, ovvero da *fondamentale* (tono inferiore), *terza* (tono intermedio) e *quinta* (tono superiore): 1-3-5. Come accordo elementare (nella forma di triade maggiore) essa si presenta nel rapporto oscillatorio 4:5:6, il quale viene desunto dalla serie dei sovratoni (vedi 5).

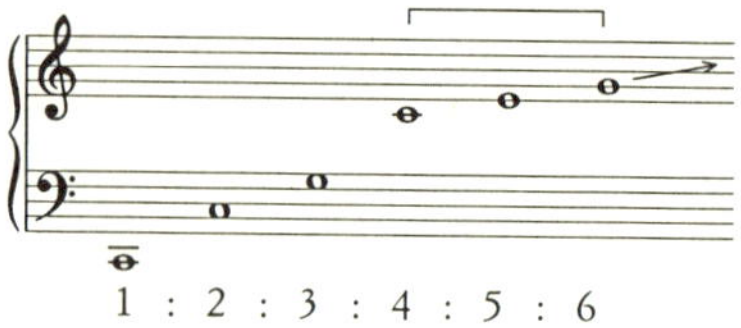

223 Di fondamentale importanza sono le *triadi maggiori* e le *triadi minori*. Comune ad entrambe gli accordi è l'intervallo di quinta giusta (cioè quello che comprende i toni "esterni" dell'accordo). Esse si distinguono per l'ordine delle terze. La struttura dell'accordo e la sua denominazione viene fatta da "sotto" (dalla nota di basso) a "sopra".

- *Triade maggiore* (M) = terza maggiore + terza minore
- *Triade minore* (m) = terza minore + terza maggiore

Notate la forma abbreviata: maggiore = terza maggiore, minore = terza minore.

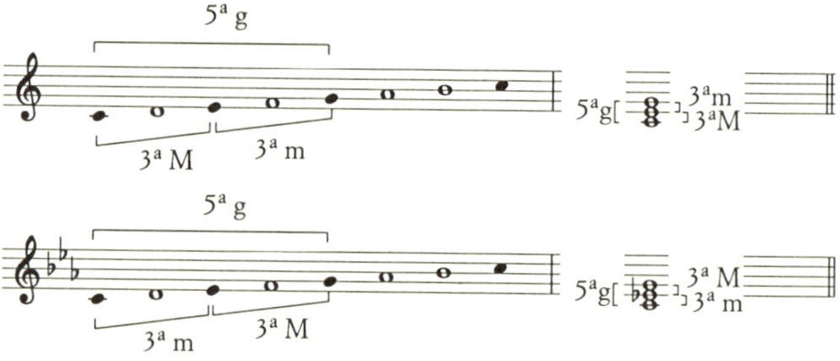

Le triadi vengono rappresentate con il simbolo della lettera indicante la fondamentale, accompagnata da altri eventuali segni aggiuntivi, che ne indicano il tipo (cosa che vale anche per tutti gli altri accordi). Nell'Appendice 8 si troverà una dettagliata descrizione del sistema internazionale di simboli usati per indicare gli accordi. Qui utilizzeremo il maiuscolo per gli accordi maggiori e il minuscolo per quelli minori.

224 Se cambia l'intervallo di estensione, cioè viene diminuita o aumentata la quinta, otteniamo altri tipi di triade:

- *Triade eccedente* (e) = terza maggiore + terza maggiore
- *Triade diminuita* (d) = terza minore + terza minore

Mentre le triadi maggiori e minori vengono considerate consonanti, le triadi aumentate e diminuite vengono considerate dissonanti (vedi 156).

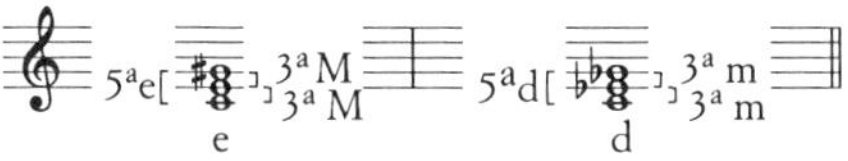

225 Triadi particolari:
con la quinta diminuita, in una particolare relazione armonica, si avranno le seguenti:

- *Triade semidiminuita* (sd) = terza maggiore + terza diminuita.
- *Triade doppiodiminuita* (dd) = terza diminuita + terza maggiore.

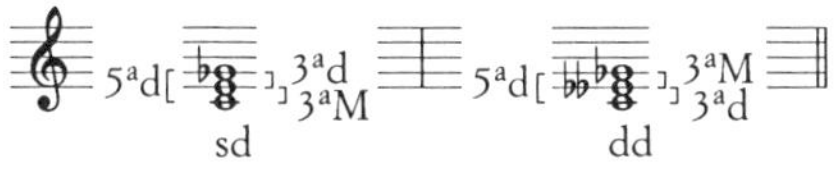

con ritardo (vedi 307), spesso senza risoluzione nella musica Pop e Rock:

226 Le triadi non si presentano solo nella disposizione di intervalli descritta, cioè allo *stato fondamentale* (come accordo di quinta), ma anche come *rivolti*. Questi si formano quando al posto della fondamentale compare la terza o la quinta, le quali diventano così la nota di basso, cioè quando il tono inferiore (= primo rivolto) o quello intermedio (= secondo rivolto) vengono trasposti all'ottava superiore.

227 Osserviamo la struttura dell'intervallo così modificata, in relazione alla nuova nota di basso:

• 1° rivolto = prima + terza + *sesta* (basso = terza della triade)
• 2° rivolto = prima + *quarta* + *sesta* (basso = quinta della triade)
Le variazioni indicate rispetto allo stato fondamentale (*sf*) della triade (prima-terza-quinta) ci portano alla seguente denominazione dei rivolti:
• 1° rivolto = *accordo di sesta* (6)
• 2° rivolto = *accordo di quarta e sesta* ($^6_4$)

Indicazioni metodiche

228 Per il riconoscimento, l'ascolto e il canto dei rivolti delle triadi è necessario conoscerne l'esatta *disposizione degli intervalli.*
N.B.: la triade aumentata suona allo stato fondamentale come i suoi rivolti.

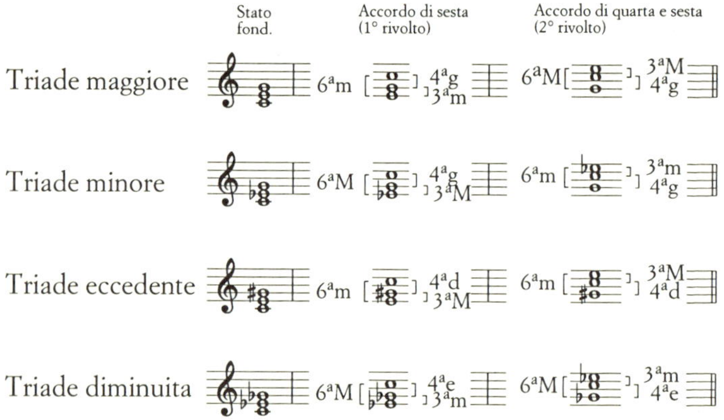

Allo stato fondamentale la *nota fondamentale* si trova sempre sotto allo spazio vuoto sul pentagramma (è il tono superiore dell'intervallo di quarta che si viene a formare tra le note della triade rivoltata), nei rivolti al di sopra di esso.

229 Triadi come *incipit* di canzoni:

Triade maggiore - stato fondamentale

Triade maggiore - accordo di sesta

Triade maggiore - accordo di quarta e sesta

(Red River Valley)

Giuseppe Verdi, Nabucco, Coro "Va, pensiero"

Triade minore - stato fondamentale

Karl Millöcker, Der Bettelstudent, Aria

Triade minore - accordo di sesta

Giuseppe Verdi, La forza del Destino, Tema del destino

Giuseppe Verdi, Don Carlos, Aria di Elisabetta

Triade minore - accordo di quarta e sesta

Johannes Brahms, Danza Ungherese n. 5

230 I rivolti delle triadi minori e maggiori al di sopra e al di sotto del fa:

• = fondamentale

Le triadi appartenenti alle scale maggiori e a quelle minori

231 Se formiamo sulla scala maggiore e sulle tre forme di scala minore le *triadi* ad esse appartenenti, otterremo i seguenti accordi:

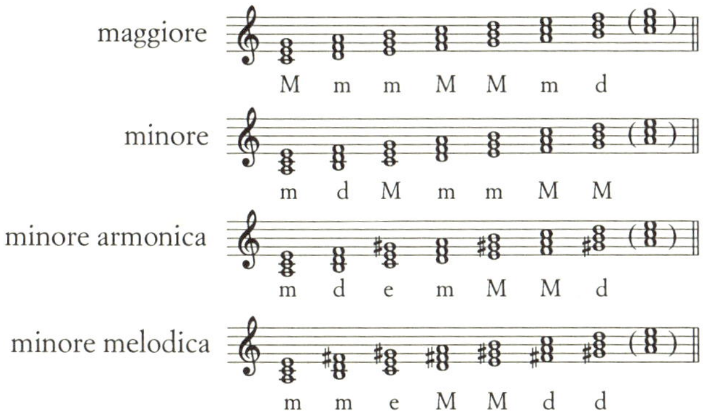

Schema riassuntivo (i numeri si riferiscono ai gradi della scala)

	maggiore	minore naturale	minore armonica	minore melodica
triade maggiore	**1, 4, 5**	3, 6, 7	**5,** 6	**4, 5**
triade minore	2, 3, 6	**1, 4, 5**	**1, 4**	**1,** 2
triade diminuita	7	2	2, 7	6, 7
triade eccedente	–	–	3	3

232 La *triade maggiore* do-mi-sol si trova nelle seguenti tonalità:

DO maggiore SOL maggiore FA maggiore

la minore (nat.) mi minore (nat. e arm.) re minore (nat)

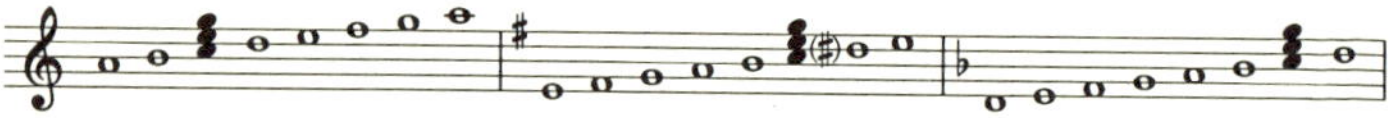

fa minore (arm. e mel.) sol minore (mel.)

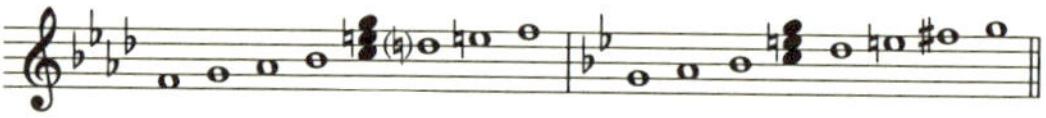

233 La triade minore la-do-mi appartiene a:

la minore (nat., arm. e mel.) do minore (nat. e arm.) re minore (nat)

DO maggiore SOL maggiore FA maggiore

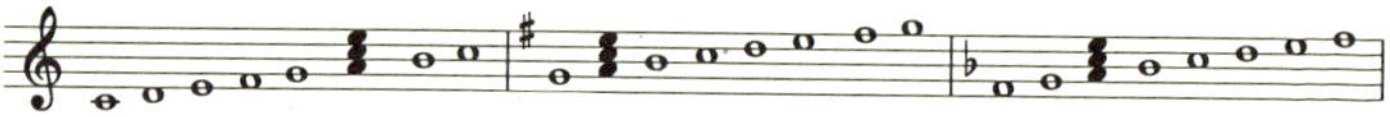

sol minore (mel.)

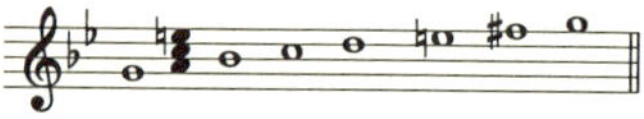

Le triadi principali, la cadenza

234 Gli accordi costruiti sul primo, quarto e quinto grado (vedi 231; descritti nello schema riassuntivo) di una scala maggiore o minore vengono indicati come *triadi principali*. Le fondamentali di questi gradi e le triadi formate su di essi sono così chiamate:

- Primo grado = *tonica* (*T*, *t*)
- Quarto grado = *sottodominante* (*S*, *s*)
- Quinto grado = *dominante* (*D*, *d*)

N.B.: nella scrittura delle funzioni armoniche usiamo come abbreviazione le maiuscole per gli accordi maggiori, le minuscole per quelli minori (Cfr. Appendice 9).

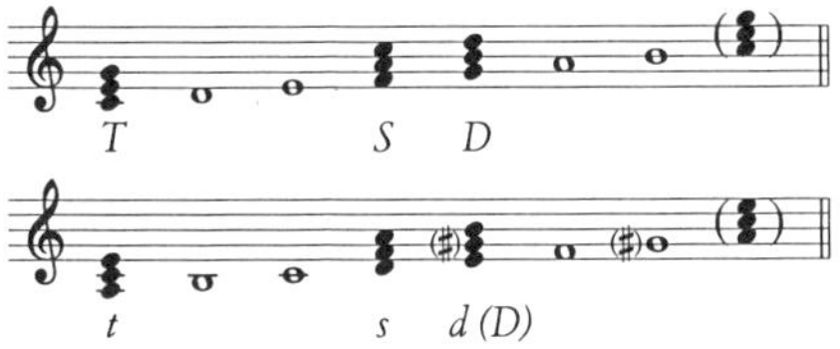

235 La successione delle triadi principali dà vita ad una *cadenza semplice* (cadenza di base), che viene caratterizzata da una "discesa dell'armonia" (dal lat. *cadere* = "cadere"), attraverso una tensione e una distensione. In essa le triadi principali si trovano in rapporto funzionale. Con cadenza si intendeva originariamente una formula di chiusa e la conferma della tonalità. Dal XVII sec. al XX sec., e in parte ancora oggi, la cadenza costituisce il fondamento armonico della nostra musica.

236 Funzioni di cadenza nelle tonalità maggiori e minori:

- maggiore *T S D T*
- minore naturale *t s d t*
- minore armonica *t s D t*
- minore melodica *t S D t*

In tonalità minore si preferisce la cadenza della scala minore armonica, in quanto ha come dominante una triade maggiore con la sensibile (formata mediante l'aumento del settimo grado): è anche per questo motivo che questa scala prende il nome di minore armonica. La cadenza della scala melodica non è affatto utilizzabile.

237 La tonica forma il centro dell'evento armonico (dal gr. *tonos* = "tensione"). Considerata dal punto di vista formale, essa è circondata dall'ambito della dominante superiore e della dominante inferiore. Parliamo dunque di *centralità tonale della tonica.* La dominante si trova infatti una quinta sopra la tonica, la sottodominante una quinta sotto di essa.

In riferimento al circolo delle quinte (vedi 183):

238 Le funzioni di dominante e di sottodominante hanno una nota in comune con la funzione di tonica: la fondamentale della tonica è la quinta della sottodominante, mentre la quinta della tonica è la fondamentale della dominante. Esse sono dunque in stretto rapporto tra loro. Chiamiamo questo rapporto *affinità di quinta.*
La struttura tensionale della cadenza è caratterizzata dal doppio salto discendente di quinta: la tonica "cade" sulla sottodominante (allontanamento dal centro tonale → tensione), la dominante "cade" sulla tonica (avvicinamento al centro tonale → distensione).

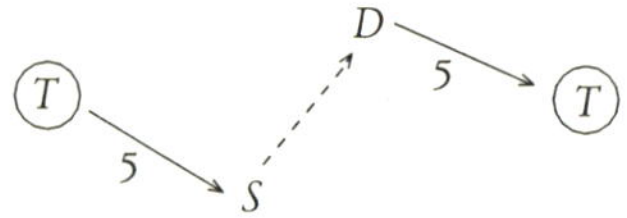

239 Tutte le note delle triadi principali appartengono alla scala.

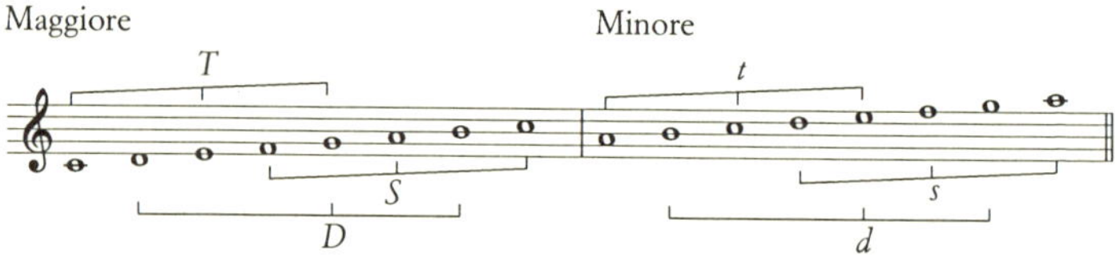

Le tonalità maggiore e minore risultano dal legame della melodia e dell'armonia con la scala, in rapporto alla nota fondamentale (tonica).

240 Con questi tre accordi è possibile armonizzare delle melodie diatoniche nella forma più semplice e dunque accompagnarle, associando alle melodie l'appropriata armonizzazione.
In una canzone le funzioni armoniche principali appaiono solo raramente nella cadenza di base. Si hanno infatti molte varianti:

Horch, was kommt von draußen rein

To i hola (Polonia)

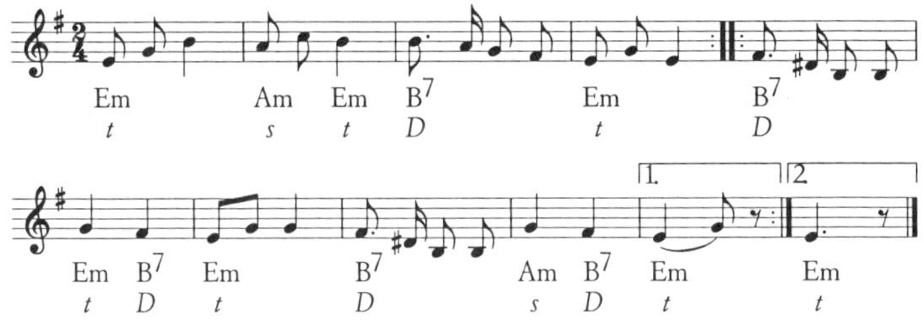

241 In una canzone o in un brano strumentale si possono avere molti tipi di formule armoniche di chiusa:

- cadenza perfetta: *D-T*
- cadenza plagale: *S-T*
- cadenza imperfetta: termina con un accordo affine alla tonica, che spinge alla prosecuzione, ad esempio *T-D*, *S-D*
- cadenza d'inganno (vedi 279)

Se la voce superiore raggiunge la fondamentale della tonica, la cadenza è completa; in una cadenza incompleta la voce superiore termina invece sulla terza o sulla quinta della tonica.

Le relazioni delle triadi principali nelle parti a quattro voci.

242 Il modello della cadenza di base in tonalità maggiore e minore viene per lo più riferito a *parti a quattro voci*. Le quattro voci corrispondono, considerate nel loro insieme, ai registri vocali di soprano, contralto, tenore e basso (vedi 436). Per motivi acustici ed estetici si sono sviluppate sin dalle origini alcune regole per la condotta delle voci. Sono da evitare, ad esempio, le progressioni parallele di prima, quinta, e ottava, oppure salti di intervalli ampi, impossibili da cantare. Progressioni graduali (la via più breve!), moti contrari di melodia e basso, e il mantenimento di uno stesso suono negli accordi danno calma ed equilibrio alla parte.

243 Le voci procedono con *moto parallelo* (a), *obliquo* (b), *contrario* (c).

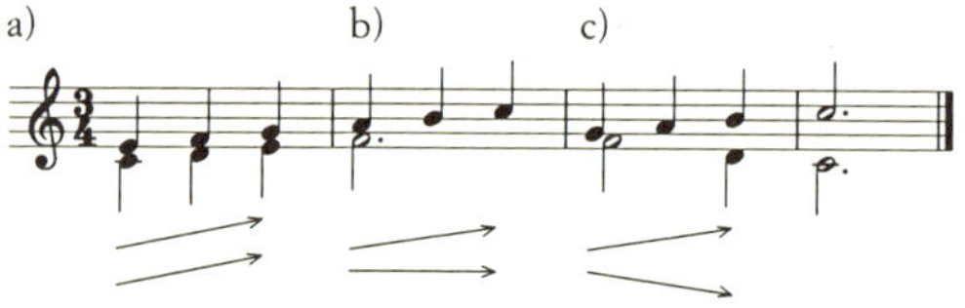

244 A seconda del tono melodico dell'accordo di partenza in una progressione si distingue tra *posizione di quinta* (5), *posizione di ottava* (8) e *posizione di terza* (3).

245 Prestiamo attenzione alle relazioni basate sull'affinità di quinta *T-S* e *T-D*. La nota comune ai due accordi nel seguente esempio viene legata.

Minore

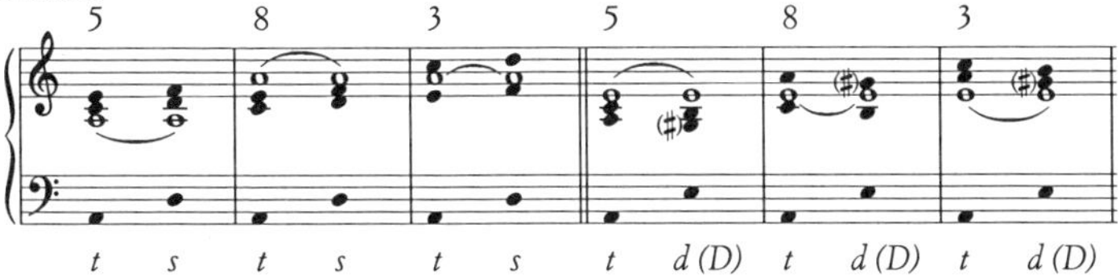

246 Se mettiamo in successione la sottodominante con la dominante (senza note in comune!), allora le tre voci superiori vengono condotte con moto contrario al basso.

Maggiore

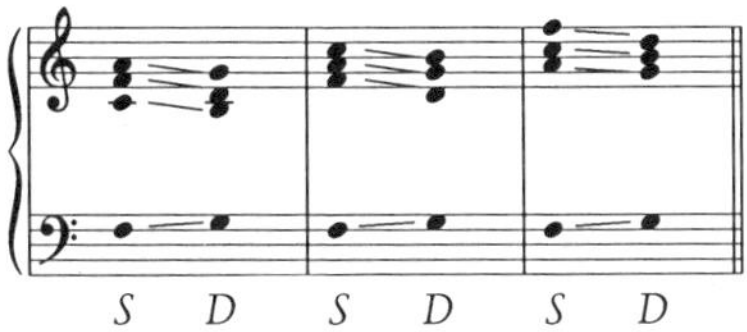

Minore

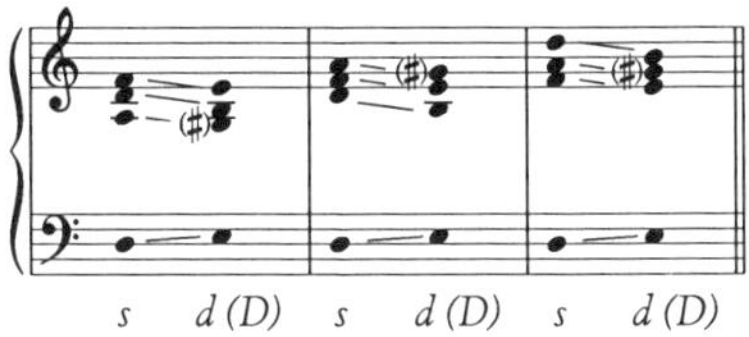

247 Possiamo dunque scrivere l'usuale sequenza della cadenza semplice.
N.B.: nella triade con funzione di dominante la sensibile appare come terza, che deve sempre risolvere sulla fondamentale della tonica.

Maggiore

Minore

248 È possibile ottenere maggiore varietà sonora, soprattutto nella conduzione del basso, quando le triadi funzionali compaiono di quando in quando nei loro rivolti, dunque con il basso di terza o di quinta. Inoltre si può cambiare il *rivolto stretto* fin qui adottato (le note dell'accordo si trovano nelle tre voci superiori una sopra l'altra senza salti) in un *rivolto largo* (le note dell'accordo vengono trasposte di ottava, e non si trovano immediatamente l'una sopra l'altra).

Cadenza in posizione larga: Cadenza con terza (3) e quinta (5) al basso:

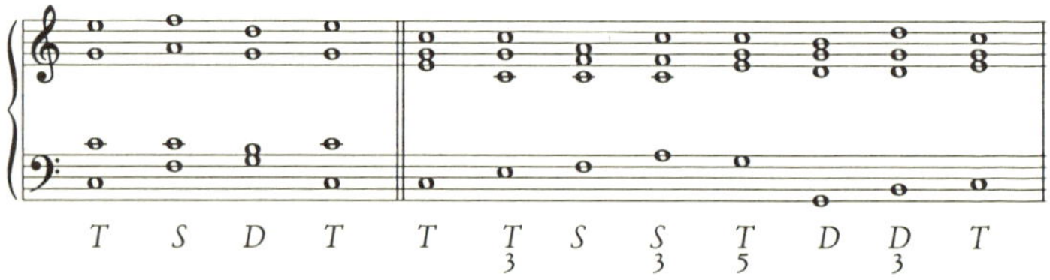

Accordi paralleli, contraccordi e accordi intermedi

249 Al fine di ampliare le possibilità armoniche al di là delle semplici cadenze di base, si possono utilizzare le altre triadi appartenenti alla scala (vedi 231). Se analizzassimo i rapporti esistenti tra le triadi minori appartenenti alla scala maggiore (II, III e VI grado) e le triadi principali (I, IV e V grado), noteremmo che esse appartengono a tonalità relative. Queste triadi vengono indicate con il nome di *accordi paralleli* e vengono nominate a seconda della loro funzione rispetto alle triadi principali:

- Secondo grado = *parallelo della sottodominante* (*Sp*)
- Terzo grado = *parallelo della dominante* (*Dp*)
- Sesto grado = *parallelo della tonica* (*Tp*)

(altro modo di scrittura: T_p ecc.)

[Nei paesi di lingua tedesca, dove si è sviluppata l'armonia funzionale e la sua terminologia, con *Paralleltonart* (alla lettera "tonalità parallela") si intende quello che in Italia è generalmente inteso come "tonalità relativa". Di conseguenza i *Parallelklänge* ("accordi paralleli") sono gli accordi appartenenti alle *Paralleltonarten* ("tonalità parallele"). Abbiamo quindi scelto di conservare l'uso linguistico italiano per quanto riguarda le tonalità (*Paralleltonart* = tonalità relativa) e quello tedesco (ma diffuso anche in Italia) per quanto riguarda gli accordi (*Parallelklang* = accordo parallelo), sperando che questa scelta possa evitare spiacevoli confusioni allo studente. NdC]

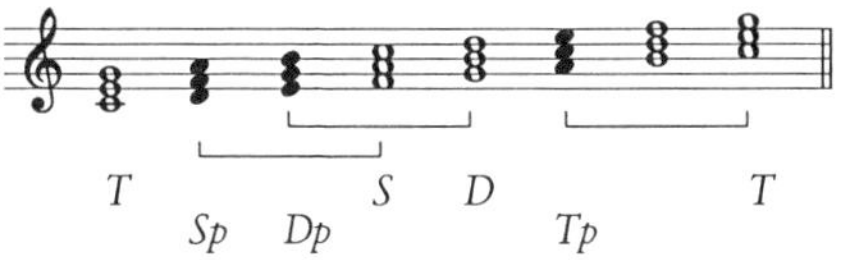

250 Nella tonalità minore troviamo accordi paralleli sul III, VI e VII grado:

- Terzo grado = *parallelo della tonica* (*tP*)
- Sesto grado = *parallelo della sottodominante* (*sP*)
- Settimo grado = *parallelo della dominante* (*dP*)

(altro modo di scrittura: t_p ecc.)

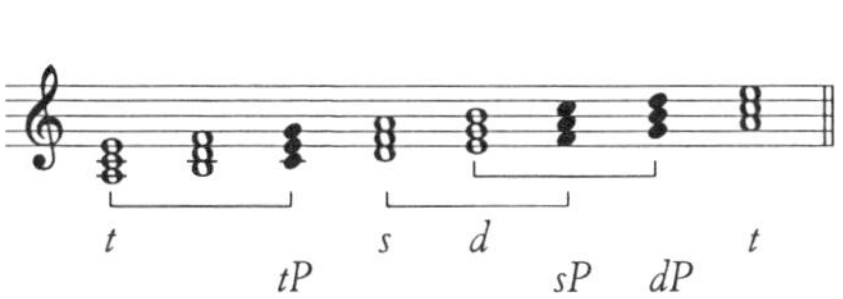

Notate i simboli funzionali:
la *p* minuscola si usa per indicare il parallelo minore di un accordo maggiore,
la *P* maiuscola per indicare il parallelo maggiore di un accordo minore.

251 Triade principale e accordo parallelo hanno due note in comune:

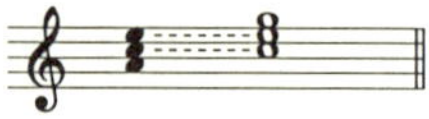

252 Esiste anche un altro accordo che ha due note in comune con la triade principale: esso si trova contrapposto all'accordo parallelo e perciò viene detto – più brevemente – *contraccordo* (sigla: *Tg* o *tG*).

[La lettera g con cui si indica in sigla il contraccordo sta per il nome di questo in tedesco (*Gegenklang*). NdC]

253 In riferimento all'accordo principale, l'accordo parallelo e il contraccordo sono di natura opposta (minori in tonalità maggiore e maggiori in tonalità minore). Gli accordi paralleli si trovano a una terza minore dal tono di riferimento, mentre i contraccordi a una terza maggiore da esso. In contrapposizione agli accordi principali essi vengono denominati *accordi secondari* (o funzioni secondarie). Prospetto degli accordi paralleli e dei contraccordi in do maggiore e la minore:

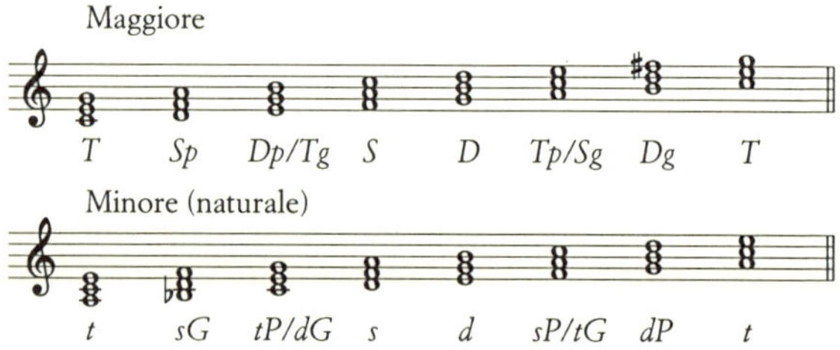

Cadenza con accordi principali e secondari (secondo Simon Sechter)
Notate il quadruplice salto discendente di quinta.

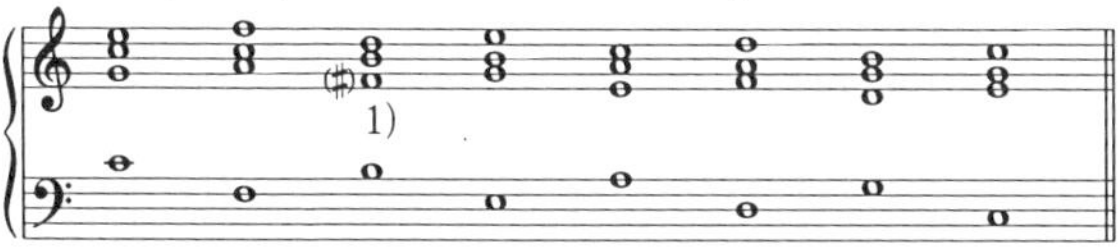

1) Sul settimo grado si ha una triade diminuita (vedi 231). Se si vuole includere il contraccordo della dominante, allora il fa deve essere aumentato in fa♯.

254 Lo stretto rapporto di affinità tra triadi principali e secondarie, dovuto alle due note in comune, si evidenzia inoltre per il fatto che una funzione secondaria può comparire dopo o al posto di una funzione principale, come se fosse la sua sostituta; da qui l'espressione – usuale nell'insegnamento dell'armonia – *accordi sostitutivi* (o *rappresentanti*).

Wohlan, die Zeit ist kommen

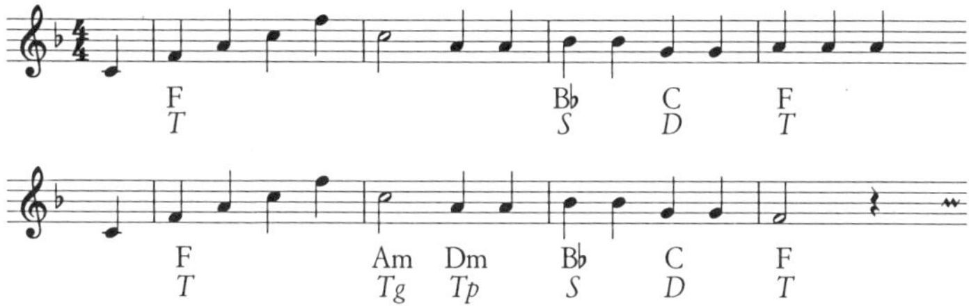

Mentre nella seconda battuta viene mantenuta la tonica (F), nella ripetizione alla sesta battuta il contraccordo della tonica (Am) e il parallelo della tonica (Dm) sostituiscono la funzione principale.

255 Un altro modo per ampliare la cadenza di base consiste nell'inserimento di *accordi intermedi*, ossia: una funzione principale provoca un cambiamento del genere tonale (maggiore/minore), e cambia la terza. Nella cadenza maggiore, ad esempio, la sottodominante emerge talvolta come accordo minore:

Anche la dominante maggiore in tonalità minore può essere valutata come accordo intermedio *(t s D t)*.

256 Il *rapporto intermedio* si presenta spesso anche nelle sezioni maggiori di una canzone o di un brano strumentale, ad esempio con strofe in tonalità minore o ritornelli in tonalità maggiore. Uno dei metodi di mediazione più usato consiste nel cambiamento del genere tonale: un tema in tonalità maggiore viene suonato in tonalità minore e viceversa.

Joseph Haydn, Sinfonia in do maggiore (con colpi di timpano), 2ª parte

L'accordo di settima

257 Se ampliamo la triade di una terza, si forma un *accordo di settima*, che prende nome dall'intervallo di settima.

258 Di primaria importanza è l'*accordo di settima di dominante* (sigla: D^7), che si ottiene quando alla triade sul quinto grado della scala maggiore o della scala minore armonica, cioè alla dominante, viene aggiunta la relativa settima (appartenente alla scala).

Nell'andamento melodico (come aiuto metodico nel canto e nel riconoscimento dell'accordo):

Drunten im Unterland

259 Come per la triade anche le note dell'accordo di settima di

dominante possono essere cambiate di posizione. Il nome del rivolto dipende dalla posizione dell'intervallo di seconda:

- 1° rivolto = *accordo di quinta e sesta* ($^6_5$) con terza al basso (D^7_3)
- 2° rivolto = *accordo di terza e quarta* ($^4_3$) con quinta al basso (D^7_5)
- 3° rivolto = *accordo di seconda* (^{2}) con settima al basso (D^7_7)

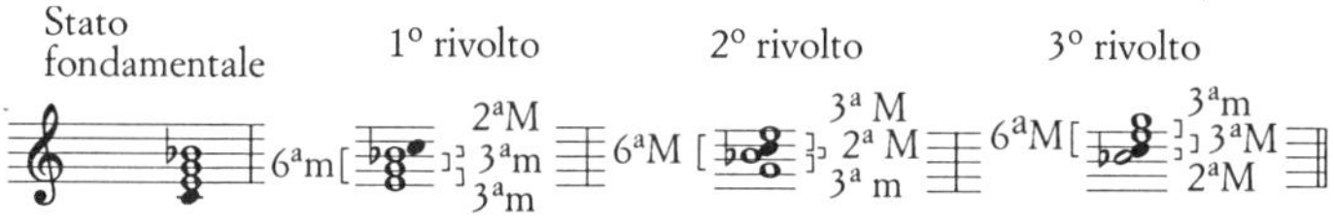

• = fondamentale

260 La tendenza della triade dominante a *risolversi* sulla tonica viene rafforzata considerevolmente dall'inserimento di una settima minore. L'accordo di settima di dominante contiene sia la sensibile (il si in do maggiore), che il tono scivolante (fa) della sua tonalità. Entrambi questi toni spingono al proseguimento: la sensibile → alla fondamentale della tonica, il tono scivolante → alla terza della tonica (vedi 172 / 173).

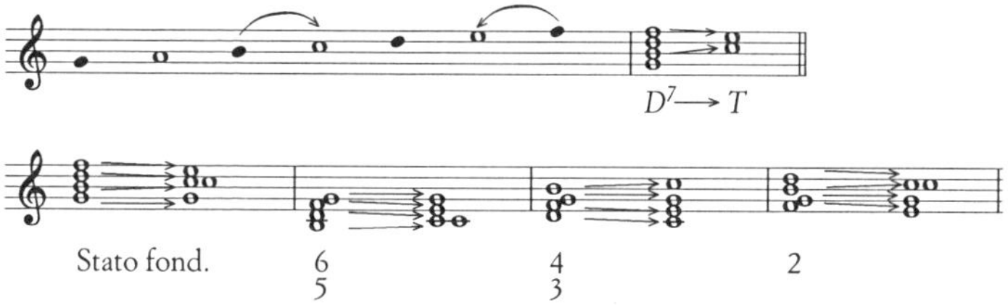

N.B.: l'accordo di settima di dominante in do maggiore è sol-si-re-fa (quinto grado); l'accordo di settima di dominante costruito sul do è do-mi-sol-sib, e appartiene alla tonalità di fa maggiore.

261 L'accordo di settima di dominante nella cadenza a quattro voci:

262 L'accordo di settima descritto può anche comparire, indipendentemente dalla funzione di dominante, senza risoluzione. Così nel blues e in diverse forme di danza da esso derivate si hanno formazioni di accordi di settima (*blue chords*) riconducibili alla scala blues (vedi 218).

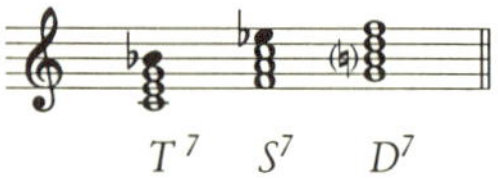

• = *blue note*

263 Dopo aver inquadrato la struttura di questo intervallo distinguiamo gli accordi di settima maggiore e minore. L'accordo di settima maggiore (a) è composto da una triade maggiore o minore con settima maggiore, l'accordo di settima minore (b) da una triade maggiore o minore con settima minore. Ulteriori tipi di accordi di settima appaiono quando si aumenta o si diminuisce la quinta per alterazione. Se nella triade diminuita viene inserita una settima minore, allora si avrà l'*accordo di settima semidiminuito* (c).

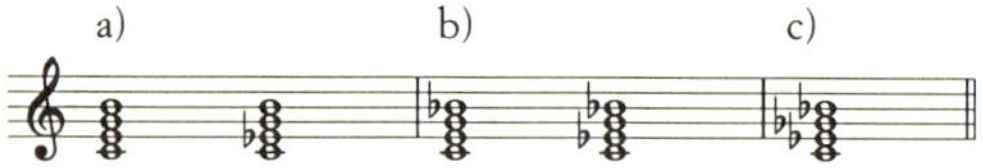

264 L'accordo di settima diminuita è composto da tre terze minori disposte l'una sopra l'altra (sigla D^0 o D^{07}); l'intervallo ha l'estensione di una settima diminuita e appartiene alla scala minore armonica.

265 N.B.: tutti i rivolti dell'accordo di settima diminuita suonano uguali, perciò, in notazione, le singole note possono essere scambiate con le loro corrispondenti enarmoniche.

266 L'accordo di settima diminuita si risolve principalmente in tonalità minore (appartenendo alla scala minore) e, secondariamente, in tonalità maggiore, motivo per cui la fondamentale dell'accordo di settima, la quale si trova sul settimo grado (sensibile), conduce alla fondamentale della tonica.

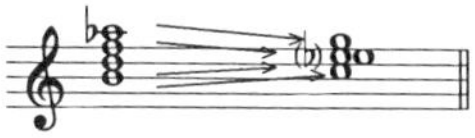

267 Considerato che i rivolti di quest'accordo sono indistinguibili all'ascolto, attraverso una diversa interpretazione enarmonica si possono ottenere ulteriori possibilità di risoluzione. L'accordo di settima diminuita ha perciò un ruolo armonico di modulatore (vedi 283).
Interpretazioni diverse e modi di risoluzione dell'accordo di settima diminuita:

interpretazione enarmonica

risoluzione

A°	si minore Si maggiore
F♯°	sol minore Sol maggiore
D♯°	mi minore Mi maggiore
B♯°	do♯ minore Do♯ maggiore

L'accordo di nona

268 Un'altra formazione accordale dominantica è l'*accordo di settima e nona di dominante*, costituito da un accordo di nona (sigla: *D*^{9}) e da un accordo di settima di dominante con terza aggiunta. Gli accordi di nona maggiore e di nona minore vengono così distinti:

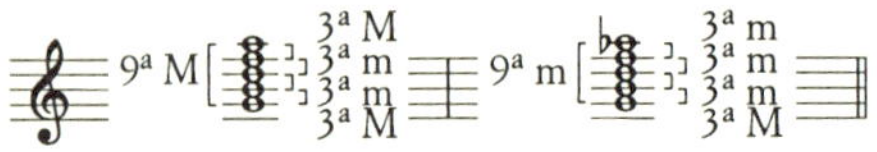

N.B.: l'accordo di settima diminuita può essere interpretato come accordo di nona minore senza la prima: ~~sol~~-si-re-fa-la♭.
Come le altre formazioni accordali, che in origine avevano una speciale relazione funzionale, anche l'accordo di nona è divenuto autonomo, apparendo talvolta senza risoluzione in progressioni armoniche di grandi proporzioni.

Claude Debussy, Nuages

L'accordo con sesta aggiunta

269 Alle triadi maggiore e minore può anche venire aggiunta una sesta maggiore. Questo accordo, che potrebbe essere indicato come *accordo di sesta*, compare spesso con funzione di sottodominante (sigla: S^6_5). Questo *accordo di quinta e sesta di sottodominante* (da Rameau definito "*accord de la sixte ajoutée*") ha tre rivolti:

L'accordo di quinta e sesta di sottodominante nella cadenza a quattro voci:

Nel jazz (swing) e, in certi casi, nella musica pop sono consueti ampliamenti accordali di sesta per qualsiasi funzione (nei simboli viene indicata da un 6 in apice, ad esempio C^6 o Cm^6).

270 Nella triade sottodominante la quinta viene talvolta sostituita da una sesta (simbolo: S^6 o s^6), venendo in tal modo trasformata in un accordo minore qualora si trovi in tonalità maggiore (a), in una triade diminuita (b) qualora si trovi in tonalità minore. Una formazione particolare è l'accordo di sesta della sottodominante minore con sesta minore per alterazione (c); esso viene indicato come *accordo di sesta napoletana*.
Accordo di sesta di sottodominante nella cadenza a quattro voci:

Ampliamento dominantico e sottodominantico dell'ambito cadenzale

271 Se si vuole ampliare ulteriormente l'ambito cadenzale, allora si possono introdurre le funzioni principali o secondarie mediante il loro accordo dominante. Dal momento che queste dominanti sono prese in prestito da altre tonalità, i simboli delle funzioni compaiono tra parentesi; gli accordi prendono il nome di *dominante in parentesi* o *dominante secondaria* o *dominante aggiuntiva*. Tutte le formazioni accordali dominantiche esplicano questa funzione, come D^7, D^0, D^9.

Esempi di ampliamenti:

C		Am	F		Dm		G^7	C
T		*Tp*	*S*		*Sp*		*D*^{7}	*T*
C	E^7	Am	F	C♯°	Dm	D^7	G^7	C
T	(*D*^{7}) →	*Tp*	*S*	(*D*°) →	*Sp*	(*D*^{7}) →	*D*^{7}	*T*

Osservate come nelle progressioni cadenzali sia ora aumentato il numero di toni estranei alla scala.

272 Davanti alla dominante si può trovare, come suono introduttivo, la *doppia dominante*, cioè la dominante della dominante:

(*D*^{7}) → *D*^{7} *T*, ad esempio: D^7 – G^7 – C.

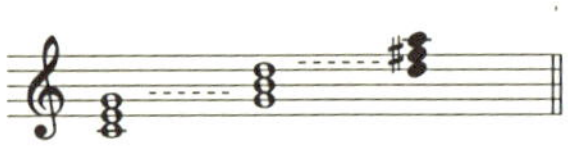

T *D* *D* / ~~*D*~~

273 La doppia dominante può anche comparire come accordo variante:

(*d*^{7}) → *D* *T*, ad esempio: Dm^7 – G^7 – C.

Wenn alle Brünnlein fließen

F C F B♭ G^7 C

oppure Gm^7 C

Progressione armonica nella terza battuta: *S* (*D*^{7}) → *D* (oppure) *S* (*d*^{7}) → *D*.

La successione di accordi Dm^7 – G^7 – C, nei gradi IIm^7 – V^7 – I, costituisce la cosiddetta “cadenza jazz”, di importanza fondamentale in questo genere di musica.

274 Spesso una sequenza di più dominanti (catena di dominanti) conduce alla tonica della tonalità di partenza, per cui l’accordo di tonica adottato va talvolta interpretato come dominante della tonalità che segue, ad esempio:

E^7 – A^7 – D^7 – G^7 – C
(D^7) (D^7) (D^7) D^7 *T*

ovvero: E^7 è la dominante della tonica A, quest’ultima diventa la nuova dominante A^7 della tonica D, ecc.

A seconda del numero di iterazioni di quinta necessarie per raggiungere la tonica (do), il rapporto di affinità di questi suoni viene denominato come dominante di primo grado (G^7), dominante di secondo grado (D^7), dominante di terzo grado (A^7) ecc.

275 Gli ampliamenti sottodominantici sono rari. Nella prima musica rock compariva spesso la *doppia sottodominante*, ad esempio in do maggiore un accordo di si bemolle maggiore (senza toni addizionali).

276 N.B.: l’accordo di doppia dominante si trova una seconda maggiore sopra la tonica, l’accordo di doppia sottodominante una seconda maggiore sotto la tonica.

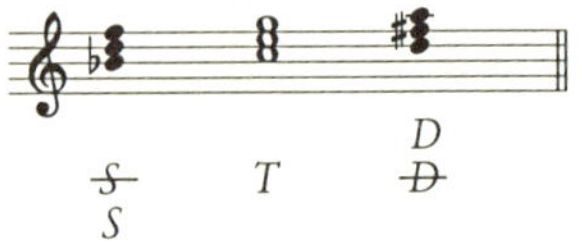

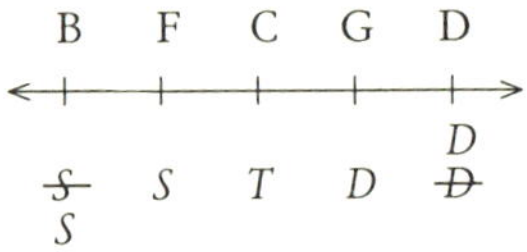

Le medianti

277 Il tono che si trova tra la fondamentale e la quinta, così come la triade costruita su di esso, porta il nome di *mediante* (dal lat. *medianus* = "che si trova nel mezzo"). In do maggiore la mediante è la nota mi e la triade di mi minore.
In senso lato sono medianti gli accordi che esprimono un'affinità di terza con l'accordo di partenza e appartengono al suo stesso genere armonico (ossia maggiore/minore). Se le fondamentali distano tra loro di una terza maggiore, allora parliamo di *medianti principali*, se distano di una terza minore di *medianti secondarie*.

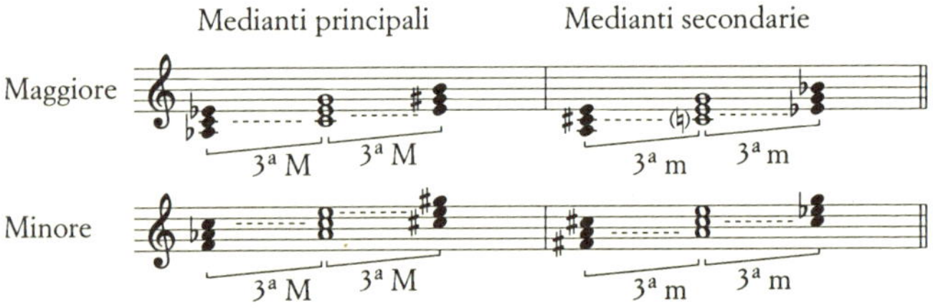

278 Dal momento che ogni accordo in cadenza può presentare, all'interno della progressione armonica, una propria costruzione mediantica, si rende possibile una grande quantità di successioni cromatiche di accordi di diverso tipo, motivo per cui risulta spesso difficile identificare la vera tonica. L'ampio uso della mediante, fatto dalla seconda metà del XIX secolo (Liszt, Wagner, Bruckner, Strauss), portò alla dissoluzione delle "classiche" tonalità di maggiore e di minore.

La cadenza d'inganno

279 Non sempre nella cadenza la dominante risolve sulla tonica, potendo invece condurre a un accordo che viene sentito come sostituto della tonica: il nostro orecchio viene così "ingannato" sull'effetto finale che si aspettava. Per questo motivo tale particolarità armonica viene chiamata *cadenza d'inganno*. Dopo la cadenza d'inganno seguono, nella gran parte dei casi, altre funzioni principali volte a confermare la vera tonica come effettiva chiusa.

280 Gli accordi più importanti della cadenza d'inganno sono il parallelo della tonica in tonalità maggiore e il contraccordo della tonica in tonalità minore.

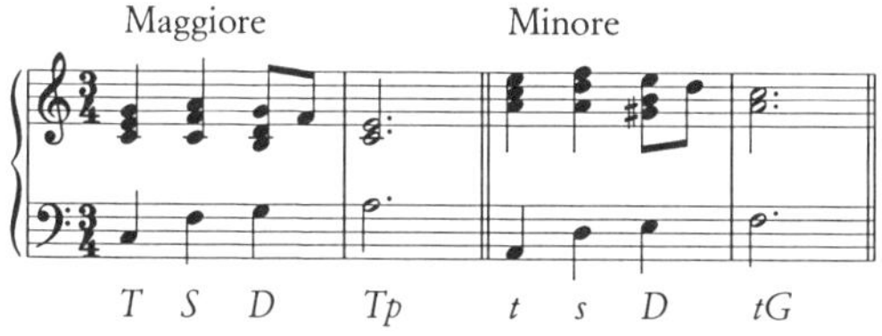

281 Anche gli accordi medianti possono fungere da sostituti della tonica nella cadenza d'inganno, ad esempio le medianti secondarie (a) e le medianti principali (b) nell'esempio qui di seguito riportato:

La modulazione

282 Con *modulazione* si intende il passaggio dell'armonia da una tonalità ad un'altra e il passaggio a una nuova tonica. Nel Lied la tonalità di base viene abbandonata solo per poco, onde si parlerà di *modulazione temporanea*. Spesso la *modulazione temporanea* ha luogo poiché la dominante – preparata dalla doppia dominante (vedi 272) – funge da nuova tonica.

Friedrich Silcher, Ännchen von Tharau

Analisi armonica:

Battute 1-4:	cadenza in si bemolle maggiore
Battute 5-8:	la doppia dominante (battuta 7) conduce alla dominante, che sfocia di nuovo nella tonica (ripetizione)
Battute 9-12:	nella battuta 9 la dominante viene trasformata in una tonica; ha luogo una *modulazione temporanea* in fa maggiore, rafforzata dalla cadenza di fa maggiore. Nella battuta 12 si ha la modulazione di ritorno: la tonica temporanea fa maggiore diventa di nuovo la dominante del si bemolle maggiore.
Battute 13-16:	cadenza di si bemolle maggiore.

283 Sia la *tonalità di partenza* che la *tonalità di arrivo* mantengono la loro *conferma armonica* attraverso i rispettivi accordi di cadenza, cosicché il cambiamento tonale intercorso con la modulazione risulti evidente all'ascoltatore.

Come mezzo di modulazione vengono utilizzati prevalentemente:

- il cambiamento funzionale di accordi e toni singoli (modulazione diatonica)
- il cambiamento enarmonico totale o parziale di accordi o singole note (modulazione enarmonica)
- lo spostamento cromatico di toni dell'accordo (modulazione cromatica)

L'accordo di settima diminuita e la triade eccedente, ad esempio, costituiscono dei modulatori appropriati.

Ritorni immediati da una tonalità all'altra (con salti diatonici o cromatici) non vengono considerati modulazioni.

La formazione degli accordi e le strutture armoniche nella musica moderna

284 Dalla metà del secolo scorso i compositori si ingegnarono nella ricerca di nuove possibilità espressive, al fine di ampliare e dissolvere le parentele armoniche caratteristiche della cadenza classica.
Un essenziale segno distintivo di questo processo fu la *progressiva autonomia guadagnata dagli accordi*, i quali fino ad allora comparivano solo in determinate relazioni armoniche. Ad esempio non venne più sentita la necessità che i sostituti della dominante proseguissero verso la tonica, e che le dissonanze fossero risolte in consonanze (confronta la catena di accordi di nona non risolti in Debussy, vedi 268). Gli accordi divennero passibili di essere sottoposti a molteplici alterazioni cromatiche, nonché a inediti ampliamenti, in particolare attraverso seconde e quarte; anche il tritono (vedi 149) assunse un nuovo significato, in relazione alla ricerca di combinazioni e di contrasti sonori originali.

285 Dal rifiuto della terza come fondamento di costruzione dell'accordo emerse la possibilità di ottenere nuove formazioni accordali. Alcuni compositori attribuirono alla quarta un ruolo privilegiato.

Sergej Prokofiev, Mazurca, op. 12

Gli *accordi di quarta* sono formati mediante la stratificazione di due, tre o più quarte, disposte l'una sopra l'altra. Questi accordi sono strutture a sé stanti, spesso anche alterate, le quali non ammettono nessuna risoluzione, come nel caso, ad esempio, dell'"accordo mistico" di Alexander Skrjabin, che il compositore russo creò avvalendosi dei sovratoni che vanno dall'8° al 14° della serie (vedi 5), e perciò definito anche "accordo di sintesi":

286 Nella musica contemporanea i singoli accordi o le sequenze di accordi si presentano – considerati dal punto di vista dell'effetto sonoro – come un insieme di suoni apparentemente casuale (una sorta di mistura), destinato però a raggiungere una coloritura sonora (*Tonmalerei*) conforme al contenuto della composizione. I *contrasti di seconda* ottengono allora un rilievo particolare.

Béla Bartók, Melodia nella nebbia, «Mikrokosmos», n° 107

287 La scrittura di accordi contenenti più intervalli di seconda genera spesso una certa confusione, a causa dei limiti della notazione tradizionale. Una semplificazione viene data dalla scrittura a *cluster* (ingl. "grappolo, mazzo"), che definisce solo il tono inferiore e quello superiore dell'accordo.

In questo caso si consiglia l'aggiunta della legenda "tutti i toni tra re^2 e sol^2", per indicare senza ambiguità l'inclusione del re♯ e del fa♯. Se il cluster deve essere mantenuto a lungo, si usano i seguenti modi di scrittura:

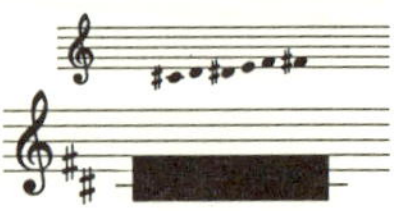

Cluster senza l'indicazione delle note (solo con i limiti di estensione) lasciano libertà di esecuzione all'interprete.

288 Nell' ambito melodico-armonico il rifiuto della tonalità maggiore e minore, così come il rifiuto della sensibilizzazione ha portato i compositori a orientarsi verso scale nuove o quasi dimenticate, nonché a preferire gli intervalli ricchi di tensione. L'interesse da parte dei compositori per la musica antica e il folklore ha dato vita (vedi l'esempio musicale al § 290) a numerose composizioni basate sulla modalità, che si basano cioè sulle scale modali (vedi 209).

289 Anche l'utilizzo di strutture melodiche riprese dal *folklore extraeuropeo* e infine la creazione di *sistemi armonici inediti* (vedi 219) hanno prodotto nuove interessanti possibilità di espressione sonora, spesso di sapore esotico.

Yoran Paporisz, Raga Marawa (da «Musica indiana per pianoforte»)

290 In alcune composizioni contemporanee si incontrano talvolta diversi livelli armonici concomitanti (detto figurativamente: i sistemi superiore e inferiore di un pezzo per pianoforte hanno una tonica diversa, occasionalmente perfino una differente armatura di chiave). Definiamo questa possibilità *politonalità*, e, in presenza di due cadenze, *bitonalità*. La politonalità può aver luogo, ad esempio, quando al di sopra di una figura di basso che procede invariata appaiono melodie diverse, cioè quando due o più voci procedono indipendentemente l'una dall'altra.

Darius Milhaud, Sandades do Brasil, N° 2

Béla Bartók, Quattordici bagatelle per pianoforte, op. 6, n° 1

Tramite l'unione di due scale (con la mano destra si suona in do♯ eolico, con la mano sinistra in do frigio), Bartók ha dato vita a una scala cromatica polimodale.

mano sinistra: do♯ re♯ (re) mi fa♯ sol♯ la si do♯

mano destra: do re♭ mi♭ fa sol la♭ si♭ do

Atonalità

291 Si parla di *atonalità* quando una composizione non si trova in alcuna tonalità, quando cioè la melodia non può essere ricondotta a una nota centrale (tonica) e l'armonia – venendo abbandonato il principio di organizzazione tonale – non lascia riconoscere alcun rapporto di parentela riconducibile alla cadenza. La musica atonale non conosce né generi armonici (maggiore/minore) né funzioni (*T*, *S*, *D* ecc.), né consonanze o dissonanze. L'atonalità (concetto peraltro alquanto discusso!) tuttavia non comporta affatto una sequenza o un insieme di toni senza alcuna connessione, ma dei criteri di organizzazione diversi rispetto all'armonia "classica" (come nel caso della tecnica seriale).

292 Contrariamente alla scala cromatica, nella quale le dodici note sono suddivise in gradi principali e gradi secondari (vedi 202) – ciò in riferimento alla scala a sette gradi –, la *tecnica dodecafonica* ("a dodici suoni") postula l'egual valore di tutti i toni all'interno dell'ottava equitemperata. Da questi dodici toni viene formata, secondo determinati criteri, una *serie*, che funge da materiale di base per la composizione; ad esempio:

Hanns Eisler, Gegen den Krieg (coro misto a cappella)

293 Tutti i toni di questa serie sono collegati l'un con l'altro, sicché risulta impossibile trovare una tonica in senso tradizionale. Da questa serie di note – la *serie di base* (a) – vengono derivate altre serie, ad esempio la *serie inversa o rivolta* (b: i rapporti intervallari vengono formati in senso opposto), la *serie cancrizzante o retrograda* (c: la serie inizia con l'ultimo tono e viene letta al contrario), la *cancrizzante dell'inversa* (d) ecc.

Queste serie sono trasponibili su ogni grado della scala cromatica, inoltre i suoi toni possono venire trasposti di ottava a piacimento. Il compositore unisce le suddette serie (secondo determinate regole) per ottenere la linea melodica. Se queste serie di note si sovrappongono nelle diverse voci parallele, allora si formeranno soprattutto accordi ricchi di tensione.

Hanns Eisler, Gegen den Krieg (Quinta variazione: serie di base all'alto, inversa al tenore; di volta in volta con ripetizione delle note della serie)

294 Una serie di dodici note può comparire anche come sequenza di accordi, qualora più serie si uniscano nello svolgimento temporale. Da ciò si evince un nuovo principio di formazione degli accordi.

Arnold Schönberg, Klavierstück op. 33a

serie di base:

295 Nella tecnica dodecafonica vengono disposte in serie solo le altezze delle note, tuttavia alcuni compositori applicano invece la tecnica seriale anche ad altri elementi della musica, come ad esempio le durate dei suoni, le intensità, i timbri ecc., fino alle varie indicazioni per l'interpretazione. Questo complesso di regole definisce la cosiddetta *tecnica seriale*.

296 Le cosiddette *partiture grafiche* accordano ampio spazio alla capacità di inventiva e alle idee dell'interprete. Segni grafici interpretabili in modo differente, spesso in relazione a frammenti di notazione musicale tradizionale, spiegazioni verbali o indicazioni di esecuzione, devono indurre azioni musicali spontanee in cui predòmini la fantasia estemporanea dell'interprete.
Una delle più recenti tecniche compositive – utilizzata solo dopo il 1950 – è *l'aleatorietà* (dal lat. *alea* ="dado"), basata sulla casualità. Il compositore presenta solo parti, formule ritmico-melodiche e figure sonore, talvolta anche registri sonori, modelli ritmici, intervalli di tempo e simili (nella gran parte dei casi descritti però fin nei dettagli), in base ai quali l'interprete deve improvvisare, combinandoli a propria discrezione. La forma generale, la forma melodica, l'entrata delle voci, l'andamento temporale e altri fattori dipendono in modo decisivo dalla bravura e dalla fantasia dell'esecutore. Subordinatamente alla compatibilità dei contenuti, vengono talvolta inclusi elementi aleatori anche in opere di grosse dimensioni, in combinazione con altre tecniche compositive.

Georg Katzer, Divertissement à troi (trio ad libitum), estratto da «Fine»

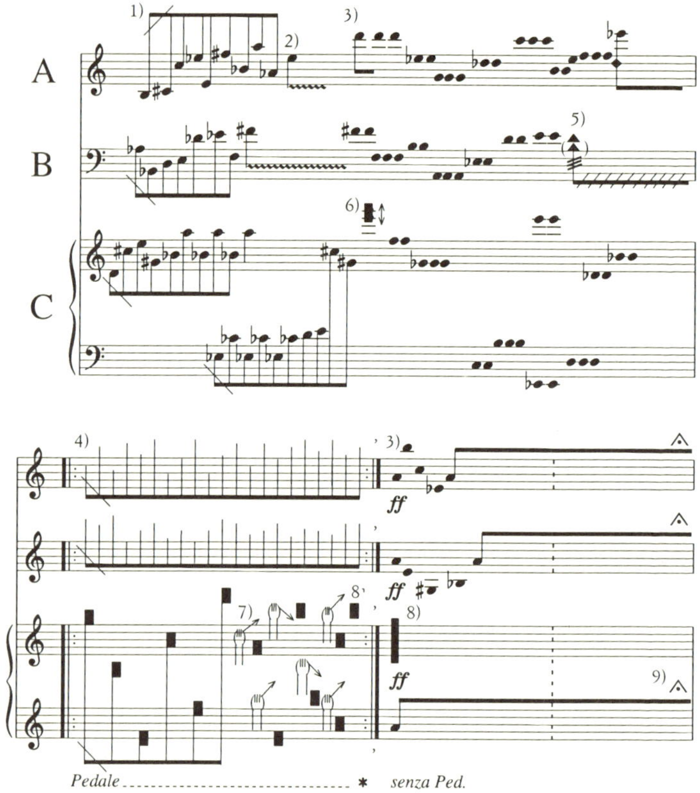

Legenda:

1. Valori di durata molto brevi (il più veloce possibile).
2. Largo, vibrato veloce.
3. Alternanza di valori lunghi, corti, veloci.
4. Valori molto brevi con altezze di tono indefinite.
5. Il più acuto possibile (per il violoncello: alla cordiera) con tremolo o suoni frullati (fagotto).
6. Cluster.
7. Sfregare la mano nello spazio tonale indicato, verso l'alto (↗) o verso il basso (↘), poi concludere con un cluster.
8. Cluster, eseguito con l'avambraccio.
9. Breve pausa.

Le alterazioni valgono solo per le note a cui si riferiscono, eccezion fatta per le note ripetute.

297 La *musica elettronica* ha conosciuto nei decenni passati uno sviluppo considerevole. Fino agli anni Sessanta i compositori dovevano registrare le loro opere su nastro magnetico (*tape music*), avvalendosi di tecniche dispendiose in termini di tempo e ancora allo stato sperimentale, lavorando in studi mal forniti e costosi. Grazie alle decisive innovazioni nel campo dell'elettronica e dell'elettroacustica, in particolare con la costruzione e il progressivo miglioramento di sintetizzatori (*synthesizer*, dall'ingl. *to sythesize* = "sintetizzare"), campionatori (*sampler*, dall'ingl. *to sample* = "campionare"), *sequencers* (dall'ingl. *sequence* = "sequenza"), nonché di apparecchi per la produzione di effetti sonori, amplificatori, mixer e altoparlanti, è stata resa possibile l'esecuzione di musica elettronica anche in concerto (*live-electronic*, in abbinamento con strumenti acustici), arrivando infine a consentire la sua produzione in studi casalinghi (*home recording*). Passi fondamentali in questa direzione furono l'impiego del computer (dotato di software dedicati alla didattica, alla composizione e alla notazione) e l'introduzione dello standard MIDI (1982), che consente l'interazione tra strumenti hardware. I diversi metodi di produzione ed elaborazione del suono (sintesi sonora, filtraggi ecc.) nei sintetizzatori – che in principio erano analogici, mentre oggi sono digitali –, grazie anche alle numerose possibilità di combinazione del materiale a disposizione offerte dalla tecnica del campionamento, hanno portato a un enorme ampliamento della gamma dei suoni e dei rumori utilizzabili musicalmente. Per i musicisti diventerà presto essenziale appropriarsi di conoscenze elementari e di nozioni pratiche anche in questo settore: non si avrà più solo la possibilità di predisporre, combinare e organizzare in una forma musicale i suoni e i toni a disposizione, bensì di creare da sé anche il materiale di partenza (toni, suoni, rumori) e di scegliere i timbri sonori fin nelle minime sfumature.

Ripasso

1. Chiarite cosa si intende con accordo e con armonia. (220/221)
2. Cos'è una triade? (222)
3. Come si formano le triadi maggiori, minori, aumentate e diminuite? (223/224)
4. Descrivete l'accordo di sesta e dell'accordo di quarta e sesta. (227)
5. Descrivete le differenti strutture intervallari delle triadi rivoltate. (228)
6. Elencate le triadi appartenenti alla scala maggiore e a quella minore. (231)
7. Come vengono chiamate le triadi principali? (234)
8. Cos'è una cadenza? (235)
9. Quali sono le differenze tra gli accordi di cadenza delle tre scale minori? (236)
10. Ricordate alcuni tipi di cadenza. (241)
11. Quali regole fondamentali si sono affermate per la condotta delle voci nelle parti a quattro? (242/243)
12. Che cosa sono gli accordi secondari? (253)
13. Quale rapporto esiste tra accordi paralleli, contraccordi e accordi principali (in tonalità maggiore e minore)? (253)
14. Spiegate cos'è un accordo sostitutivo. (254)
15. Cos'è un accordo variante? (255)
16. Che cosa si intende con le nozioni di maggiore e di minore? (256)
17. Come si costruisce un accordo di settima? (257)
18. Descrivete la struttura dell'accordo di settima di dominante, dei suoi rivolti e motivate le sue possibilità di risoluzione. (260)
19. Distinguete tra accordo di settima maggiore, minore e diminuita. (263/264)
20. Come si può risolvere l'accordo di settima diminuita? (266/267)
21. Elencate gli accordi con la sesta aggiunta. (269/270)
22. Quale funzione assolvono le dominanti secondarie? (271)

23. Che rapporto sussiste tra la tonica, la doppia dominante e la doppia sottodominante? (272/275)
24. Cos'è la mediante? (277)
25. Distinguete tra mediante principale e secondaria. (277)
26. Spiegate quali sono le relazioni armoniche della cadenza d'inganno in tonalità maggiore e minore. (279-281)
27. Cos'è la modulazione? (282)
28. Formate un accordo di quarta. (285)
29. Cos'è un cluster? Come viene segnato in notazione? (287)
30. Spiegate le differenze tra tonale, bitonale, politonale e atonale. (290/291)
31. Qual'è il principio della tecnica dodecafonica. (292/294)
32. Spiegate cosa sono la dodecafonia, la musica seriale e la musica aleatoria. (292/295/296)

Esercizi

1. Cantate gli accordi studiati (nonché i loro rivolti) in senso ascendente e discendente, a partire da varie note fondamentali, fino ad una completa padronanza.
2. Cantate e formate triadi maggiori e minori sui toni di fa, la, mi, si bemolle, sol, mi bemolle e si.
3. Riconoscete le triadi maggiori da quelle minori:

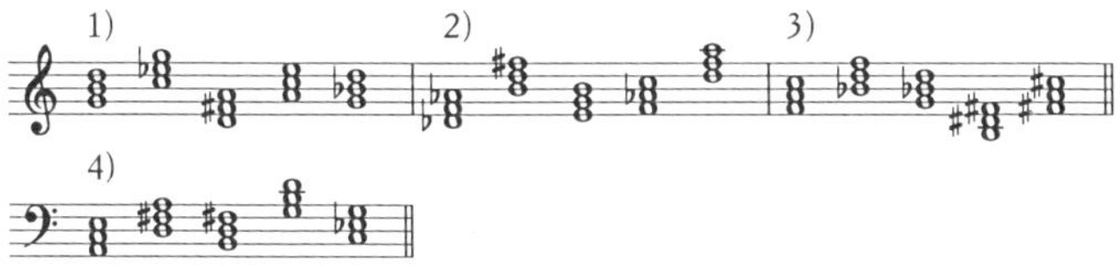

4. Cantate e formate triadi aumentate e diminuite sui toni di re, sol, do, si bemolle, fa diesis, si e la.
5. Riconoscete le triadi aumentate e quelle diminuite:

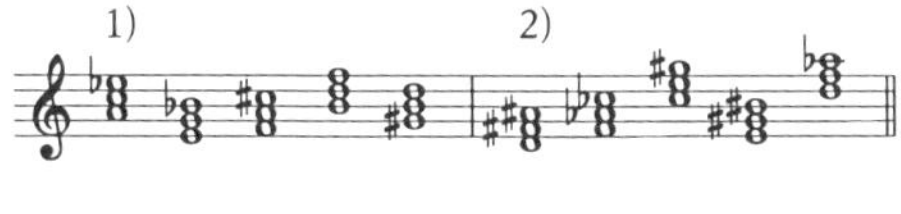

6. Cantate e formate sui toni di si bemolle, re, la bemolle, fa diesis e do le triadi maggiori e minori con i loro rivolti.
7. Determinate le triadi:

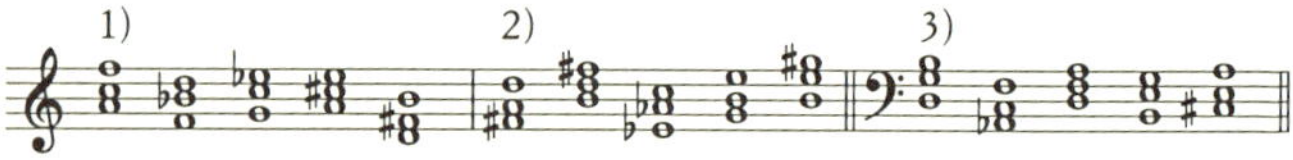

8. Cantate e formate sui toni di do, fa, e mi le triadi aumentate e diminuite con i loro rivolti.
9. Cantate e formate sopra e sotto i toni di re e sol le triadi maggiori e minori allo stato fondamentale, gli accordi di sesta e gli accordi di quarta e sesta.
10. Formate le triadi in ogni tonalità (in maggiore e in minore). Scrivetele in parti a quattro voci e suonatele (secondo la vostra capacità) con uno strumento.
11. Svolgete l'esercizio 10 con gli accordi paralleli, i contraccordi e gli accordi varianti.
12. Scrivete le seguenti cadenze:

    in Fa maggiore: *D - T - Tp - S - Sp - D - T*

    in Re maggiore: *T - Tg - S - s - T - Tp - Sp - D - T*

    in do minore: *D - t - s - D - t - Tp - Sp - s - D - t*
13. Cantate e formate l'accordo di settima di dominante sui toni di la, re, si bemolle e fa con i loro rivolti e risolveteli.
14. Elencate gli accordi di settima di dominante nelle tonalità di Si bemolle, Sol, Re bemolle e La maggiore, quindi in do, fa, fa diesis e si bemolle minore.
15. Cantate e formate sui toni di si, sol, do e mi un accordo di settima maggiore, minore, diminuita e semidiminuita.
16. Formate nelle tonalità di Re, Si, Mi bemolle e La maggiore l'accordo maggiore e minore di settima e nona di dominante, e l'accordo di quinta e settima di sottodominante.
17. Ampliate le cadenze (esercizio 10 e 11) attraverso dominanti secondarie e medianti. Cercate di costruire una melodia sugli accordi.
18. Formate le seguenti cadenze:

in Si bem. maggiore: $T - (D^7) - Tp - (D^7) - D - T$

in Mi maggiore: $S - T - (D^7) - Sp - D^7 - Tp - S - D - T$

in re minore: $t - S - t - tG - D^7 - t$

19. Armonizzate delle canzoni e cercate delle soluzioni di accompagnamento appropriate.
20. Analizzate la struttura armonica di canzoni e semplici brani strumentali.

La melodia

Generalità

298 La *melodia* (dal gr. *mélos* = "canzone, modo" + *odé* = "canto") è una sequenza di toni compiuta in se stessa, autosufficiente ed espressiva. I toni suonano in sequenza temporale (e si completano con l'armonia). Caratteristiche essenziali della melodia sono la distanza dei toni e il loro reciproco rapporto funzionale. La melodia, in quanto forma "plasmabile" e dotata di significato musicale, comporta qualcosa di più che non la mera somma dei suoi elementi: la melodia, insomma, non è solo una sequenza di intervalli. Ritmo, metro, armonia e dinamica hanno un'influenza essenziale sulla melodia.

299 Un'altra caratteristica della melodia consiste nella sua trasponibilità, essa cioè non si limita soltanto ad essere un andamento di altezze di tono assolute, ma può essere cantata o eseguita a partire da qualsiasi altezza tonale. Da qui prende forma il fondamentale principio strutturale "*tensione-sviluppo* (elaborazione)-*distensione* (risoluzione)". Il movimento melodico risulta formato dal *passo* e dal *salto* (vedi 142), laddove l'intervallo di seconda (passo) costituisce l'elemento costruttivo fondamentale. Una regola "classica" vuole che un salto debba essere controbilanciato da un passo in direzione opposta.

300 La concezione della melodia ha subìto nel tempo profondi mutamenti ed è stata considerata sotto differenti punti di vista, in relazione al contesto storico-culturale e geografico-etnico. Mentre si possono incontrare – in particolar modo nella musica extraeuropea – strutture e formule melodiche che vengono ampliate e variate liberamente da cantanti e strumentisti (*improvvisazione*), nella nostra cultura musicale si è invece affermata l'esigenza dell'esatta determinazione di ogni nota della sequenza musicale (altezza di tono, ordine metrico, suddivisione ritmica ecc.). Questo stato di cose ha influito sullo sviluppo della notazione, anche se risulta comunque impossibile annotare tutte le sfumature della musica.

301 Il materiale sonoro a disposizione del compositore è contenuto nel *sistema tonale* (vedi 12). Di conseguenza, anche la scala deve intendersi come generalizzazione, astrazione e conseguenza del fatto melodico. Nella nostra cultura la melodia trovò durante il Medioevo la sua organizzazione nel sistema dei *modi* (vedi 207), dal XVII secolo nel sistema delle tonalità maggiori e minori, e nel XX secolo nella scala a dodici note.

302 Le melodie, nella loro varietà, sono passibili di diverse modalità di organizzazione e di classificazione. Possiamo così distinguere tra *melodia armonicamente e metricamente strutturata* (ad esempio la maggior parte delle canzoni popolari europee) e *melodia non armonicamente vincolata* (ad esempio il folklore extraeuropeo o la musica seriale); inoltre tra *melodia vocale* (legata al ritmo del parlato e vincolata all'estensione della voce umana e agli intervalli cantabili) e *melodia strumentale* (adatta all'estensione e alle possibilità di esecuzione dei diversi strumenti musicali, con un'ampia estensione sonora, spesso con ampi salti intervallari e ritmicamente concitata). La melodia può essere *monodica*, senza accompagnamento, ma anche *a più voci*. A seconda del tipo di condotta delle voci si distingue tra frase *polifonica* e frase *omofonica* (vedi 346 e 347). Infine l'andamento della melodia può essere descritto, ad esempio, come melodia *a scala*, *per triadi*, *per gradi*, *a pendolo* o *ad arco*.

Il rapporto delle note della melodia con l'armonia e il metro

303 La maggior parte delle canzoni e delle opere strumentali hanno una melodia armonicamente e metricamente strutturata, il che significa che ogni tono della melodia è in rapporto diretto con la funzione armonica e con l'ordinamento metrico. Distinguiamo perciò tra *note appartenenti all'armonia* (ad esempio le note di una triade) e *note estranee all'armonia*; inoltre tra note che cadono sui tempi forti e note che cadono sui tempi deboli; senza riferimento diretto all'armonia si parla anche di *toni appartenenti all'accordo e toni estranei all'accordo*).

Dat du min Leevsten büst

Nelle battute 1-4 compaiono nella melodia soltanto note che appartengono alla progressione armonica, espressa dai simboli degli accordi; le battute successive contengono invece toni estranei all'armonia (indicati con la ×).

304 La distinzione dei toni propri o estranei all'armonia è il presupposto di un buon fraseggio musicale e di un'armonizzazione dotata di significato.

I toni estranei all'armonia compaiono in differenti rapporti reciproci.

305 Le *note di passaggio* che si trovano sui tempi deboli collegano i toni propri all'armonia:

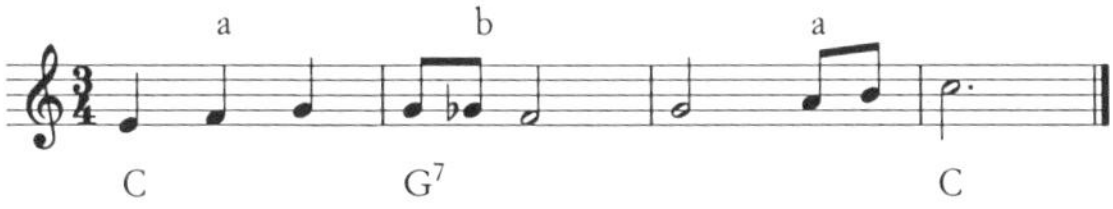

a = passaggio diatonico, b = passaggio cromatico

306 Allo stesso modo sui tempi deboli si hanno le *note di volta*, le quali conducono il tono di un accordo verso l'alto o verso il basso.

Possibilità:

a = nota di volta inferiore diatonica, b = nota di volta superiore diatonica, c = doppia nota di volta, d = nota di volta inferiore cromatica, e = nota di volta superiore cromatica.

Tic e tic e toc

307 Il *ritardo* si trova sempre su un tempo forte; esso viene risolto diatonicamente o cromaticamente su uno dei toni dell'accordo che cade sul successivo tempo debole.

Widewidewenne

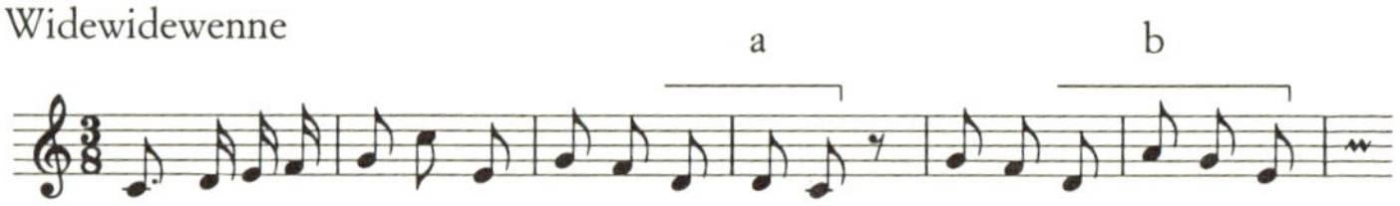

a = ritardo preparato, b = ritardo non preparato

Gioacchino Rossini, La Danza

Possono venire ritardati anche più toni, ad esempio come ritardo dell'accordo di quarta e sesta.

308 Mentre la nota di un accordo tramite il ritardo viene posticipata rispetto alla sua normale entrata, essa può anche apparire come *anticipazione* prima del normale attacco (tipica soluzione di chiusa).

The Last Rose

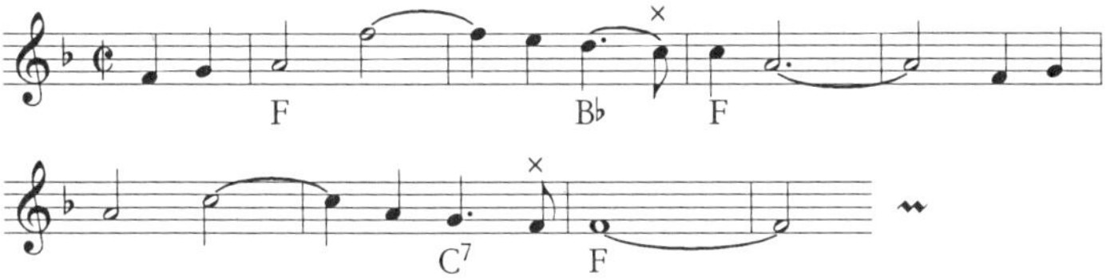

309 Il tono dell'armonia sul tempo forte può essere preparato con una o più note liberamente inserite, le cosiddette *preparazioni*.

Laterne, Laterne

Il motivo

310 Quando ascoltiamo una melodia o la leggiamo sullo spartito, possiamo notare in essa una certa suddivisione, una struttura ordinata: un pensiero musicale viene contrapposto ad un altro che riprende il primo e così via. Ci imbattiamo così in una coppia di concetti che è di importanza fondamentale per la struttura formale della musica, ossia la *contrapposizione* e la *ripetizione*.
Ci occuperemo innanzitutto del più piccolo elemento costruttivo, il *motivo*. Esso rappresenta un'unità musicale dotata di significato e di una sua identità. Da esso si sviluppano gli eventi successivi. Si ascolti, ad esempio, lo sviluppo e la rielaborazione del motivo centrale con cui Ludwig van Beethoven fa iniziare la sua Quinta sinfonia in do minore, op. 67:

311 Nel motivo può prevalere l'aspetto melodico, quello armonico oppure quello ritmico. Un salto intervallare o una sequenza casuale di toni non dà però ancora vita a un motivo. Solo l'ordine ritmico-metrico e le relazioni armoniche permettono di riconoscere la continuazione del motivo. Con i toni

iniziano ad esempio i seguenti motivi:

Giuseppe Verdi, La traviata, Aria di Germont

(Spagna)

Schnadahüpferl aus den Alpen

Johann Strauss, Eine Nacht in Venedig, Lagunen-Waltz

(Cowboy Song)

Toni Ortelli, La montanara

312 Il motivo può essere composto da due *motivi parziali* (MP), uguali (a), simili oppure contrapposti (b):

Il motivo tende alla prosecuzione, richiede movimento (moto), e dunque segue alcuni principî di *elaborazione*.

313 *Ripetizione sullo stesso grado*:

Winter, ade

314 *Ripetizione su gradi differenti* (*sequenza*):

Schwefelhölze

315 *Fioritura*:

Tanz rüber, tanz nüber

316 *Inversione*:

Hopp, hopp, hopp

317 *Rielaborazione* di motivi parziali, *suddivisione* del motivo:

318 *Aumento* e *diminuzione*:

Horch, was kommt von draußen rein

319 Il motivo, nella sua misura complessiva, non è legato a un numero definito di battute: nell'"Invenzione in Do maggiore" di Johann Sebastian Bach (BWV 772) il motivo sta in mezza battuta, nella canzone popolare "Sitz e kloins Vogerl im Tannenwald" in quattro battute.

Questi due motivi sono da associare a differenti principî formativi: lo *sviluppo* (Bach) e la *sequenzialità* (canzone popolare).

Formazione dei periodi (sequenzialità)

320 Il motivo contempla, nel corso della sua prosecuzione, una *fase di transizione*. La fase di transizione può essere il primo risultato della rielaborazione del motivo oppure comportare l'introduzione di nuovo materiale.

Der Winter ist vergangen

321 La “domanda” posta dal motivo può essere mantenuta nella fase di transizione o addirittura rafforzata (spesso attraverso la chiusura sulla dominante). La “domanda” ottiene “risposta” in una sezione successiva.

Ludwig van Beethoven, IX Sinfonia, Inno alla gioia

La “domanda” posta dal motivo può anche trovare subito “risposta” nella fase di transizione (chiusura sulla tonica).

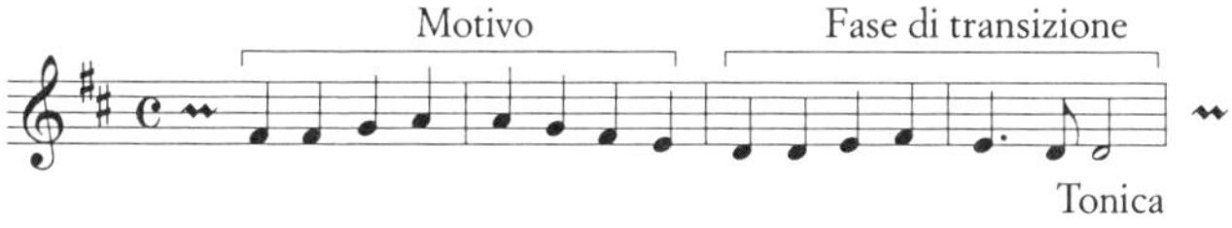

322 Il motivo iniziale, caratteristico di una canzone o di un brano strumentale, viene chiamato *motivo principale.* In contrasto a questo appare spesso un *controcanto* (motivo secondario), che può essere soggetto a rielaborazioni.

L'inverno è passato

323 Motivo e fase di transizione formano una *semifrase*. A seconda della loro posizione si distingue tra: *antecedente*, *mediana* e *conseguente*. Più semifrasi formano una *frase*, più frasi una *sezione*. Le semifrasi si indicano con lettere minuscole, le frasi con lettere maiuscole, le sezioni con cifre romane.
Se una frase è conclusa in se stessa e la tensione prodotta nell'antecedente si risolve nella conseguente, allora si ha un *periodo*.

324 Schema metrico della frase a otto battute:

Frase (periodo)
8 battute

Semifrase (antecedente)
4 battute

Motivo
2 battute

Fase di transizione
2 battute

Semifrase (conseguente)
4 battute

Motivo
2 battute

Fase di transizione
2 battute

Le forme a Lied

325 Con la congiunzione di motivi, semifrasi e frasi si formano strutture più grandi, le cosiddette *forme a Lied*. Non le troviamo solo nell'ambito della musica vocale, ma anche in molti brani strumentali. Le forme a Lied vengono distinte a seconda del numero di frasi e di sezioni.

[Rendiamo con "forma a Lied" (ovvero "forma a canzone") l'espressione *Liedformen*. In senso stretto con Lied si intende la forma storicamente definita dalla struttura tripartita A-B-A, che ha avuto la sua consacrazione nella musica romantica tedesca. NdC]

326 Esempi di melodie che siano composte dal motivo e dalla fase di transizione soltanto – dunque solo da una semifrase – e che risultino compiute in se stesse, si incontrano raramente. Si tratta per lo più di brevi motivetti o di ritornelli infantili.

Feuerwehr, komm schnell herbei

327 La forma a Lied a una sola frase può essere composta da due o tre semifrasi, le quali possono essere uguali (a-a), simili (a-a^1) oppure diverse (a-b).

328 Forme a Lied a una sola frase con *due semifrasi*:

Bald gras ich am Neckar (a-a^1: le ultime due battute della semifrase si discostano l'una dall'altra nella chiusa, mentre il motivo principale rimane invariato).

Ein Vogel wollte Hochzeit machen (a - b: le due semifrasi sono differenti).

329 Forme a Lied a una sola frase con *tre semifrasi*:
Le possibilità sono: a-a-a, a-a-b, a-b-b, a-b-c, ecc.

Blues (a-a-a: il cosiddetto tema a *riff*, tipico del Blues)

Alle Vögel sind schon da (a-b-a: la forma Lied più frequente, parte centrale contrastante, poi ripetizione della prima semifrase = Ripresa)

Carl Gottlieb Hering, Morgen, Kinder, wird's was geben (a-a-b)

Wahre Freundschaft (a-b-b)

Kuckuck ruft's aus dem Wald (a-b-c)

330 La forma a Lied a *due frasi* consiste in due forme tipo A-A, A-A^1 e A-B, mentre le singole frasi possono essere formate diversamente.

Auf de schwäbsche Eisebahne (A/a b-$A^{(1)}$/ $a^{(1)}$ b)

Johannes Brahms, Guten Abend, gut' Nacht (A/a a^1-B/b b^1)

331 La forma a Lied a *tre frasi* offre – tra le altre – le seguenti possibilità: A-A-B, A-B-A, A-B-C.

Stephen Collins Foster, "Oh, Susanna"

Hans Georg Nägeli, Freut euch des Lebens (A/a a^1 - B/b c - A/a a^1)

332 Canzoni o brani strumentali di maggiore lunghezza vengono definiti come *forme a Lied a più sezioni* o *composte*. Ogni sezione è formata da due o tre frasi. Questo principio è già stato visto a proposito delle forme a due o tre frasi, le quali possono anche essere indicate come *a sezione singola*.

333 Le canzoni formate da strofe e ritornelli (*refrain*), o da code, sono per lo più a due sezioni.

Jingle Bells

Luigi Denza, Funiculì, funiculà

334 Nelle forme a Lied a *tre parti* sono da rilevare due tipologie: I-II-I e I-II-III. La forma I-II-I, dunque con la sezione centrale differente, si ritrova spesso nei brani strumentali, ad esempio nel Minuetto, ove la sezione centrale viene chiamata *Trio*. La prima sezione segue come *Ripresa* (ripetizione).

Wolfgang Amadeus Mozart: "Eine kleine Nachtmusik", Serenata in sol maggiore, KV 525, terza frase

I da capo

335 La forma I-II-III si incontra in molte marce e polche. La terza parte, che nella maggior parte dei casi è nella tonalità della sottodominante, porta il nome di *trio* (spesso è un Lied noto).

František Kmoch, Kolíne, Kolíne (marcia ceca)

336 La varietà delle forme musicali rende in molti casi impossibile una precisa classificazione entro le forme a Lied presentate. Allontanamenti dalla tradizionale frase metrica di otto battute possono avere diverse motivazioni, e spesso sono solo dovute alla particolarità estetica che la struttura musicale comporta.

337 *Ampliamenti* attraverso la ripetizione di motivi o parti di un motivo:

338 I *prolungamenti* rafforzano in particolare l'effetto finale, e fanno altresì crescere la tensione iniziale:

Felix Mendelssohn Bartholdy, Leise zieht durch mein Gemüt

Und so woll'n wir noch einmal

339 *Contrazione* attraverso l'addensamento delle battute (4 su 3):

Leise rieselt der Schnee

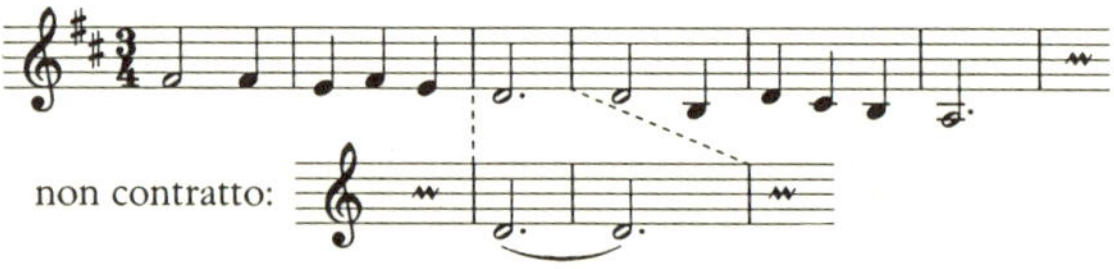

340 Motivi a tre tempi formano semifrasi di sei battute:

Geh mir nicht über mein Äckerchen

Semifrasi tripartite formano frasi di dodici battute:

Johann Abraham Peter Schulz, Der Mond ist aufgegangen

341 Semifrasi suddivise in più parti danno vita a vivaci contrasti:

Alleweil kann mer net lustig sein

Szöje kis lány megy a kútra (Ungheria)

Il tema

342 Il *tema* (dal gr. *thema* = "ciò che è posto, collocato") costituisce il fondamento della composizione, in quanto in esso è contenuto il materiale da cui prende avvio lo sviluppo di un brano. Può essere composto da uno o più motivi, oppure essere anche il primo risultato di uno sviluppo motivico. Il tema rimane per lo più "aperto" (spesso risulta difficile determinare in modo inequivocabile la sua fine) e porta alla continuazione (*elaborazione tematica*). Varî sono per forma e numero i temi esposti in un'opera e dipendono in particolare dal suo contenuto, dalla sua forma, dal suo genere e dalle dimensioni progettate. Ad esempio, le fughe hanno per lo più un solo tema, mentre il tempo principale della sonata si compone di due temi contrapposti.

343 Possiamo incontrare temi costruiti *simmetricamente*, suddivisi in modo evidente (affini alle forme a Lied), come ad esempio:

Wolfgang Amadeus Mozart, Sinfonia in do maggiore (Jupiter), KV 551
I frase (tema con motivi contrapposti = tema antitetico)

Spesso, tuttavia, si incontrano anche temi *asimmetrici* – in particolare nella musica polifonica –, i quali formano come un'unità, ad esempio:

Johann Sebastian Bach, L'arte della fuga, BWV 1080, Contrappunto 1

344 Anche le occorrenze motiviche in un ciclo di variazioni o nell'improvvisazione nella musica jazz o pop vengono indicate come temi, sebbene corrispondano a forme a Lied suddivise in modo ben visibile. Una particolare forma di tema è la *serie* che sta alla base delle composizioni dodecafoniche (vedi 292).

Tema omofonico e tema polifonico

345 Se una melodia viene suonata da diverse voci melodiche contemporaneamente, allora si ha la *polifonia* (a partire dalla *bifonia*). Nella polifonia si distingue tra tema omofonico e tema polifonico.

346 Nel *tema omofonico* (dal gr. *homophonos* = "suono simile") la melodia si trova in primo piano come voce principale, mentre tutte le altre voci (voci secondarie) sono a lei subordinate, mantenendo una funzione di accompagnamento.

Frédéric Chopin, Polacca in la maggiore, op. 40, n. 1

Il tema omofonico viene indicato anche come *tema accordale*, poiché la voce superiore (quella che suona la melodia) viene a basarsi su voci secondarie e inferiori che procedono per lo più omoritmicamente. Nelle parti a quattro voci le voci melodiche vengono denominate a seconda del registro di appartenenza: *soprano*, *alto*, *tenore* e *basso* (confronta anche il capitolo sulla cadenza a quattro voci, 242 ss.).

Hans Leo Haßler, Tanzen und Springen

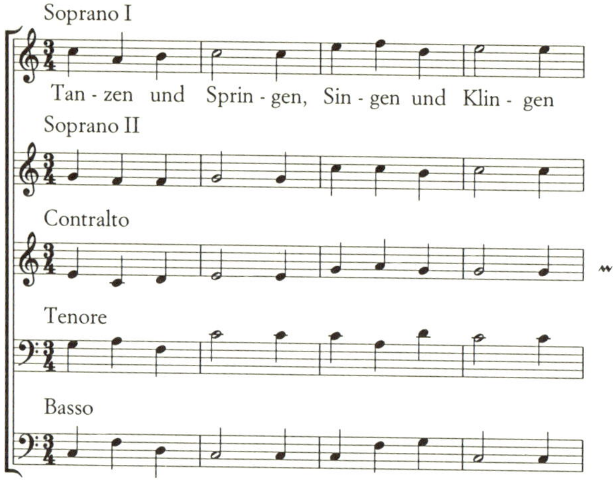

347 Distinto dal tema *omofonico* è il *tema polifonico* (dal gr. *polyphonos* = “a più voci”), caratterizzato dall’autonomia melodica e ritmica delle voci (da cui ‘polifonia’). La tecnica di elaborazione del tema polifonico viene chiamata *contrappunto*: mediante esso le voci vengono ordinate nei loro reciproci rapporti. Il tema viene presentato da tutte le voci, ed è ripartito equamente mediante il progressivo avvicendamento della conduzione melodica tra le voci.

Johann Eccard, Nun schürz dich, Gretlein, schürz dich

Testo: Nun schürz dich, Gretlein, schürz dich, du muß mit mir davon…

348 *Contrappunto* in senso etimologico significa "nota contro nota" (dal lat. *punctus contra punctum*), poiché a una melodia data, chiamata anche *cantus firmus* (dal lat. = "canto fermo"), veniva sovrapposta un'altra voce. Nel corso del tempo, in base a questo principio, si è andato formando un canone di regole: mentre il contrappunto "rigoroso" (il cui massimo esponente fu Giovanni Pierluigi da Palestrina) accentuò la conduzione delle voci, il contrappunto "armonico" (di cui il massimo esponente fu Johann Sebastian Bach) considerò accordo e linea melodica come un'unità. Il termine 'contrappunto' ha dunque due significati: da un lato indica la "contrapposizione" di una voce a una melodia (o a un tema), dall'altro – per estensione – la tecnica di composizione che ne deriva. Tema e contrappunto nell'"Invenzione in mi maggiore" di Bach, contrapposti nelle battute che vanno dalla 1^{a} alla 4^{a}, vengono scambiati tra le voci nelle battute che vanno dalla 5^{a} all'8va, trasposti di ottava (= doppio contrappunto).

Johann Sebastian Bach, Invenzione in mi maggiore, BWV 777

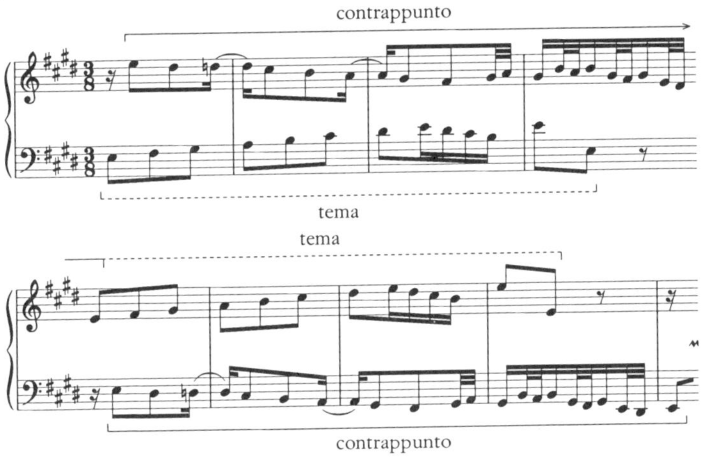

349 Un importante principio di formazione melodica nella musica polifonica è l'*imitazione*, cioè l'imitazione di una sequenza di note da parte di voci diverse. Può essere condotta in modo "rigoroso", ossia fedele riproduzione delle note originarie, oppure "libero", cioè con delle variazioni. L'imitazione rigorosa prende il nome di *canone*, nel quale la melodia esposta da una voce viene ripresa da un'altra, posticipata a seconda del numero delle voci. Imitazioni di vario tipo si incontrano anche nella musica strumentale.

Johann Sebastian Bach, Giga (dalle «Suites francesi» IV, BMW 815)

Ripasso

1. Cos'è la melodia. (298)
2. Da quali punti di vista si può suddividere la melodia? (302)
3. Distinguete tra note appartenenti all'armonia e note estranee all'armonia. (303)
4. Quali tipi di note di passaggio e di note di volta esistono? (305/306)
5. Che cos'è il ritardo? (307)
6. Come si indicano anticipazioni melodiche e preparazioni? (308/309)
7. Quando si parla di motivo? (310/311)
8. Quali possibilità di elaborazione motivica ha a disposizione il compositore? (313-318)
9. Cos'è una sequenza? (314)
10. Spiegate cosa si intende con fase di transizione, motivo principale e controcanto, semifrase, frase e sezione, in relazione alla suddivisione in periodi. (320/323)
11. Quando si parla di periodo? (323)
12. Descrivete la struttura della frase di otto battute. (324)
13. Esponete le differenti forme a Lied. (325-335)
14. Spiegate cosa si intende con *trio* e *ripresa*. (335)
15. Cos'è il tema? (342/344)
16. Descrivete le caratteristiche del tema omofonico e di quello polifonico. (346/347)
17. Cos'è il contrappunto. (348)
18. Che cos'è l'imitazione? (349)

Esercizi

1. Descrivete l'andamento melodico di Lied e composizioni strumentali.
2. Inventate dei motivi e cercate di svilupparli.

3. Riconoscete la forma di canzoni e di composizioni strumentali in base all'ascolto e alla loro notazione.

L'espressione musicale

La dinamica

350 Un importante aspetto della composizione musicale è costituito dall'impiego di diversi gradi di intensità sonora, e questo è ciò che si intende con il nome di *dinamica* (dal gr. *dynamis* = "forza"). La *dinamica graduale* o di *passaggio*, ovvero il collegamento graduale tra differenti intensità sonore (*crescendo* e *decrescendo*), entrò nell'uso solo dopo il 1750. Originariamente si faceva musica soprattutto con intensità sonore medie, sebbene i ritornelli – quasi che fossero un'eco – venissero eseguiti a un volume più contenuto (*dinamica a eco*). Attraverso l'alternanza tra *a solo* e *tutti* (primo cantore – coro, strumento solista – orchestra) si otteneva poi la cosiddetta *dinamica a terrazze*, caratterizzata dal susseguirsi di sezioni con maggiore o minore sonorità.

351 Prospetto:

Dinamica a eco:

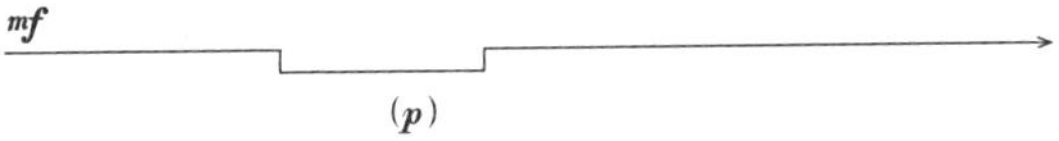

Dinamica a terrazze:

Dinamica graduale:

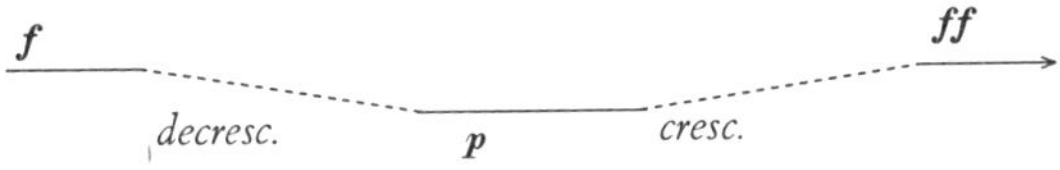

352 *Livelli di intensità del suono*:

fff	forte fortissimo
ff	fortissimo
f	forte
mf	mezzoforte
mp	mezzopiano
p	piano
pp	pianissimo
ppp	piano pianissimo

353 Segni di variazione dinamica graduale:

< cresc., crescendo

> decresc., decrescendo; dim., diminuendo

fade out (ingl. "dissolvere in chiusura"; indicazione ricorrente nella musica pop) – consiste nel lasciare che il suono si smorzi da solo in chiusura .

354 Spesso queste abbreviazioni contengono delle *indicazioni aggiuntive* (talvolta in lingua italiana), ad esempio *più*, *meno*, *molto*, *sempre* ecc. (vedi 132). Se la musica deve smorzarsi, contemporaneamente a un rallentamento di tempo, allora si utilizzano anche le espressioni *morendo*, *calando*, *smorzando*, *perdendosi*.

355 L'*accento* (vedi 119) può a sua volta essere valorizzato come evento dinamico. Una modalità dinamica particolare è costituita dal *fortepiano* (***fp***): dopo l'esecuzione di un suono forte si suona subito piano.
N.B.: le indicazioni di dinamica si trovano sempre sotto il pentagramma; per gli strumenti che usano due righi (ad esempio il pianoforte), tra i due pentagrammi.

[Fanno eccezione gli spartiti per il canto, ove le indicazioni di dinamica sono poste al di sopra del pentagramma, al fine di non creare confusione con le parole del testo, le quali vengono scritte sotto. NdC].

356 Nella musica contemporanea si sono sviluppate ulteriori modalità di rappresentazione degli eventi dinamici, ad esempio attraverso le diverse grandezze della testa della nota (●=f, •=mf,

•=p, ecc.) o attraverso tratti grafici differenti (• —— =p, • ——— =f). I passaggi graduali vengono anche rappresentati con delle frecce: cresc. = ⟶ oppure ↗, decresc. = ⟵ oppure ↘ .

Fraseggio e articolazione

357 Con *frase* viene indicata una sequenza di note che forma, nell'insieme di una composizione musicale, un'unità definita e distinguibile. Il rilievo espressivo conferito durante l'esecuzione al gruppo di note che forma una frase (ossia quello che chiameremo un *fraseggio* dotato di significato) è indice di una buona interpretazione. L'interrelazione esistente tra le note di una frase viene indicata con una legatura, la *legatura di frase.*
N.B.: non si confonda la legatura di frase con la legatura di valore (vedi 76) o con il legato (vedi 358).
Il fraseggio è messo in evidenza anche dai collegamenti delle aste delle note con valore di ottavo e inferiori, talvolta anche attraverso un segno di *cesura* (simile ad una virgola), che viene posto poco sopra la quinta linea del pentagramma (indica che bisogna prendere un respiro).

[In tedesco, con *Phrase* si intende un'unità espressiva definita, mentre con *Satz* (nell'accezione in cui corrisponde all'italiano 'frase') si intende una sezione del brano definita da un certo numero di battute. Peraltro uno dei significati di *Satz* è anche quello di "tema". NdC]

Robert Schumann, Träumerei (da «Scene infantili», op. 15)

358 Le diverse possibilità di raggruppare le note o di distinguerle le une dalle altre, vengono chiamate *articolazioni*. Innanzitutto bisogna distinguere tra *legato* e *non legato*: mentre il legato, che in notazione musicale viene indicato con un arco posto al di sopra delle teste delle note, richiede l'esecuzione delle note senza soluzione di continuità sonora tra esse, il non legato permette che le note siano suonate maggiormente staccate.

359 Le note che invece devono essere ben distinte possono venire eseguite in modo più o meno largo o breve, cosa che viene indicata con i termini *tenuto*, *portato*, *staccato*, *staccatissimo.*

L'esecuzione dei segni di articolazione è a discrezione dell'interprete e dipende naturalmente dal contenuto, dal carattere e dal tempo della composizione.

Dmitri Kabalewski, Toccatina e una favola, op. 27

N.B.: tutti i segni di articolazione vanno sempre posti presso la testa della nota, eccetto che nella notazione polifonica.

360 Segni come il trattino (lungo) e il punto (corto), usuali nel jazz e nella musica pop, servono per l'interpretazione stilistica. Queste indicazioni sono necessarie, in quanto si possono riscontrare divergenze significative tra notazione musicale ed esecuzione. Così, ad esempio, la semplice sincope può venire interpretata in due modi diversi:

In questo esempio viene richiamata l'attenzione sull'esecuzione binaria e ternaria della notazione musicale – particolare essenziale nel jazz e nella musica popolare da esso derivata.

• *Esecuzione binaria*: notazione ritmica ed esecuzione concordano, il valore binario di base viene eseguito come suddiviso in due parti uguali, ciò che equivale a dire che gli ottavi annotati in sequenza vengono eseguiti come ottavi.

Rappresentazione: 

• *Esecuzione ternaria*: notazione ritmica ed esecuzione non concordano, il valore binario di base viene eseguito come se fosse suddiviso in tre parti, cioè, gli ottavi notati in sequenza vengono suonati come terzinato (vedi 79).

Rappresentazione: 

La suddivisione ternaria porta a quel tipico modo di esecuzione, leggero e swingato che caratterizza il jazz, particolarmente riconoscibile con un tempo di esecuzione medio.

Paul–Chatrin–Blues (USA)

Con un tempo medio anche la figura  viene suonata come ternaria.

Blues From My Head (USA)

Segni di espressione e per l'interpretazione, indicazioni per l'esecuzione

361 Spesso, nel corso di un brano, al di sopra del primo rigo si trovano delle indicazioni esplicative che il compositore aggiunge per illustrare la sua idea musicale e per spiegare più dettagliatamente il contenuto e il carattere di certi passaggi, lunghi o brevi che siano, con lo scopo di ottenere un preciso modo e stile di esecuzione. I *segni di espressione e per l'interpretazione* erano anticamente per lo più in italiano, dal XIX secolo invece i musicisti fecero vieppiù maggior ricorso alla loro lingua madre. Anche per le indicazioni di tempo (vedi 130) le rappresentazioni si ricollegano di regola al contenuto della composizione (*allegro* in italiano significa, infatti, non solo "vivace, veloce", ma anche "gioioso, felice"). Le indicazioni di frase in sonate, sinfonie e concerti sono dunque in senso lato indicazioni per l'interpretazione (vedi 135).

362 I compositori usano inoltre delle *indicazioni per l'esecuzione*, che risultano necessarie per raggiungere la sonorità desiderata o per ottenere degli effetti particolari con i singoli strumenti o con i gruppi di strumenti, ad esempio, 'pizz.' per i suonatori di strumenti ad arco, 'con sord.' per i suonatori di ottoni, 'una corda' per il pianoforte e via dicendo.

I più importanti segni di espressione e per l'interpretazione, così come le indicazioni di esecuzione con le loro usuali abbreviazioni sono riportate nel Glossario.

Gli abbellimenti

363 Per l'ornamentazione di una melodia o di un accordo – in particolare per quelle note che hanno lunga durata oppure decadimento rapido – sono stati sviluppati gli *abbellimenti* (la cui esecuzione ha peraltro subito molteplici cambiamenti nel corso del tempo). Anticamente, per lo più, gli abbellimenti non venivano scritti dal compositore, bensì suonati dall'esecutore, quasi a mo' di improvvisazione. Le forme più importanti sono illustrate qui di seguito.

364 *Acciaccatura*: la nota di acciaccatura cade in una breve frazione di tempo sopra o sotto la nota principale.

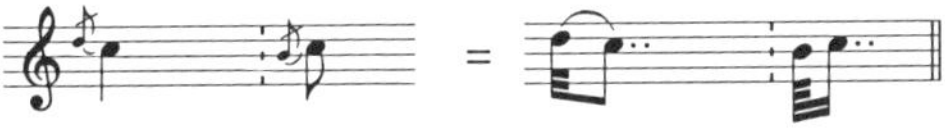

365 *Appoggiatura*: la nota di appoggiatura diminuisce della metà il valore della nota principale, se questo è un valore binario, e di due terzi se è un valore ternario.

366 *Acciaccatura multipla* (acciaccatura doppia)

367 *Doppia appoggiatura inferiore*

368 *Mordente superiore*: alternazione con la seconda superiore

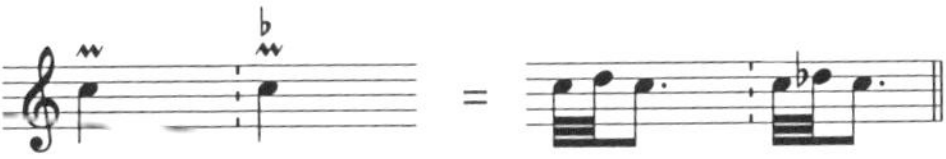

369 *Mordente inferiore*: alternazione con la seconda inferiore

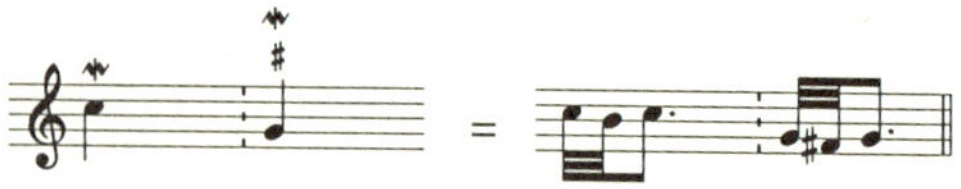

370 *Gruppetto* (decrescente e crescente)

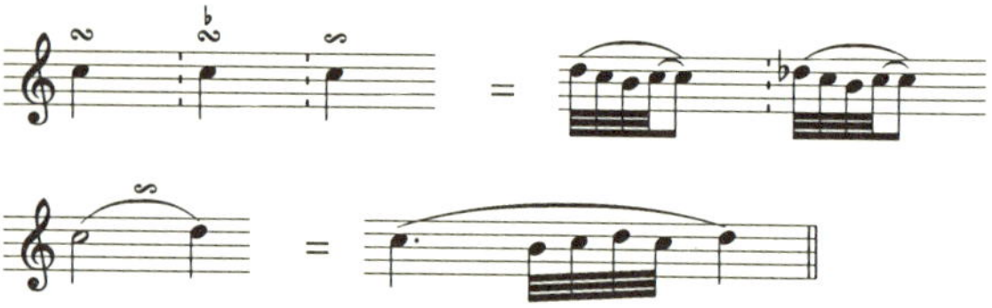

371 *Trillo*: alternazione veloce e di uguale valore con la seconda superiore, maggiore o minore

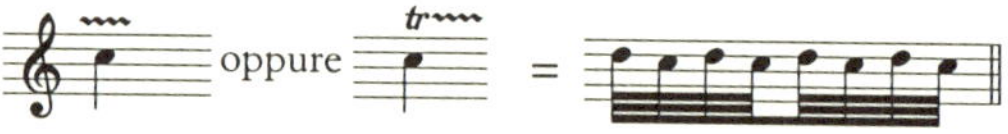

Più chiaro è il seguente modo di scrittura:

372 *Arpeggio*

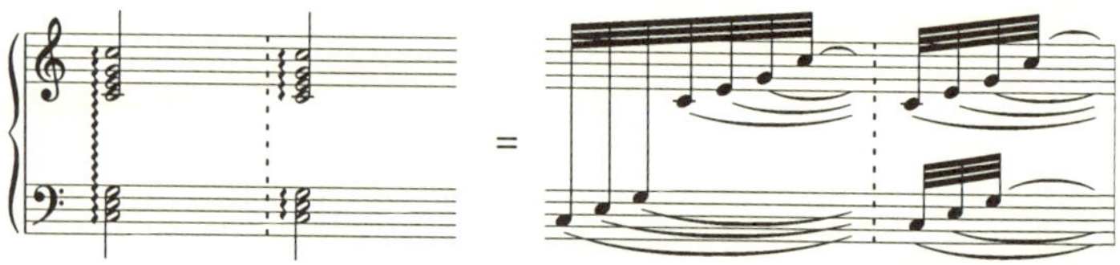

373 Come abbellimenti, in senso più esteso, possono essere anche intese alcune particolari modalità di esecuzione della nota, usuali soprattutto nel jazz e nella musica pop, ad esempio:

- *fall* (ingl. = “cadere”): far discendere il tono della nota

- *doit* (ingl.): innalzare il tono della nota verso l’alto

- *bend* (ingl. = “piegare”): abbassare il tono della nota e successivamente riportarlo all’altezza originaria

- *smaer* (ingl. = “ungere”): suonare la nota su un tono più basso e poi portarla alla sua giusta altezza.

- *slide* (ingl. = “scivolare”): le note suonate in successione vengono legate attraverso uno scivolamento di tono.

- *shake* (ingl. = “sbattere”): effetto simile a un trillo.

Vibrato • glissando • tremolo

374 Un essenziale mezzo di emissione del suono, usato sia dai cantanti che dagli strumentisti (ad esempio dai suonatori di strumenti ad arco o a fiato), è il *vibrato*. Il tono esatto viene fatto oscillare con leggeri battimenti, sicché l’altezza di tono originaria subisce degli esigui cambiamenti verso l’acuto e verso il grave. Viene fatta distinzione – in particolare nella musica moderna – tra *vibrato forte* e *vibrato debole*, in riferimento all’altezza di tono, nonché tra *vibrato veloce* e *vibrato lento*, in relazione al tempo di esecuzione.

forte

debole

veloce

lento

375 Quando si passa da una nota a un'altra, in modo tale che tutte le altezze di tono che si trovano comprese tra esse vengano suonate senza soluzione di continuità e senza essere distinguibili singolarmente, si parla di *glissando*. Il violinista ottiene questo effetto facendo scivolare il dito sulla corda del violino, il trombonista spostando la coulisse, il timpanista tendendo e allentando la membrana del timpano con l'apposito dispositivo meccanico.

I cantanti, ma anche i suonatori di strumenti ad arco e a fiato, utilizzano talvolta il *portamento* (portamento di voce), ossia il collegamento scivolato dei toni (simile al glissando). Mentre il glissando viene di regola stabilito dal compositore, il portamento è un mezzo di trattamento del suono proprio dell'interprete.

376 Con *tremolo* si indica le ripetizione veloce di un tono, ma per lo più esso riguarda una veloce prolungata alternanza tra due note o due accordi. Il pianista esegue il tremolo per mantenere il suono di un accordo, che altrimenti si smorzerebbe. Il tremolo, in senso proprio, ossia l'alternanza il più veloce possibile e ritmicamente non determinata in modo esatto (a), deve peraltro essere distinta dalla ripetizione regolare, voluta e stabilita in notazione dal compositore (vedi 377), indicata come *non tremolo*.

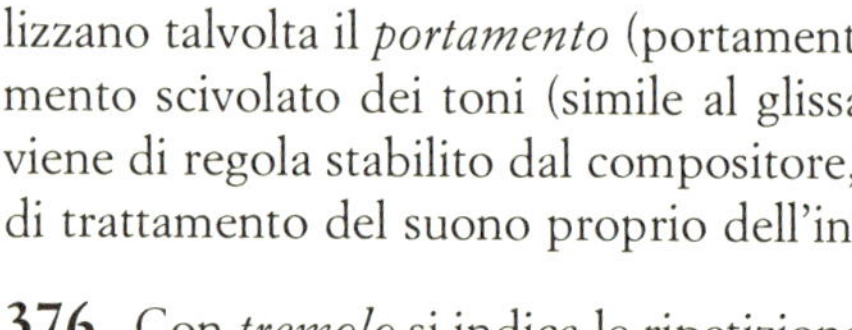

Abbreviazioni e simboli di ripetizione

377 Diversi tipi di ripetizione di note e accordi:

378 La ripetizione delle battute può essere richiesta con le espressioni *bis* e *due volte*, poste al di sopra della battuta. Sono usuali anche i cosiddetti “fannulloni” – soprattutto nella scrittura manuale delle note. Nella ripetizione oltre le quattro misure si consiglia di numerare le battute, per facilitare la lettura.

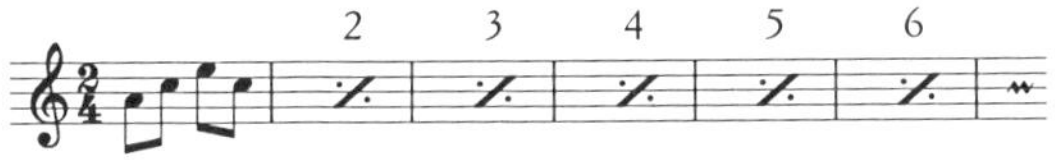

In una sequenza che si ripete, anche i gruppi di due battute possono venire abbreviati mediante i “fannulloni”.

379 Per la ripetizione di sezioni maggiori si hanno, oltre al segno di ripetizione già descritto (vedi 47), i seguenti simboli e le seguenti abbreviazioni (tradizionalmente in italiano):

- *d.c.*, *da capo* – ripetizione dall'inizio
- *d.s.*, *dal segno* – ripetizione dal segno 𝄋 / §
- *fine* – la fine della ripetizione, se necessario, viene indicata con la parola *fine* (ad esempio *d.c. al fine*, *d.s. al fine* = ripetizione dall'inizio fino o dal segno fino alla battuta contrassegnata con *fine*).

380 Esempi:

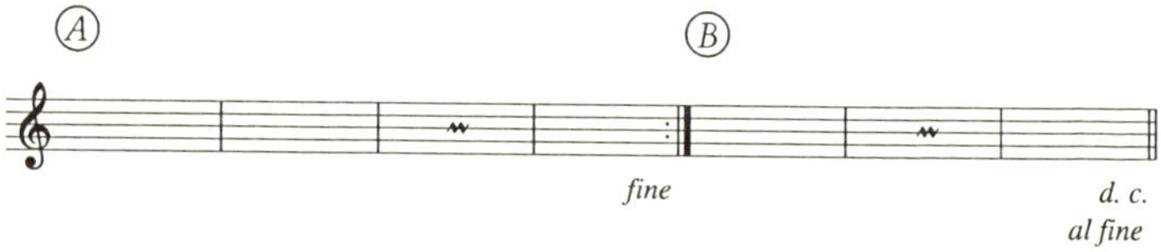

Svolgimento: A, A, B, A (*fine*) senza ripetizione.

Svolgimento: A (introduzione, preludio), B, C, B (*fine*) – nella ripetizione A viene meno.

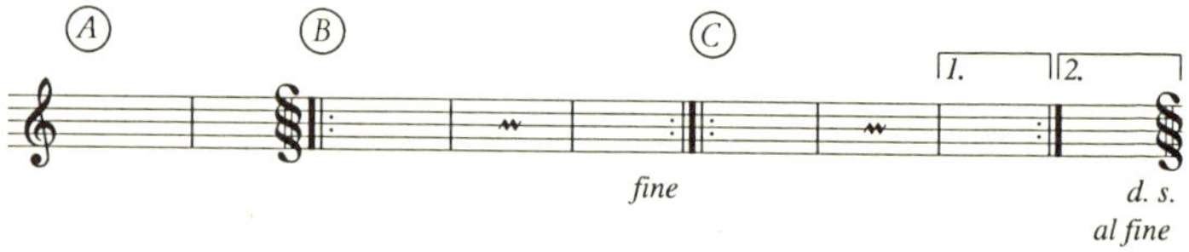

Svolgimento: A, B, B, C (prima volta), C (seconda volta), B (*fine*) senza ripetizione

381 *Testa a croce*, o in breve *testa*, indica un salto nello svolgimento, quando nella ripetizione vengono tralasciate alcune battute, che vengono poi riprese altrove (𝄌-𝄌, testa-testa).

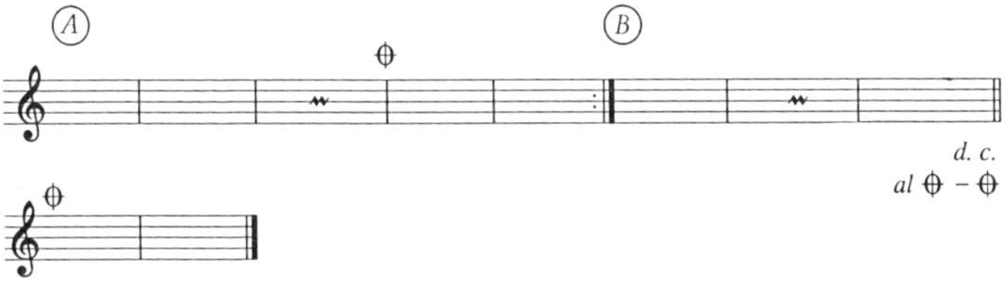

Svolgimento: A x 2 (senza riguardo alla testa), B, A fino alla testa, salto alla seconda testa (battute conclusive).

382 N.B.: scrivendo *Da capo* e *Dal segno* non si ha ripetizione (senza ripetizione); se si vuole una ripetizione, allora si deve aggiungere *con rip.* (con ripetizione).

Ripasso

1. Chiarite il concetto di dinamica. (350)
2. Distinguete tra dinamica *a eco*, *a terrazze* e *di passaggio*. (350)
3. Che cosa significano ***p*** e ***f*** ? (352)
4. Nominate gli altri livelli di intensità sonora. (352)
5. A cosa servono i segni $<$ e $>$? Sostituiteli con le relative espressioni tecniche in italiano. (353)
6. Cosa significano le espressioni *molto diminuendo*, *più decrescendo*, *sempre mezzopiano* e *meno forte*? (352-354).
7. Che cosa significa ***fp***? (355)
8. Cosa si intende con *morendo* e con *calando*? (357)
9. Dove vengono poste le indicazioni di dinamica nella notazione musicale? (355)
10. Cosa si intende per fraseggio? (357)
11. Descrivete i più importanti modi di articolazione. (358/359)
12. Nominate alcuni segni di espressione e per l'interpretazione, nonché alcune indicazioni per l'esecuzione, e illustrate il loro significato. (361/362)
13. Spiegate il valore delle note di acciaccatura e di appoggiatura. (364/365).
14. Distinguete tra mordente superiore e mordente inferiore. (368/369)
15. Descrivete le diverse forme di gruppetti e di trilli. (370/371)
16. Cos'è l'arpeggio? (372)
17. Spiegate cosa si intende con vibrato, glissando, portamento e tremolo. (374-376)
18. Come si indica la ripetizione di note, accordi e battute? (377/378)
19. Spiegate le abbreviazioni *d.c. al fine* e *d.s. al* 𝄌 - 𝄌(379-381)
20. Che cosa significa *con rip.*? (382)

Gli strumenti musicali

Considerazioni generali

383 Dai produttori di suono più semplici – quali sonagli e raganelle – alle apparecchiature moderne più complesse – quali i sintetizzatori –, l'insieme degli strumenti musicali contempla attualmente molteplici tipologie, formatesi in relazione all'evoluzione della società umana. Quale principio di ordinamento per la sistematizzazione degli strumenti musicali ci si avvale del criterio di produzione del suono, in base a cui si evincono cinque gruppi strumentali. Qui di seguito verranno analizzate le specifiche peculiarità di costruzione e di esecuzione degli strumenti più diffusi.

384 Gli strumenti in cui il suono è prodotto dalla vibrazione di corde, formano il gruppo dei *cordofoni*. Tra questi vanno annoverati gli strumenti ad arco (ad esempio violino e violoncello) e a pizzico (chitarra e arpa), nonché pianoforte e clavicembalo.

385 Un altro grande gruppo strumentale è costituito dagli strumenti in cui il suono è prodotto dalla vibrazione di una colonna d'aria. Il loro nome è *aerofoni* (cioè strumenti che suonano a causa dell'aria). Questi sono i legni e gli ottoni, l'organo nonché gli strumenti ad armonica (fisarmonica, armonica a bocca ecc.).

386 Se il corpo stesso dello strumento è il produttore del suono (ad esempio la tavoletta di legno dello xilofono oppure i piatti, che battono l'un contro l'altro), allora si parla di *idiofoni* (cioè strumenti che suonano a causa di se stessi, dal gr. *idios* = "stesso"). Tra questi annoveriamo campane, triangoli, gong, vibrafoni, sonagli ecc.

387 Nei tamburi e nei timpani è la pelle a vibrare, onde questo gruppo porta il nome di *membranofoni* (cioè strumenti che suonano a causa di una membrana). Idiofoni e membranofoni sono poi *strumenti a percussione*, e si distinguono in strumenti con altezza di tono determinata (timpani, carillon, xilofoni ecc.) e strumenti con altezza di tono indeterminata (tamburi, piatti, triangoli ecc.).

388 Il progresso tecnologico degli ultimi decenni ha reso possibile lo sviluppo degli *elettrofoni* (strumenti a produzione di suono elettrica), tra i quali bisogna distinguere strumenti acustici con amplificazione elettrica (ad esempio chitarra elettrica o basso elettrico) e strumenti con produzione di suono per sintesi elettronica (ad esempio sintetizzatore, tastiere, organo elettrico).

389 Le pagine che seguono contengono in forma concisa informazioni sulla costruzione, l'accordatura e l'estensione sonora degli strumenti musicali più usuali.
Si è rinunciato alla descrizione degli strumenti elettronici e, in relazione a questi, dell'impiego musicale del computer a cagione delle approfondite conoscenze specialistiche implicate in questo campo (per cui si rimanda alla ricca bibliografia specialistica esistente).
Dopo il nome italiano degli strumenti seguirà il loro nome in inglese, tedesco e francese.
Tutti i registri indicati sono quelli normali. Dipendono naturalmente dal tipo di strumento e dalle capacità del musicista (in particolare per le note limite).

Strumenti ad arco

390 *Violino* (Violin, Geige o Violine, Violon)
Struttura: cassa con fondo convesso in acero e tavola armonica in abete, uniti con una intelaiatura formata da una fascia superiore e una fascia inferiore incurvate verso l'esterno, e da una fascia mediana incurvata verso l'interno; tavola armonica con due fori di risonanza a forma di ***f***, all'interno si trovano anima e catena; lunghezza della cassa: circa 35,5 cm; manico con tastiera (ebano) e capotasto superiore (estremità superiore) come sostegno delle corde, caviglière (piròli per tirare le corde), ricciolo; quattro corde procedono dai piroli oltre il capotasto superiore e il ponticello (posto sulla tavola armonica) arrivando alla cordiera; corde di acciaio, alluminio, argento, budella ecc. (avvolte); archetto: bacchetta con punta, manico (tallone) con dispositivo di tensione, crini di cavallo bianchi.

- Accordatura (intonazione delle corde): sol re^1 la^1 mi^2.
- Estensione e notazione: sol-la^4 (re^5 flageolet), chiave di violino.

391 *Viola* (viola, Bratsche, alto)
Struttura: simile al violino, diverse proporzioni, lunghezza della cassa fino a 42 cm; è il contralto della famiglia del violino.

- Accordatura: do sol re^1 la^1.
- Estensione e notazione: do-la^3 (mi^4 flageolet), chiave di contralto e di violino.

392 *Violoncello* (violoncello, Violoncello o Cello, violoncelle)
Struttura: simile al violino, cambiano le proporzioni, lunghezza della cassa circa 75 cm, puntale (acciaio) per appoggiare lo strumento al pavimento; è il tenore della famiglia del violino.

- Accordatura: DO SOL re la.
- Estensione e notazione: DO-si^2 (la^4 flageolet), chiavi di basso e di tenore.

393 *Contrabbasso* (double bass, Kontrabaß o Baß, contrebasse)
Struttura: al contrario di violino, viola e violoncello, fondo piatto (all'altezza del manico leggermente ristretto ad angolo), fascia superiore non incurvata, bensì a punta, fasce alte, piroli con meccanismo a ruota dentata posti nella parte posteriore del cavigliere, a quattro o cinque corde; lunghezza della cassa circa 105 cm.

- Accordatura: (DO$_1$) MI$_1$ RE SOL, accordatura come strumento solista: FA♯$_1$ SI$_1$ MI LA.
- Estensione: (DO$_1$) MI$_1$-sol^1 (sol^3 flageolet) (traspositore di ottava).
- Notazione: DO MI-sol^2 (sol^4), chiavi di basso, tenore e violino.

Strumenti a pizzico

394 *Chitarra* (guitar, Gitarre, guitare)
Struttura: cassa a forma di otto, tavola armonica e fondo piatti, fasce di altezza media, foro di risonanza rotondo, lunghezza della cassa tra i 45 e i 51 cm; tastiera suddivisa da tasti metallici incastonati, paletta con piroli a vite posteriori, sei corde; vari modelli.

- Accordatura: MI LA RE SOL si mi^1.
- Estensione: MI-do^3 (traspositore di ottava).
- Notazione: mi-do^4, chiave di violino.

Forme derivate:
Chitarra elettrica, spesso senza cassa di risonanza (ma con un corpo

in legno pieno, "*solid body guitar*"), il suono viene amplificato elettricamente e modificato in vario modo, si suona con plettro (piastrina di tartaruga o di materiale artificiale), estensione: come sopra.

Chitarra basso, quattro corde (come il contrabbasso), accordatura: MI_1 LA_1 RE SOL, estensione: MI_1-fa^1 (traspositore di ottava), notazione: MI-fa^2, chiave di basso.

Chitarra hawaiana, cassa un po' più alta e larga rispetto alla chitarra normale, sei o più corde metalliche, durante l'esecuzione lo strumento viene tenuto orizzontale sulle ginocchia, e mediante lo scivolamento di un pettine o di un cannello di metallo (*bottleneck*) premuto sulle corde si ottiene il tipico effetto di glissando (*slide*); viene amplificata elettricamente, senza cassa di risonanza come la *steel guitar*, spesso a più tastiere con diverse accordature, anche con pedale (*pedal steel guitar*).

395 *Mandolino* (mandolin, Mandoline, mandolin)
Struttura (modello napoletano): a forma di pera, cassa formata da più sezioni di legno curve, senza fasce e con tavola di risonanza piatta, foro di risonanza rotondo od ovale; manico corto con al più venti tasti metallici, paletta per i piroli simile a quella della chitarra, quattro doppie corde, si suona con il plettro.
- Accordatura: (come il violino) sol re^1 la^1 mi^2.
- Estensione e notazione: sol-la^3, chiave di violino.

Varianti costruttive: modello portoghese con fondo leggermente curvato, *Flachmandoline* tedesco con fondo piatto.
Forme derivate:

Mandola, stessa notazione, tuttavia suona un'ottava sopra.

Mandolone (mandoncello), mandolino basso, notazione in chiave di basso (SOL_1 RE LA mi; anche fino a sette, otto doppie corde: FA [SOL] LA re sol si mi^1 la^1).

396 *Liuto* (lute, Laute, luth)
Struttura: cassa di risonanza convessa, composta da sottili sezioni di legno con tavola di risonanza piatta e foro di risonanza decorato; manico relativamente corto, largo, con un cavigliere piegato all'indietro ("a collo di liuto") e con piroli posti lateralmente; tastiera a tasti incastonati, il numero delle corde e l'accordatura variano storicamen-

te e regionalmente, differenziandosi molto a seconda dei casi; si usa scrivere la notazione su una sorta di rappresentazione grafica della tastiera (*tabulatura per liuto*); molto diffuso dal XVI al XVIII secolo come strumento melodico e di accompagnamento per accordi.
Chitarra liuto moderna, a sei corde (accordata come la chitarra), cavigliere leggermente inclinato, ma non piegato all'indietro.
• Estensione: MI-fa♯^{2} (traspositore di ottava).
• Annotazione: mi-fa♯^{3}, chiave di violino.

397 *Banjo* (banjo, Tenorbanjo, banjo)
Struttura: cassa rotonda, superiormente chiusa da una membrana di risonanza, aperta nella parte inferiore (modello tedesco) oppure con un fondo di legno (modello inglese), intelaiatura in metallo (con tiranti a vite); manico lungo, tastiera con i tasti, quattro corde di metallo (anche con corda melodica superiore aggiuntiva).
Accordatura (come la viola): (sol^2) do sol re^1 la^1.
• Estensione: do-sol^2 (traspositore di ottava).
• Notazione: do^1-sol^3 , chiave di violino.

Forme simili:

Chitarra-banjo, accordatura come la chitarra (sei corde).

Mandolino-banjo, accordatura come il mandolino (quattro doppie corde)

398 *Balalaika* (balaleika, Balalaika, balalaïka)
Struttura: cassa semisferica a forma di triangolo; manico lungo, tastiera con i tasti, tre doppie corde; si suona con il plettro o con le dita; diverse accordature:
Balalaika piccolo: mi^2 mi^2 la^2, oppure si^1 mi^2 la^2 (chiave di violino).
(*Prima*) *balalaika soprano*: mi^1 mi^1 la^1 (chiave di violino).
(*Seconda*) *balalaika soprano*: la la re^1 (chiave di violino).
Balalaika tenore: mi mi la (chiave di violino).
Balalaika basso: MI LA re (chiave di basso).
Balalaika contrabbasso: MI$_1$ LA$_1$ RE (chiave di basso, traspositore di ottava).
• Estensione: fino a 3 ottave.

399 *Zither* (zither, Zither, cithare)
Struttura: cassa di risonanza con telaio stretto; tastiera con cinque

corde melodiche (29 tasti), fino a 42 corde di accompagnamento e di basso poste sopra la cassa di risonanza; lo strumento è posato su un cavalletto, le corde si percuotono con un anello di metallo; diverse accordature.

- Estensione e notazione: corde di tastiera do-re^4 (chiave di violino) / corde di accompagnamento e di basso FA$_1$-fa^1, (chiave di basso).

Forme affini:

Zither ad accordi (Autoharp, Akkordzither), facile da suonare, variante popolare della cetra, in diverse grandezze; un dispositivo di smorzatori con l'indicazione delle note si trova posto al di sotto delle corde, onde bloccare le corde che non devono essere suonate e permettere di trovare velocemente quelle da suonare.

Cimbalon (*Zymbal*), forma trapezoidale, con cassa di risonanza rettangolare fino a 35 doppie o triple corde, viene suonato con bacchette, estensione e notazione: RE-mi^3, chiave di violino e di basso.

Salterio (dulcimer, Hackbrett), struttura uguale a quella del cimbalon, però solo fino a 25 corde, estensione (non univoca) e notazione: sol-sol^2 (sol^3), chiave di violino.

400 *Arpa* (harp, Harfe, harpe)
Struttura: 45-47 corde di diversa lunghezza (7-150 cm) tese in sequenza diatonica su una cornice triangolare; cornice: barra anteriore (colonna), mensola, collo (base meccanica con piroli) e corpo (cassa di risonanza) con listello per attaccare le corde, zoccolo con sette pedali (per l'innalzamento di semitono o di tono intero delle corde), anche un ottavo pedale per il prolungamento del suono.

- Accordatura: do bemolle maggiore (non traspositore).
- Estensione e notazione: Do$\flat_1$-sol$\sharp^4$, chiave di violino e di basso.

Cordofoni a tastiera

401 *Pianoforte* (piano, Klavier, piano)
Struttura: oggi usualmente in due forme: *pianoforte a coda* (corde disposte orizzontalmente) e *pianoforte verticale* (corde disposte verticalmente); tastiera (fino a 88 tasti, vedi la figura al paragrafo 43); su un telaio di stagno vengono tese le corde di metallo in due schie-

re incrociate (le corde di basso, avvolte e più lunghe, passano al di sopra del piano di risonanza in legno obliquamente fino alle corde semplici), nei bassi si hanno una o due corde per ogni tono, negli acuti tre corde; meccanica della produzione del suono: abbassando un tasto scatta un martelletto coperto di feltro, il quale va a colpire la/le corda/e, tornando immediatamente indietro (meccanica della ripetizione: possibilità di ripetizione del colpo in veloce sequenza); il tono prodotto dal colpo non è più modificabile; nella percussione lo smorzatore lascia la/e corda/e libera/e di vibrare e le blocca nell'azione vibratoria solo quando viene rilasciato il tasto; due pedali: pedale destro (𝆮) annulla lo smorzamento (la corda può continuare a vibrare), il pedale sinistro rende possibile una riduzione dell'intensità sonora attraverso l'accorciamento dello spazio di percussione del martelletto (nel pianoforte verticale), oppure facendo spostare il martelletto (nel pianoforte a coda) in modo che, dove ci sono le corde multiple, vengono suonate solo una o due corde, oggi anche con marchingegni elettronici (piano a disco).

- Estensione di un pianoforte a gran coda: LA_2 - do^5.
- Notazione: chiave di violino e di basso.

402 *Clavicembalo* (harpsichord, Cembalo o Kielflügel, clavecin)
Struttura: strumento a tastiera a forma d'ala d'uccello, con corde di metallo duplici ordinate longitudinalmente; tavola di risonanza con foro di risonanza (rosetta) e ponticello; pizzico meccanico (meccanica a plettro): produzione del suono per pizzico delle corde con un plettro di materia plastica (originariamente la punta di una penna d'uccello); suono e volume non sono modificabili dal tocco sulla tastiera (come invece avviene per il pianoforte), perciò si hanno più incordature, le quali possono essere suonate singolarmente oppure essere raggruppate in diverse registri (4', 8', 16'), venendo selezionate attraverso un pedale o una leva; esiste inoltre il cosiddetto registro di liuto con un listello di feltro per lo smorzamento delle corde; ad una o più mani; strumento importante per il basso continuo.

- Estensione negli strumenti più grandi: FA_1-fa^3, spostando i registri (4' / 16') FA_2-fa^4.
- Notazione: chiave di basso o di violino.

Forme affini di più piccole dimensioni: *Spinetta* e *Virginale.*

403 *Clavicordo* (clavicord, Klavichord o Clavichord, clavicorde)
Struttura: corde di metallo di uguale lunghezza, ordinate per lo più a due a due, che corrono parallele ai tasti; la produzione del suono si ottiene attraverso il contatto con le corde di una lamella metallica (tangente), posta all'estremità del tasto a leva, la corda vibra solo tra il ponticello e la tangente (la restante sezione della corda viene smorzata da un nastro di tessuto o di feltro); si distingue tra *clavicordi legati* (la tangente ha la stessa funzione del tasto della chitarra; visto che le tangenti sono fissate in misura diversa, possono venire prodotti fino a cinque toni vicini su una doppia corda) e *clavicordi liberi* (ogni tangente corrisponde a un paio di corde); il dito che suona rimane sul tasto e ha una diretta influenza sulla corda, sicché il musicista può ravvivare l'esecuzione con gradazioni e tremoli attraverso differenti pressioni delle dita; tastiera per una mano sola.

- Estensione e notazione: FA_1-fa^3 chiave di violino e di basso.

Strumenti a fiato: legni

404 *Flauto traverso* (cross-flute, Flöte / Große Flöte / Querflöte, grande flûte / flûte traversière)
Struttura: canna dritta in legno o metallo (argento, alpacca) di circa 67,5 cm di lunghezza; tre parti: la testa con il foro di insufflazione, la piastrina per le labbra e il sughero per l'accordatura (la chiusura superiore della canna, rende possibile una minima regolazione dell'accordatura di base), parte mediana e piede con sistema di chiavi (in seguito a Theobald Boehm); foro della canna cilindrico, eccetto la parte superiore che è conica.

- Accordatura: in do (non traspositore).
- Estensione e notazione: (si) do^1-re^4 (fa^4), chiave di violino.

Forme affini:

Ottavino (Pikkoloflöte), lunghezza della canna di circa 26 cm, estensione da re^2 a si^4 (traspositore di ottava), notazione: re^1-si^3, chiave di violino.

Flauto contralto in sol, lunghezza della canna di circa 86 cm, estensione dal sol fino al sol^3 (traspositore, anche in fa o mi bemolle), notazione: do^1 - do^4, chiave di violino

405 *Flauto dolce* (recorder, Blockflöte / Schnabelflöte, Flûte à bec)

Struttura: canna in legno a forma conica (anche in plastica), apertura più grande sulla testa, lunghezza tra i 21 e gli 88 cm; a due o tre parti: imboccatura a forma di becco con blocchetto in legno, condotto per l'aria e frangi-aria, parte mediana con sei fori e un foro posteriore; piede con un foro e un'apertura per il suono; la parte di mezzo e il piede possono anche essere riuniti in un unico pezzo.

I flauti dolci vengono costruiti in diverse grandezze, di diversa accordatura, come "famiglia".

- Estensione e notazione (chiave di violino, flauto dolce basso in chiave di basso):
  Sopranino in fa: fa^2-sol^4 (traspositore di ottava, notazione: fa^1-sol^3).
  Flauto dolce soprano in do: do^2-re^4 (traspositore di ottava, notazione: do^1-re^3).
  Flauto dolce contralto in fa: fa^1-sol^3 (non traspositore).
  Flauto dolce tenore in do: do^1-re^3 (non traspositore).
  Flauto dolce basso in fa: fa-sol^2 (non traspositore).

406 *Oboe* (oboe, Oboe, hautbois)

Struttura: canna di legno (grenadill) dritta, leggermente conica, lunga circa 64,5 cm; quattro parti: testa con cannello metallico in cui viene inserita l'ancia doppia, parte superiore e inferiore con sistema di chiavi, padiglione leggermente allargato.

- Accordatura: in do (non traspositore).
- Estensione e notazione: (si bemolle) si-fa^3 (la^3), chiave di violino.

Forme affini:

Oboe d'amore in la: oboe contralto, padiglione ("piede d'amore") bulbiforme o piriforme, Notazione: si-mi^3, chiave di violino.

Corno inglese in fa, cannello metallico incurvato, padiglione come l'oboe d'amore; estensione: mi-la^2 (per trasposizione), notazione: si-mi^3, chiave di violino.

407 *Clarinetto* (clarinet, Klarinette, clarinette)

Struttura: canna cilindrica forata in legno (grenadill), lunga circa 67 cm; cinque parti: bocchino tubolare con ancia semplice in canna ("imboccatura"), parte superiore e inferiore con sistema di chiavi, padiglione.

- Accordatura: in si, anche in la (traspositore) e do.
- Estensione: re-si♭^{3} (clarinetto in si bemolle) oppure do♯- la^3 (clarinetto in la).
- Notazione: mi-do^4, chiave di violino.

Forme affini:

Clarinetto piccolo in mi bemolle, circa 48,5 cm di lunghezza.

- Estensione: mi-sol^3, (traspositore, anche in re).
- Notazione: mi-sol^3, chiave di violino.

Clarinetto basso in si bemolle, circa 132 cm di lunghezza, il bocchino si trova su una canna metallica a forma di "s" disposta ad angolo retto rispetto alla canna principale, padiglione in metallo rivolto verso l'alto.

- Estensione: (SI^1) DO-fa^2 (traspositore).
- Notazione: do(re)-sol^3, chiave di violino.

408 *Fagotto* (bassoon, Fagott, basson)

Struttura: canna di legno leggermente conica (acero), lunga 259 cm circa, composta da due canne parallele di lunghezze differenti, collegate tramite un piede; cinque parti: cannello metallico a forma di "s" con ancia doppia in canna fissata all'estremità, giunto tenore, giunto basso, padiglione; sistema di chiavi suddiviso in parti.

- Accordatura: in do (non traspositore).
- Estensione e notazione: (LA$_1$) Si♭$_1$-mi♭^{2} (fa^2), c.hiave di basso o di tenore.

Forme affini:

Controfagotto, lunghezza della canna 593 cm circa, suddivisa in quattro canne poste una accanto all'altra, collegate con una canna di metallo a forma di "u" al posto del piede, padiglione rivolto verso il basso.

- Estensione: (LA$_2$) DO$_1$-sol (la) (traspositore di ottava).
- Notazione: (LA$_1$) DO-sol^1 (la^1), chiave di basso.

Strumenti a fiato: ottoni

409 *Sassofono* (saxophone, Saxophon, saxophone) = non ottoni ma legni
Struttura: canna decisamente conica, di larga misura, in ottone (placcata in argento, oro o laccata), da 64 a 293 cm di lunghezza, la forma esterna è differente a seconda del registro dello strumento; bocchino largo con ancia semplice in canna (come il clarinetto), sistema di chiavi come nell'oboe
Il sassofono (come il flauto dolce) viene costruito in diversi registri, come "famiglia".

- Estensione e notazione (chiave di violino):
  Sassofono soprano in si bemolle: la♭-re♭^{3}, (traspositore, notazione: si♭-mi♭^{3}).
  Sassofono contralto in mi bemolle: re♭-la♭^{2}, (traspositore, notazione: si♭-fa^3).
  Sassofono tenore in si bemolle: La♭-mi♭^{2}, (traspositore, notazione: si♭-fa^3).
  Sassofono baritono in mi bemolle: RE♭-la♭^{1} (traspositore, notazione: si♭-fa^3).
  Sassofono basso in si bemolle: LA♭-re♭^{1} (traspositore, notazione: si♭-fa^3).

410 *Corno* (french horn, Horn / Waldhorn, cor)
Struttura: tubo in oro-ottone con ritorti circolarmente avvolti in più spire, 370 cm di lunghezza (per il corno in fa), prevalentemente cilindrico, padiglione largo (diametro: 30,5 cm ca.); tre pistoni, anche pistoni pieni per equilibrare l'intonazione, bocchino a forma di imbuto; il cosiddetto doppio corno riunisce le accordature in fa e in si bemolle.

- Accordatura: in fa e si bemolle (traspositore), anche in mi bemolle (nella musica per strumenti a fiato)
- Estensione: SI♭$_1$-fa^2 (in fa), mi♭-si♭^{2} (in mi bemolle)
- Notazione: FA-do^3 (standard), chiave di basso e di violino

Forme affini:

Corno da caccia, è un corno per segnali, tubo con ritorti avvolti a cerchio, senza pistoni; accordatura in si bemolle o do, il suono risulta dai toni naturali; oggi spesso anche con pistoni (suonano nei gruppi per corni da caccia); una forma più piccola anche conosciuta sotto il nome di *Pleßhorn*; *corno da inseguimento* (*Parforcehorn*), strumento con grandi canne ritorte e ampio padiglione.

411 *Tromba* (trumpet, Trompete, trompette)
Struttura: semplice tubo in ottone ritorto a forma di staffa, lungo 130 cm; procede inizialmente con sezione cilindrica e dunque conica, padiglione relativamente poco allargato; tre pistoni cilindrici o Périnet (a forma di pompa), bocchino a forma di tazzina.

- Accordatura: in si bemolle (traspositore) e in do (non traspositore).
- Notazione: fa♯-re^3 (standard), chiave di violino.

Forme affini:

Tromba piccola (*Bachtrompete*) in re, anche in fa o si bemolle superiore, estensione: sol♯-mi^3 (in re è traspositore), notazione: fa♯-re^3.

Tromba in mi bemolle (grave), utilizzata solo nelle composizioni per strumenti a fiato, estensione: la-mi♭^{2} (traspositore), notazione: fa♯-do^3, chiave di violino.

Tromba basso in si bemolle, quattro pistoni, estensione: si♭-re^2 (traspositore), notazione: do-mi^3, chiave di violino.

Fanfara, per lo più a forma di tromba allungata senza pistoni, accordatura di base in mi bemolle, il suono si forma sui toni naturali; oggi spesso anche con pistoni (come la tromba) e costruita in diversi registri (registro di fanfara).

412 *Trombone* (trombone, Posaune / Tenorposaune, trombone)
Struttura: tubo di ottone cilindrico con padiglione conico; lunghezza della canna circa 269 cm; due parti che si possono spostare l'una nell'altra: un tubo principale piegato a "u" con padiglione e un tubo di coulisse a "u"; nessun pistone (fatta eccezione per il trombone a pistoni), bocchino a forma di imbuto.

- Accordatura: in si bemolle (non traspositore!).
- Estensione e notazione: MI_1-SI♭ (toni di pedale), poi si salta a MI-si♭^{1} (fa^2), chiave di basso e di tenore.

Forme affini:

Trombone tenore-basso (con pistone di quarta per cambiare l'accordatura da si bemolle a fa), estensione e notazione: RE♭$_1$-SI♭$_1$ e

DO-si♭^{1} (fa^{2}), chiave di basso e di tenore.

Trombone contrabbasso (in fa/mi bemolle o si bemolle/do, non traspositore), estensione e notazione: DO$_{1}$-sol^{1} (do^{2}), chiave di basso.

Trombone contralto (in fa o mi bemolle, non traspositore), estensione e notazione: LA$_{1}$-mi♭ e LA-sol^{2}, chiave di contralto e di basso.

Trombone soprano (in si bemolle, non traspositore), estensione e notazione: fa-si♭ e do^{1}-si♭^{2}, chiave di violino.

Trombone a pistoni (in si bemolle o fa) con tre o quattro pistoni al posto della coulisse.

413 *Cornetta* (cornet, Kornett / Piston, cornet à pistons)
Struttura: sviluppatasi dal corno del postiglione, tubo conico in ottone, tre pistoni Périnet, forma simile a quella della tromba (nella maggior parte dei casi più corta e tozza); accordatura ed estensione: come la tromba; costruita anche in diverse misure (accordature), ad esempio il *cornetto piccolo* in mi bemolle.

414 *Flicorno* (bugle, Bügelhorn / Flügelhorn, bugle)
Gli strumenti della famiglia del flicorno sono strumenti a fiato in ottone, il cui impiego – ad eccezione della tuba – rimane circoscritto agli insiemi di fiati; caratteristiche comuni: tubo di ottone a grande sezione che procede in parte con accentuata forma conica, bocchino a forma di calice, tre pistoni cilindrici o Périnet (per motivi di intonazione negli strumenti con registro più basso da quattro a sei pistoni).

Flicorno: strumento soprano della famiglia; forma, accordatura ed estensione come la tromba, il suono tuttavia è più tenue e un po' meno brillante.

Flicorno contralto: lunghezza del tubo, circa 200 cm; a forma di tromba od ovale; accordatura in mi bemolle, anche in fa (traspositore); estensione: LA-si♭^{1}, notazione: fa♯-do^{3}, chiave di violino.

Flicorno tenore: lunghezza del tubo 266 cm ca.; per lo più di forma ovale, ma anche a forma di tromba; accordatura in si bemolle (traspositore); estensione: fa♯^{1}-do^{4}, annotazione: fa♯-do^{3}, chiave di violino.

Flicorno baritono (euphonio o bombardino): lunghezza del tubo 268 cm ca.: forma ovale o simile alla tuba; accordatura in si bemolle (non traspositore), estensione e notazione: MI¹-SI¹, nonché MI-si♭¹, chiave di basso (in alcuni paesi anche in chiave di violino con relativa trasposizione).

Tuba: la lunghezza della canna della basso-tuba (*bombardone*) è di circa 400 cm, nella contrabbasso-tuba (*basso imperiale*) è di 540 cm; padiglione diretto verso l'alto; pistoni invertiti nella "doppia tuba" (combinazione delle due accordature); accordatura in mi bemolle/fa oppure in si bemolle/do (non traspositore!); estensione e notazione: re♭-fa¹ o LA²-si♭, chiave di basso (in alcuni paesi anche in chiave di violino con relativa trasposizione);

Forme affini:

Helicon, canna attorcigliata a spirale, il suonatore può mettersi lo strumento a tracolla.

Sousaphone, come l'*helicon*, ma un po' più grande, il padiglione è direzionato in avanti.

Organo e strumenti ad armonica

415 *Organo* (organ, Orgel, orgue)
Strumento aerofono a tastiera, si compone di svariate canne monotoniche suddivise in gruppi.
Struttura: tre parti principali, quella dell'insufflazione dell'aria, quella dei registri e quella delle canne.
Sistema di insufflazione dell'aria: ventola (un tempo mantice) per l'aspirazione dell'aria, che viene immagazzinata in un serbatoio e compressa in modo uniforme, fino a giungere attraverso dei tubi nelle casse del vento (in legno); qui, grazie a un sistema di scomparti, il flusso d'aria raggiunge le canne che si trovano sopra le casse del vento.
Sistema dei registri: più tastiere (*manuali*) disposte a scala, pedaliera, leve dei registri, pedali di accompagnamento (ausiliari per l'esecuzione); tastiera e pedaliera hanno registri propri, dunque dispongono di timbri propri e di diversi volumi; le meccaniche dei tasti e dei registri sono ad azione meccanica oppure elettrica (un tempo pneumatica) e trasmettono l'azione da parte dell'organista sui tasti e sui registri ai cursori dei toni o dei registri nella cassa del vento.

Sistema delle canne: suddivisa in registri, cioè canne di diversa altezza con simile carattere sonoro, il quale risulta dal numero e dall'intensità dei sovratoni che risuonano insieme, nonché dalla costruzione specifica delle canne; l'organizzazione e il coordinamento dei registri e di quanto è ausiliario per l'esecuzione vengono definiti accoppiamenti; si devono distinguere due tipi di canne: canne ad anima (il suono viene prodotto come nel flauto dolce attraverso la rottura del flusso d'aria sullo spigolo del foro dell'imboccatura) e canne ad ancia (il suono viene prodotto come negli strumenti ad ancia attraverso la vibrazione di una lamella metallica); tipo e numero di registri determinano la forma e il numero delle canne (i grandi organi dispongono ad esempio di più di 200 registri con oltre 15000 canne); la loro grandezza va da oltre 10 m (DO_2) a 1 cm (do^7), con una gamma di frequenze che spazia dai 16 Hz ai 15 kHz; il tono delle canne viene indicata con una misura di piede che fa riferimento al do (ad esempio DO_2= 32', DO_1= 16', DO= 8', do=4', do^1 = 2' ecc.); i materiali di costruzione sono per lo più il legno, lo stagno, lo zinco, il rame o leghe varie; le canne vengono disposte in gruppi, in base al principio di azione (*grand'organo*, *superiore*, *di petto*, *di pedaliera* e *organo positivo*), onde conferire dinamicità ai toni.
L'estensione dipende dalla grandezza e dal tipo di organo; notazione in chiave di violino e di basso.

Forme affini:

Organo positivo, piccolo organo stabile, nella maggior parte dei casi a una tastiera e senza pedaliera; possiede pochi registri con canne ad anima (le canne sono per lo più chiuse all'estremità superiore, e perciò suonano un'ottava più in basso rispetto a canne uguali ma aperte).

Organo portativo, piccolo organo portatile usato fino al XVII secolo, dotato di canne ad anima disposte su due file, senza pedaliera; si suona con la mano destra (estensione compresa tra una e due ottave), con la sinistra si aziona il mantice.

Regal, piccolo organo storico, a differenza del portativo è dotato di canne ad ancia.

416 *Fisarmonica* (accordion, Akkordeon / Handharmonika, accordéon)
Struttura: parte del canto (lato melodico) con tastiera o pulsanti (*Bajan*), registro di soprano con tasti di regolazione, fino a sei livelli di sovrapposizione di suoni (con sei piastre di accordatura e ance); mantice; parte di basso (lato dell'accompagnamento) con pulsanti, registro di basso e valvola dell'aria; la produzione del suono avviene tramite un flusso d'aria che fa vibrare le ance; numero di tasti e di pulsanti dipendente dalla grandezza dello strumento, pulsanti di basso nell'ordine adatto per un'esecuzione polifonica, ma anche per l'esecuzione monodica (bassi di baritono).
Estensione e numero di accordi dipendono dalla grandezza e dal tipo di fisarmonica; notazione in chiave di violino e di basso.

417 *Bandonion* (Bandonion, Bandoneon, Bandonium)
Struttura: come la fisarmonica, cassa solitamente quadrata, parte di canto e di basso con pulsanti (solo toni singoli); lo strumento viene tenuto dall'esecutore sulle ginocchia (non messo a tracolla come la fisarmonica); esistono bandonion diatonici e cromatici.

- Estensione e notazione: "bandonion standard" (stabilita nel 1924) con 144 toni: basso do-si$\flat^1$, discanto sol-la^3, chiave di basso e di violino.

418 *Armonica a bocca* (harmonica/mouth, Mundharmonika, harmonica à bouche)
Struttura: blocco di legno con condotti per l'aria di diversa lunghezza, ai lati si trovano le piastre con le scanalature per la produzione del suono e l'ancia che vi è posta in mezzo, protezione esterna ed emissione del suono attraverso il rivestimento di metallo posto su entrambi i lati; in ogni condotto per l'aria vi sono due ance, che vibrano rispettivamente per insufflazione e per aspirazione dell'aria.

Forme affini:

Armonica a bocca diatonica e cromatica, strumenti di accompagnamento o di basso, estensione e notazione vari.

Strumenti a percussione

La notazione degli strumenti a percussione con altezza di tono indeterminata non è ancora stata univocamente stabilita. Vengono usate sia note sia altri simboli ( ecc.). Oltre al pentagramma viene usato anche un sistema a una linea. Sempre più spesso si usa sostituire le chiavi di violino e di basso con la chiave di percussione (vedi 42). Per lo più i compositori indicano i suoni delle percussioni nominando espressamente lo strumento oppure mediante la sua rappresentazione stilizzata.

419 *Timpani* (kettle drums/timpani, Pauken, timbales)
Struttura: paiolo di rame e latta a forma di semisfera parabolica con piccole aperture alla base per bilanciare la pressione dell'aria; pelle di vitello o di plastica, fissata al paiolo con un cerchio di metallo, dispositivo di tensione per l'accordatura (dadi ad alette, manovella, oggi per lo più pedale di tensione); il suono è prodotto dalla percussione mediante mazzuoli rivestiti.

- Estensione e notazione: RE-LA (*timpano basso*), FA-re (*timpano grande*), LA-fa♯ (*timpano piccolo*), mi-do^{1} (*timpano alto*), chiave di basso.

420 *Xilofono* (xylophone, Xilophon, xylophone)
Struttura: tavolette mobili in legno (palissandro) con misura proporzionale all'altezza del suono prodotto (lunghezza 13,5-38 cm); le tavolette sono disposte su quattro file (una di fianco all'altra), descrivendo la forma di un trapezio, oppure come una tastiera di pianoforte; supporto: cornice di legno con cilindri di gomma o di paglia pressata, oppure telaio di metallo con tubi di risonanza posti al di sotto di ciascuna tavoletta; si suona con due bacchette di legno.
Estensione: circa tre ottave (a seconda della tipologia costruttiva), è parzialmente possibile la trasposizione di ottava (in notazione un'ottava al di sotto del suono); xilofono da orchestra: (sol^{1}) do^{2}-do^{5}, notazione: (sol) do^{1}-do^{4}, chiave di violino.
Gli xilofoni dello strumentario Orff hanno un'estensione minore (vedi 446).

Forme affini:

Marimba (marimbaphon), piedistallo mobile, tubi di risonanza disposti al di sotto di ogni tavoletta (disposizione a tastiera di pianoforte), bacchette di legno rivestite, estensione e notazione: do-do^{4} (do^{5}), chiave di basso e di violino.

421 *Vibrafono* (vibraphone, Vibraphon, vibraphone)
Struttura: come la marimba ma dotato di tavolette e di risonatori in metallo, i quali possono venire aperti e chiusi (effetto vibrato) attraverso un coperchio posto all'estremità inferiore e azionato da un motore elettrico; pedale di sordina; bacchette con estremità sferiche morbide.
- Estensione e notazione: (DO) FA-fa^{3}, chiave di violino.

422 *Glockenspiel* (chimes, Glockenspiel, jeu de timbres).
Struttura: piccole piastre di metallo intonate e disposte a tastiera, si suonano con martelletti di metallo azionati da un meccanismo simile a quello del pianoforte (Glockenspiel a tastiera) oppure manualmente (sistemati in una cassetta di legno, Glockenspiel a bacchette).
- Estensione (traspositore di ottava) e notazione: Glockenspiel a tastiera do^{2}-do^{5} (notazione do-do^{4}, chiave di violino), Glockenspiel a bacchette sol^{2}-do^{5} (annotato sol^{1}-do^{4}, talvolta viene anche trasposto di una doppia ottava, chiave di violino).

Forme affini:

Celesta, meccanica analoga a quella del pianoforte, con struttura più grossa rispetto al Glockenspiel, estensione: (do) do^{1}-do^{5} (traspositore di ottava), notazione: (DO) do-do^{4}, chiave di violino e di basso.

Lira, le tavolette sono saldate su un sistema di aste posto in una cornice di metallo a forma di lira, si suona con martelletti d'ottone, estensione: do^{3}-do^{5} (traspositore di doppia ottava), notazione: do^{1}-do^{3}, chiave di violino.

423 *Campane tubolari* (tabular bells, Glocke, cloches tubes)
Struttura: tubi o massicce piastre intonate in ottone o acciaio (spesso lunghe più di 2 m), telaio di sospensione dal suolo, si suonano con un apposito martelletto; estensione a seconda del numero di tubi, notazione in chiave di violino.

424 *Gong* (gong, Gong, gong)
Struttura: disco in bronzo con orli arrotondati, diametro differente

a seconda dell'altezza tonale (20-70 cm); si suona con la mazza per il gong; talvolta vengono raggruppati diversi gong nel cosiddetto *carillon di gong*.

Forme affini: *Tam-tam*.

425 *Rullante* (snare drum, Kleine Trommel, caisse claire)
Struttura: corpo cilindrico (telaio) in ottone o legno, di diverse grandezze, perimetro di 30-38 cm; membrane di percussione e di risonanza (pelle di vitello o capra, oppure plastica), al di sotto della pelle di risonanza è inserita una fascia composta da fili di metallo; cerchio metallico e viti per tendere la membrana; si suona con bacchette per tamburo o spazzole di metallo leggere.

426 *Gran cassa* (bass drum, Große Trommeln, grosse caisse)
Struttura: come il rullante, ma con misure più grandi (il perimetro della pelle è di 38-80 cm, l'altezza del telaio 25-55 cm), si hanno molte varianti costruttive, si trova anche senza membrana di risonanza; si suona con grosse mazze (con l'estremità rivestita di feltro o cuoio) a mano o azionate da un meccanismo a pedale.

427 *Tamburi a una membrana*

Bonghi: da due a quattro piccoli tamburi accordati, provvisti di un telaio cilindrico in legno, pelle di capra o di plastica, si suonano per lo più con le dita, talvolta anche con le bacchette.

Timbales: come i bonghi, ma con telaio di metallo sporgente.

Conga, *Tumba*: tamburo di legno a forma di botte o a cono (telaio 70-80 cm).

Tom-tom (anche a due membrane): tamburi costruiti in diverse grandezze, telaio di compensato (anche metallo), altezza del telaio 14-60 cm.

428 *Piatti* (cymbals, Becken, cymbales)
Struttura: dischi di metallo a forma di piatto; sono realizzati in diverse leghe, forme e misure; il suono viene prodotto facendo battere i due piatti l'uno contro l'altro, manualmente o in modo meccanico (*charleston*, *high hat*), oppure colpendoli e facendoli suonare con delle bacchette da tamburo.

Forme affini: *cimbali* (piatti piccoli).

429 *Triangolo* (triangle, Triangel, triangle)
Struttura: asticella di acciaio piegata a forma di triangolo (le estremità dell'asticella rimangono disgiunte), telaio di sospensione dal suolo; si suona con un'apposita bacchetta.

430 *Tamburello* (tambourine, Schellentrommel/ Tambourin, tambour de basque)
Struttura: piccolo telaio cilindrico (in legno, raramente in metallo) in cui sono inserite diverse coppie di dischetti metallici, pelle su un solo lato, inchiodata (può anche mancare, e allora lo strumento diventa una sonagliera); si suona soprattutto con le mani, ma è possibile anche con delle bacchette.

431 *Nacchere* (castanets, Kastagnetten, castagnettes)
Struttura: due sonagli in legno a forma di conchiglia con un perimetro di circa 5 cm, uniti con un laccio allentato, anche con manico di legno; il suono caratteristico viene ottenuto facendo battere i due sonagli l'uno contro l'altro.

432 *Blocco di legno* (wood block, Holzblocktrommel, bloc en bois)
Struttura: blocco di legno quadrato con una superficie leggermente inarcata e lati intagliati, oppure tubi di legno con le estremità aperte legati tra loro (la parte destra e sinistra del tubo hanno una lunghezza differente e perciò altezze di tono differenti), si suona con una bacchetta da tamburo o altro; viene impiegato, ad esempio, per rappresentare il galoppo di un cavallo.

Forme affini:

Tempelblock, da tre a sei tamburi di legno uniti insieme, incavati e dipinti, fissati su supporti e accordati per terze; provengono dall'Estremo Oriente e sono di origine rituale.

433 *Strumenti ritmici latinoamericani*

Claves: due bacchette di legno incurvate e della stessa lunghezza, si battono l'una contro l'altra.

Maracas: due sfere di legno vuote riempite con sassolini o qualcosa di simile e dotate di un manico; si suonano per scuotimento.

Cabaza, *afuche*: originariamente una zucca svuotata, a cui sono appese delle cordicelle infilate di perle o delle conchiglie; oggi è un cilindro di metallo fissato a un gambo di legno, avvolto da catene di palline: con un movimento circolare le sfere battono contro la parete cilindrica producendo il suono.

Chocallo, *ganza*, *tubo*, canna di legno riempita di sassolini; si suona per scuotimento.

Guiro, *reco-reco*, *sapo cubano*, *gurke*: canna di legno con fessure allungate e incisioni marcate a fuoco sulla parte superiore: su queste si sfrega un bastoncino producendo così il suono.

Campanaccio (*cowbell*, *cencerro*): piccola campana maneggevole in lamiera d'ottone o di rame, si suona percuotendola con bacchette di legno e attenuando il suono con la mano. Oltre all'impiego musicale il campanaccio è usato come campana da appendere al collo degli animali da pascolo

Agogo: due campane di metallo – accordate in modo diverso – collegate con un filo metallico.

Quijada, *jawbone*: mascella d'asino che produce suono per sfregamento dei denti; versione moderna: *vibra slap*.

Il registro della voce

434 Le denominazioni dei quattro registri della voce risalgono al Medioevo. Originariamente si riferivano alla musica vocale, in seguito vennero utilizzate anche per indicare i registri degli strumenti musicali. *Soprano* (dal lat. *supremus* = "il più alto"), originariamente anche *discanto*: è la voce femminile più alta, nonché quella infantile. La voce dei ragazzi e quella femminile più grave appartengono al registro di *contralto* (dal lat. *altus* = "alto": originariamente la voce posta al di sopra del tenore, il quale conduceva la melodia). Nel registro di *tenore* (dal lat. *tenere*: originariamente la voce conduttrice del *cantus firmus*, vedi 348) si hanno le voci maschili più acute, mentre quelle più gravi rientrano nel registro di *basso*.

435 Per indicare i registri intermedi della voce vennero poi introdotte le denominazioni di *mezzosoprano*, per le donne, e di *baritono*, per gli uomini.

436 Registri usuali:
Non essendo possibile stabilire un'esatta determinazione dei registri della voce, nel prospetto che segue sono indicate le estensioni più usuali.

Donne	*Uomini*
Soprano: (la) do^1 - la^2 (do^3, fa^3)	Tenore: (SI) do - la^1 (do^2)
Mezzoprano: sol - fa^2	Baritono: LA - sol^1
Contralto: (fa) la - fa^2 (si^2)	Basso: (RE) MI - mi^1 (fa^1)

Voci del coro:

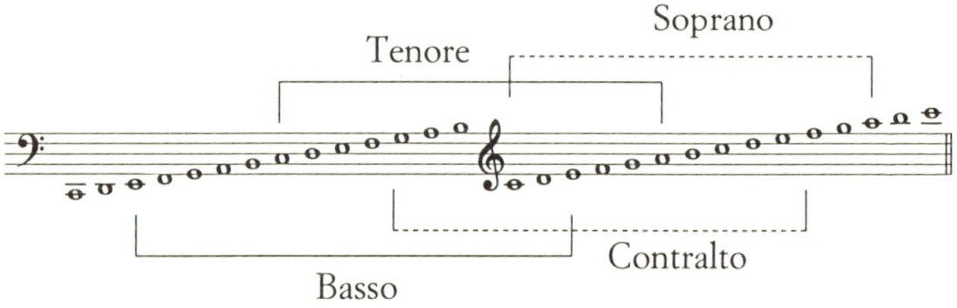

Strumenti traspositori

437 Per alcuni strumenti musicali la notazione non coincide con il suono reale. Le loro parti musicali vengono allora scritte *trasposte*, nel senso che vengono annotate con un'altezza di tono differente rispetto alle note effettivamente suonate: per questo motivo si parla di *strumenti traspositori*. Questa particolarità è motivata da un lato in quanto l'estensione limite (nell'alto o nel basso) di alcuni strumenti potrebbe essere annotata solo con l'ausilio di un numero eccessivo di tagli (flauto piccolo, controfagotto ecc.), dall'altro per motivi compositivi e storici.
L'indicazione dell'*accordatura di base* (ad esempio corno in fa, clarinetto in si bemolle ecc.) indica quale trasposizione viene richiesta. L'aggiunta "in fa" o "in si bemolle" fa riferimento alla nota di base dello strumento, che in notazione sarà scritta come "do": al posto del do che si legge in notazione viene allora eseguito il fa o il si bemolle.

438 Prospetto:

Accordatura	Strumenti	Trasposizione rispetto al do centrale	Il tono do^1
In do (alto)	Ottavino Glockenspiel Celesta	a) Suono: un'8ª giusta sopra b) Notazione: un'8ª giusta sotto	do
In mi ♭ (alto)	Clarinetto picc.	a) Suono: una 3ª min. sopra b) Notazione: una 3ª min. sotto	la
In re (alto)	Tromba picc.	a) Suono: una 2ª magg. sopra b) Notazione: una 2ª magg. sotto	si ♭
In do	tutti gli strumenti non traspositori (ad esempio Violino, Pianoforte, Flauto, Trombone)	a) Suono: come in notazione b) Notazione: come il suono	do^1
In si ♭	Tromba, Flicorno Clarinetto, Sax sop.	a) Suono: una 2ª magg. sotto b) Notazione: una 2ª magg. sopra	re^1
In la	Clarinetto	a) Suono: una 3ª min. sotto b) Notazione: una 3ª min. sopra	mi♭
In sol	Flauto contralto	a) Suono: una 4ª giusta sotto b) Notazione: una 4ª giusta sopra	fa^1
In fa	Corno, Corno inglese	a) Suono: una 5ª giusta sotto b) Notazione: una 5ª giusta sopra	sol^1
In mi ♭	Sassofono contr., Corno, Corno contr., Tromba in mi bem.	a) Suono: una 6ª magg. sotto b) Notazione: una 6ª magg. sopra	la^1
In do (basso)	Chitarra, Liuto, Chitarra basso, Contrabbasso, Controfagotto	a) Suono: un'8ª giusta sotto b) Notazione: un'8ª giusta sopra	do^2
In si ♭	Corno ten., Sax ten., Clarinetto basso, Tromba basso	a) Suono: una 9ª maggiore sotto b) Notazione: una 9ª magg. sopra	re^2
In mi ♭	Sassofono bar.	a) Suono: una 13ª magg. sotto b) Notazione: una 13ª magg. sopra	la^2

Partiture e organici

439 Nella *partitura* vengono annotate tutte le parti vocali o strumentali di una composizione. Il direttore d'orchestra vi trova inoltre le indicazioni necessarie per l'esecuzione (tempo, dinamica, indicazioni per l'interpretazione ecc.). Considerato che nella partitura le voci sono disposte omoritmicamente l'una sotto l'altra, lo svolgimento di un brano vi sarà leggibile sia in orizzontale che in verticale, onde sarà possibile farsi un'idea della forma del brano prima di averlo ascoltato per intero.
La partitura costituisce inoltre una buona sintesi visiva dei principali *organici* – nonché degli organici minori (gruppi di musica da camera, gruppi di strumenti a fiato ecc.).

440 *Piccoli ensembles musicali*, i cui nomi valgono anche come denominazione per particolari forme compositive o trascrizioni per un determinato gruppo di musicisti (per cantanti con o senza accompagnamento strumentale):
- Duo = due strumentisti (diversi strumenti)
- Duetto = due cantanti solisti; due strumentisti (i quali suonano gli stessi strumenti)
- Trio = tre strumentisti
- Terzetto = tre cantori solisti

Nelle seguenti formazioni non si fa invece distinzione tra gruppi per strumentisti o per cantanti:
- Quartetto = quattro interpreti
- Quintetto = cinque interpreti
- Sestetto = sei interpreti
- Settimino (Settetto) = sette interpreti
- Ottetto = otto interpreti
- Nonetto = nove interpreti
- Decimino = dieci interpreti

Ecco alcune formazioni di musica da camera affermatesi nel corso della storia della musica:
- Trio per pianoforte = pianoforte, violino, violoncello
- Trio d'archi = violino, viola, violoncello
- Quartetto d'archi = violino I / II, viola, violoncello

- Quintetto di strumenti a fiato = flauto, oboe, clarinetto, corno, fagotto
- Quintetto d'ottoni = tromba I / II, corno, trombone I, trombone II (tuba)

Ensembles più piccoli con diverse possibili formazioni strumentali:
- Orchestra da camera, coro da camera.

441 Nel coro ogni voce viene impiegata in più modi. Oltre al canto monodico (all'unisono) la composizione corale è composta da due, spesso tre e generalmente quattro voci; composizioni a cinque o più voci si incontrano raramente.

Suddivisione delle voci nel coro:

	coro femminile / coro di voci bianche	coro maschile	coro misto
1ª voce	1° soprano	1° tenore	soprano
2ª voce	2° soprano	2° tenore	contralto
3ª voce	1° contralto	1° basso	tenore
4ª voce	2° contralto	2° basso	basso

Cori femminili, di voci bianche e maschili vengono indicati come *cori all'unisono*, in contrapposizione ai *cori misti*.

Johann Sebastian Bach, «Singet dem Herrn ein neues Lied»
(mottetto a doppio coro) BWV 225
(le chiavi originariamente scritte in partitura da Bach sono state riportate prima di quelle usate oggi)

442 Il numero delle parti strumentali e degli strumentisti impiegati nell'*orchestra sinfonica e operistica* si è andato definendo nel corso del tempo. Il progresso tecnico nella costruzione degli strumenti musicali vi svolse un ruolo essenziale, in particolare nell'Ottocento. Se da un lato, nel XIX secolo, venne ampliato il gruppo degli strumenti a fiato, nel XX secolo fu la sezione percussiva ad acquistare via via maggior importanza. Ad esempio:

XVIII secolo: *Wolfgang Amadeus Mozart*, Sinfonia in Do maggiore KV 551 ("Sinfonia Juppiter")
- flauto, oboe I/II, fagotto I/II
- corno I/II, tromba I/II
- timpani
- violino I (6-8 musicisti), violino II (6-8), viola (4-6), violoncello (3-5), contrabbasso (2-3)

XIX secolo: *Richard Wagner*, "L'anello del Nibelungo"
- flauto I-III, ottavino, oboe I-III, corno inglese, clarinetto I-III, clarinetto basso, fagotto I-III (contro fagotto)
- corno I-VIII (tuba tenore I/II, tuba basso I/II), tromba I-III, tromba basso, trombone I/III, trombone contrabbasso, tuba contrabbasso
- 4 timpani, 2 piatti, gran cassa, tamburi, tamtam, triangolo, Glockenspiel, 16 incudini accordate (per l'"Oro del Reno")
- arpa
- violino I (16), violino II (16), viola (12), violoncello (12), contrabbasso (8)

XX secolo: *Olivier Messiaen*, sinfonia "Turangalîla"
- ottavino, flauto I/II, oboe I/II, corno inglese, clarinetto I/II, clarinetto basso, fagotto I-III
- corno I-IV, tromba I-V, trombone I-III, tuba
- timpani, tamburo grande, tamburo piccolo, triangolo, tamtam, vibrafono, celesta, 3 Tempelblocks, 3 cimbali, tamburello, maracas, tamburo provenzale, 8 campane (in totale 5 percussionisti)
- pianoforte (solo), onde Martenot (strumento elettroacustico, solo)
- violino I (16), violino II (16), viola (14), violoncello (12), contrabbasso (10)

Partitura per un organico di grande orchestra
Dmitri Schostakovich, Sinfonia N° 8, op. 65, quarto tempo

3 Tromboni
Tuba
Timpani
Xilofono
Rullante
Piatti I
Piatti II
Gran cassa
Tamtam
Violini I
Violini II
Viola
Violoncello
Contrabbasso
senza sord.
a 2
tenuto
fff espr.
ord.
bacch. di Timp.
modo ord.

443 L'organico di un'orchestra di fiati è determinato dalla tradizione nazionale e varia di luogo in luogo. Si distinguono i seguenti gruppi:

Harmonieorchester
(variante tedesca)
Flauto I/II (Ottavino)
Oboe I/(II)
Clarinetto in mi♭
Clarinetto I-III in si♭ (clar. bas.)
Fagotto I/(II)
Sassofono contr. I/(II) in mi♭
Sassofono ten. I/(II) in si♭
Sassofono bar. in mi♭
Corno I-IV in fa/mi♭
Tromba I-III (IV) in si♭
Trombone I-III (IV)
Timpani/Percussioni
Flicorno I/II in si♭
Corno tenore I-III in si♭
Euphonio (flicorno bar.)
Tuba I/II

Orchestra a fanfara
(variante francese)
Sassofono sopr. in si♭
Sassofono contr. in mi♭
Sassofono ten. in si♭
Sassofono bar. in mi♭
Flicorno in mi♭
Flicorno I-III in si♭
Tromba I-III in si♭
Corno I-IV in mi♭/fa
Trombone I-III
Euphonio
Tuba
Timpani/Percussioni

Brass Band
(variante inglese)
Cornetto sopr. in mi♭
Cornetto I-III in si♭
Flicorno in si♭
Corno contr. I/II in mi♭
Corno ten. I/II in si♭
Euphonio
Trombone ten. I/II
Trombone basso
Tuba in MI♭
Tuba in SI♭
Percussioni

Particolari *ensembles* di strumenti a fiato:
- *Complesso di tromboni* (Trombe, tromboni)
- *Gruppo di corni da caccia* (Corni naturali e corni da caccia a pistone, *Pleßhorn* e *Parforcehorn*)
- *Banda militare* (Flauti, tamburi, lira)
- *Banda a fanfara* (Fanfara naturale e a pistone, tamburi)
- *Orchestra di pifferi* (Piffero soprano e basso, tamburi)

Partitura per un'orchestra di strumenti a fiato (Harmonieorchester)
Ludwig van Beethoven, «La marcia del corpo di York» (rielaborazione)

444 Nel jazz, nel rock, nella musica pop, nella musica da ballo tradizionale e nella musica d'intrattenimento gli organici possono presentare numerose varianti, in generale dettate da motivi stilistici. A seconda della funzione degli strumenti si distingue tra il gruppo degli strumenti melodici (*sezione melodica*) e il gruppo degli strumenti ritmici (*sezione ritmica*); chitarre e tastiere possono avere un ruolo sia melodico che ritmico-armonico. Alcuni esempi:

	melodia	*ritmo (armonia)*
Orchestra Dixieland	Clarinetto Tromba Trombone	Batteria Tuba/Contrabbasso Pianoforte
Variante combo	Sassofono (Flauto) Tromba	Batteria Chitarra Contrabbasso Tastiere
Banda rock	Chitarra principale Seconda chitarra	Batteria Chitarra basso (Tastiere)
Ensemble di musica d'intrattenimento	Violino Violoncello Clarinetto	Pianoforte Contrabbasso (batteria)
Varianti popolari	Clarinetto Tromba	Fisarmonica Flicorno baritono (contrabbasso) Batteria

Un organico standard è la *Big Band*:
Sezione melodica (melody section)
• Reed section (ance) = sezione dei sassofoni: 2 sassofoni contralto, 2 sassofoni tenore, 1 sassofono baritono
• Brass section (ottoni) = sezione a quattro parti con trombe e tromboni, talvolta ridotta
Sezione ritmica (rhythm section)
• Batteria, contrabbasso o chitarra-basso, chitarra, tastiere
• Percussioni (a seconda dell'arrangiamento)

Partitura per Big Band
Samba

445 Gli organici della musica popolare (orchestre popolari) sono alquanto variabili, spesso casuali nel numero dei musicisti e nella scelta degli strumenti (non nella musica religiosa). Vanno poi annoverati tra gli organici standard più diffusi i seguenti *ensembles*:
• *orchestra di fisarmoniche* – fisarmonica I-IV, basso (basso di organo)
• *orchestra di strumenti a pizzico* – mandolino I/II, mandola, chitarra, (mandoncello), contrabbasso (talvolta con zither I/II, zither contralto, zither basso).

In entrambi i casi, in relazione al repertorio, si può avere una sezione ritmica. Spesso si incontrano organici misti, risultanti ad esempio dalle combinazioni tra strumenti della famiglia dell'armonica, strumenti a pizzico e strumenti a percussione, più sporadicamente tra strumenti a fiato e a pizzico, ai quali si aggiungono ormai sempre più di sovente anche strumenti elettronici. Non verranno qui trattati gli *ensembles* popolari europei ed extraeuropei, molto variabili da regione a regione.

Partitura per organico misto
Schustertanz (folklore)

446 Per propositi didattici – in particolare per le fasi iniziali dell'apprendimento – viene talora utilizzato il cosiddetto "*strumentario Orff*" (*Orff-Instrumentarium*). Carl Orff (1895-1982) studiò per l'esecuzione di elementare musica d'insieme un organico con strumenti tradizionali e strumenti costruiti appositamente per fini pedagogici. Un importante elemento di base è costituito dagli strumenti a percussione, ad esempio xilofoni in diversi registri (per lo più nel registro di basso), Glockenspiel e altri metallofoni, piccoli timpani accordati, tamburi vari, blocchi di legno, barre sonore, triangolo, cimbali e piccoli piatti, sonagli ecc. A questi si aggiungono, a seconda del numero dei partecipanti (ogni bambino deve possibilmente avere un ruolo attivo) e delle loro capacità, strumenti a fiato (flauto dolce, flauto di bambù ecc.), chitarre, violini, oppure strumenti elettronici facili da suonare.

Prospetto degli strumenti usati nello strumentario Orff:

	suono reale	notazione
Xilofoni:		
xilofono soprano	do^2-sol^3	do-sol^2, chiave di violino
xilofono contralto	do^1-la^2	do^1-la^2, chiave di violino
xilofono basso	do-la^1	do-la^1, chiave di basso
Glockenspiel:		
Glockenspiel soprano	do^3-la^4	do^1-la^2, chiave di violino
Glockenspiel contralto	do^2-la^3	do1-la^2, chiave di violino
Metallofoni:		
Metallofono soprano	do^2-fa^3	do^1-fa^2, chiave di violino
Metallofono contralto	do^1-la^2	do^1-la^2, chiave di violino
Metallofono basso	do-la^1	do-la^1, chiave di basso

Ripasso

1. In base a quale criterio si suddividono gli strumenti musicali? Nominate i cinque principali gruppi strumentali. (384-388)
2. Descrivete la struttura costruttiva degli strumenti ad arco. (390-393)
3. Come sono accordati gli strumenti ad arco? (390-393)
4. Elencate gli strumenti a pizzico e le loro caratteristiche. (394-400)
5. Come sono accordate le corde della chitarra (suono e notazione)? (394)
6. Elencate i cordofoni a tastiera. (401-403)
7. Come viene prodotto il suono nel pianoforte e nel cembalo? (401/402)
8. Descrivete i legni più diffusi. (404-409)
9. Quali sono le differenze tra il flauto dolce e il flauto traverso? (404/405)
10. Quali legni costituiscono delle “famiglie”? (404-409)
11. A quale genere di strumenti appartiene il sassofono? (409)
12. Che rapporto c’è tra suono reale e notazione nel corno e nella tromba? (410/411)
13. Elencate gli ottoni e la loro accordatura. (410-414)
14. Da quali dispositivi meccanici è composto l’organo? (415)
15. Quali sono i tipi di canne d’organo? (415)
16. Come viene prodotto il suono nella fisarmonica e nell’armonica a bocca? (416/418)
17. Distinguete tra strumenti a percussione con altezze di tono determinate e altezze di tono indeterminate. (419-433)
18. Elencate i registri della voce. (434-436)
19. Cosa sono gli strumenti traspositori? (437)
20. A cosa serve la partitura? (439)
21. Elencate i nomi degli organici che contemplano da due a nove musicisti. (440)

22. Da quali strumenti sono composti il trio per pianoforte, il quartetto d'archi e il quintetto di strumenti a fiato? (440)
23. Distinguete tra coro all'unisono e coro misto. (441)
24. Elencate gli strumenti presenti in un'orchestra sinfonica. (442)
25. Come è formata un'orchestra di strumenti a fiato e un'orchestra di strumenti popolari? (443/445)
26. Quali strumenti compongono una Big Band? (444)

Esercizi

1. Riconoscete all'ascolto il timbro dei principali strumenti musicali.
2. Annotate in do le parti degli strumenti traspositori che si trovano nelle partiture sopra riportate.
3. Studiate alcune opere classiche della letteratura musicale prestando attenzione al rapporto tra esecuzione e partitura.

Glossario

Nelle seguenti pagine sono riportati in ordine alfabetico i principali termini della teoria musicale, affiancati da una breve spiegazione. Qualora il termine in questione compaia nel testo il numero che gli fa seguito segnala il paragrafo di occorrenza (non il numero della pagina!). Le parole straniere sono inoltre accompagnate da indicazioni sulla loro origine.

A cappella – canto corale senza accompagnamento strumentale.
A due, a 2, 27
A piacere – libero nell'esecuzione, 131
A tempo – eseguire nel tempo di partenza, 131
Ab initio [lat.] – ripetere dall'inizio.
Abbellimenti, 363 ss.
Abbreviazione – abbreviazione nella notazione musicale, 377
Accelerando, accel. – il tempo di esecuzione diventa sempre più veloce, 131
Accentazione della battuta, 85 ss., 91 ss., 118 ss.
Accento, 119
Acciaccatura doppia, 366
Acciaccatura, 364 ss.
Accidente – alterazioni, segni di accidente, 50 ss.
Accidenti di richiamo, 60
Accidenti, alterazioni, 50 ss., 59
Accolade [fr.], 45
Accompagnato – recitativo accompagnato dall'orchestra.
Accordatura naturale, 10
Accordatura pitagorica, 10
Accordatura, 10
Accordo, 220 ss.
Accordo di nona, 268
Accordo di quarta e sesta, 227
Accordo di quarta, 285
Accordo di quinta e sesta di sottodominante (*sixte ajoutée*) 269 ss.
Accordo di quinta e sesta, 259
Accordo di seconda, 259

Basso ostinato – figura ritmico-melodica che si ripete ciclicamente
Batteria – gruppo di strumenti a percussione suonati da un unico esecutore.
Battuta, 86 ss.
Beat [ingl.], 122
Beguine [fr.] – danza latinoamericana in tempo moderato (4/4)
Belcanto – stile del canto, tipico dell'Opera italiana dal XVII al XIX secolo.
Bemolle – (accidente), 52
Bend [ingl.], 373
Bequadro, 56
Berceuse [fr.] – ninna nanna; pezzo caratteristico risalente al XIX secolo (per lo più in 6/8).
Bicinium [lat.] – canto a due voci; termine ripreso dalla musica medievale per indicare le composizioni a due voci.
Big band [ingl.] – orchestra jazz o da ballo, composta da parecchi esecutori.
Binario, 360
Bis – due volte, 378
Bitonale , 290
Blocco di legno, 432
Blue chord [ingl.], 262
Blue note [ingl.], 218
Blues [amer.] – canzoni popolari degli afroamericani, per lo più con caratteristica struttura armonica in dodici battute ("giro blues").
Bolero [sp.] – danza popolare spagnola in 3/4 moderatamente movimentata; danza popolare cubana (rumba-bolero: 4/4).
Bongos [sp.], 427
Boogie-woogie [amer.] – originariamente uno stile caratteristico del pianoforte jazz con basso ostinato e armonie blues; in seguito anche danza alla moda (Jive).
Bordone – una nota tenuta che suona sempre sullo stesso tono (si ottiene con una corda in costante vibrazione); anche intervallo (quinta di bordone; ad esempio nella cornamusa).
Bossa nova [sp.] – genere musicale, nonché danza, di origine brasiliana: è formato da elementi ripresi dal jazz e dalla samba.
Boston, *Waltz Boston* [ingl.] – valzer lento di origine americana.

e il cantato, con netta accentazione ritmica e per lo più con altezze di tono indeterminate.

Cantata – composizione vocale divisa in più parti con accompagnamento strumentale, contiene cori, arie, recitativi e parti strumentali.

Cantilena – melodia cantabile.

Cantore (primo cantore) – direttore di insiemi musicali da chiesa.

Cantus firmus, *c.f.* [lat.] – melodia data (in genere ripresa dal repertorio gregoriano) oppure originale, che viene posta alla base di una nuova composizione e può essere cantata da qualsiasi voce.

Canzone – antica forma vocale, brano strumentale cantabile

Capriccio, *caprice* [fr.] – brano strumentale divertente; si presenta in forme diverse.

Carillon [fr.] – Glockenspiel.

Cassa, *gran cassa* – tamburo, tamburo grande.

Cavatina – canto lirico (Opera) o brano strumentale.

Celesta, 422

Cencerro, 433

Cent (unità di misura), 12

Cesura – interruzione significativa della melodia, ad esempio mediante una pausa nel fraseggio.

Cha-cha-cha [sp.] – danza di società (in 4/4) inventata a Cuba nel 1949.

Chanson [fr.] – forma di canto profana (XIV-XVI secolo); oggi canzone poetica di contenuto politico o satirico cantata da un solista.

Charleston [ingl.] – danza alla moda negli anni Venti con ritmo veloce in 4/4 e sincopato; è anche il dispositivo a due piatti battenti azionati da un pedale, che fa parte della batteria.

Chiave di baritono, 40

Chiave di basso, 36

Chiave di contralto, 41

Chiave di do, 40 ss.

Chiave di fa (*chiave di basso*), 36

Chiave di percussione, 42

Chiave di sol (*chiave di violino*), 34

Chiave di tenore, 41

Chiave di tonica, 42
Chiave di viola (*chiave di contralto*), 41
Chiave di violino, 34 s.
Chiave musicale, 33 ss.; *cambio di chiave*, 38
Chiavi antiche, 40 ss.
Chitarra, 394
Chitarra basso, 394
Chitarra hawaiana, 394
Chocallo [sp.], 433
Chorus [ingl.] – ritornello; nel jazz è il tema con le relative armonie, costituisce il materiale per l'improvvisazione.
Ciaccona – originariamente danza popolare spagnola; brano strumentale lento, a ritmo ternario e con basso ostinato.
Ciclo – composizione che costituisce un'unità ciclica (talvolta anche a tema) di più parti (Suite, Sonata, Sinfonia); sequenza di canzoni.
Cimbali, 428
Cimbalon [ungh.], 399
Circolo delle quinte, 183
Clarinetto, 407
Clarinetto basso, 407
Clarino – parte acuta per le trombe nelle composizioni dell'epoca di Bach e Händel.
Claves [sp.; ingl.], 287
Clavicembalo, 402
Clavicordo, 403
Cluster [ingl.], 287
Coda – parte finale di una composizione o di un tempo di sonata o sinfonia.
Col legno – le corde vengono sfregate o percosse con il legno dell'archetto.
Coll'arco – suonare con l'archetto (negli strumenti ad arco)
Coll'ottava – aggiungere l'ottava.
Colla parte – adattarsi alla voce principale.
Coloritura – melodia per canto ornamentata in modo virtuosistico
Combo [ingl.] – nella musica jazz e pop organico ridotto e con strumenti non prestabiliti.
Comes [lat.] – seconda esposizione del tema della fuga da parte di

Durata del suono, 14 ss., 65

Dux [lat.] – prima esposizione del tema della fuga da parte di una voce senza accompagnamento (in tonalità di base).

Ecossaise [fr.] – antica danza scozzese in ritmo ternario, dal 1880 con ritmo veloce in 2/4; brano per pianoforte (Beethoven).

Effettuoso – di grande effetto.

Elegia – lamento o tragedia musicata; brano caratteristico.

Elettrofoni, 388

Emiola, 123

Entrata, *entrée* [fr.] – musica festosa di introduzione.

Eolico, 210 ss.

Esposizione – presentazione di un motivo, prima parte del tempo principale della sonata e della fuga.

Estensione dei registri della voce, 436

Estinguendosi – smorzandosi lentamente.

Eterofono, 388

Étude [fr.] – studio, brano di esercitazione.

Euphonio, 414

Ex tempore [lat.] – improvvisare.

Fade out [ingl.] – dissolvere in chiusura, lasciare smorzare.

Fagotto, 408

Fall [ingl.], 373

Falsetto – voce di testa

Fanfara, 411

Fantasia – brano strumentale in forma libera.

Filarmonica – società filarmonica (associazione di "amici della musica"); orchestra filarmonica; sala per concerti.

Fill in [ingl.] – riempire, improvvisare a mo' di introduzione.

Finalis [lat.], 208

Fine, 379

Fisarmonica, 417

Flageolet (suoni flautati) – negli strumenti ad arco: suoni acuti che ricordano quelli di un flauto; si ottengono attraverso una leggero sfregamento (senza pressione) dell'archetto sulla corda.

Flamenco [sp.] – forma di canzone e di danza diffusa in Andalusia (canto accompagnato da chitarra e nacchere).

Flautando – alla maniera del flauto.

Flauto, 404

Flauto di Pan – originariamente una fistola composta da una serie di canne monotoniche legate in serie una accanto all'altra (ad ogni tono corrisponde una canna proporzionata e chiusa all'estremità inferiore).

Flauto dolce, 405

Flauto traverso, 404

Flicorno, 414

Folklore – canzoni, danze e costumi popolari di tradizione orale.

Forma, 310 ss.

Forme a Lied, 325 ss.

Forte ***f***; *fortissimo* ***ff***, 352

Fortepiano, ***fp*** – dopo un suono suonato forte si suona subito piano, 355

Forzando, *forzato*, ***fz*** – far risaltare con decisione, 119

Four beat [ingl.] – accentare nella stessa misura tutti e quattro i tempi della battuta (tecnica del jazz).

Frase – forma, 323; tecnica compositiva (tema), 345 ss.; semifrase, 323 ss.

Frase a otto battute, 324

Fraseggio, 357

Frequenza, 3

Frigio, 209 ss.

Frullato – tecnica di esecuzione per gli strumenti a fiato nella musica contemporanea.

Fuga – importante forma della musica polifonica; il tema (*dux*) viene esposto da tutte le voci, che si intrecciano l'una con l'altra e vengono contrappuntate secondo determinate regole.

Fugato – parte a mo' di fuga (ad esempio in una sezione della sinfonia).

Furiant [ceco] – veloce danza ceca (in 3/4) con accentazione variabile.

Fusa [lat.], 69

Gagliarda, *galliarde* [fr.] – antica e allegra danza italiana saltata (in 3/4); è la danza che conclude la pavana.

Galoppo – danza veloce (in 2/4)

Ganza [port.], 433

Incrocio delle parti, 27

Indicazione del metro, 88

Indicazioni per l'esecuzione, 362

Inno – canto o brano musicale a carattere celebrativo.

Intensità del suono, 4; *livelli di intensità del suono*, 352

Interludio, *intermedio*, *intermezzo* – intermezzo, brano caratteristico

Interpretazione – esecuzione “creativa” di un'opera musicale da parte di strumentisti o di cantanti (interpreti).

Intervallo, 238 ss.; tavola sinottica degli intervalli, 151

Intervallo complementare, 152 ss.

Intervallo diminuito, 147 ss.

Intervallo eccedente, 147 ss.

Intervallo enarmonico, 162

Intonazione, 1

Invenzione – breve composizione polifonica (ad esempio le “Invenzioni a due voci” di Bach).

Inversione (melodia), 316

Ionico, 210 ss.

Jawbone [ingl.], 433

Jazz [americ.] – genere musicale americano basato sull'improvvisazione; in esso si uniscono in una nuova sintesi elementi della musica europea e africana; si evolvette nel XX secolo dando vita a diversi tipi di stile.

Keyboards [ingl.] – denominazione generale per gli strumenti a tastiera, usata in particolare nella musica rock e pop.

Kyrie [gr.] – prima parte della Messa.

L'istesso tempo – a tempo, 131

La^1 (tono di accordatura), 9

Ländler – danza popolare lenta delle regioni alpine, in ritmo ternario.

Largo, *larghetto*, 130

Lead [ingl.] – condurre; es. lead guitar = chitarra melodica.

Legato, 258

Legatura, 76 ss.

Legatura di valore ♩‿ – indica che una nota va prolungata oltre il suo valore, 77, 113 ss.

Legni (strumenti a fiato), 404 ss.

Leitmotiv – nell'Opera motivo associato a personaggi o ad azioni determinate.

Lento, 130

Lesghinka [russ.] – veloce danza russa (in 6/8).

Liberamente, *libero* – esecuzione libera.

Libretto – testo di un opera teatrale.

Lidio, 209 ss.

Lied – testi poetici e letterari, spesso strofici, messi in musica secondo modelli formali stabiliti (*forme a Lied*); canzoni popolari: patrimonio musicale popolare, per lo più dovuto a compositori anonimi, trasmesso oralmente; Lied artistico (opera di un poeta e di un compositore), può essere strofico, astrofico o a strofe differenti.

Lied senza parole – breve brano lirico strumentale con un profilo melodico e una forma simile al Lied (Mendelssohn Bartholdy).

Lira, 422

Liuto, 396

Live-electronic [ingl.], 297

Loco, *a loco* [it.] – indicazione usata un tempo per segnalare la fine dell'effetto del segno di trasposizione di ottava, 20

Locrio, 212

Longa [lat.], 69

Ma non troppo, 132

Madrigale – brano astrofico polifonico (spesso eseguito da un solista); molteplici varianti storiche.

Maggiore, *major* [ingl.], *majeur* [fr.] – maggiore (intervallo), 256

Mallets [ingl.] – nome generale per gli strumenti idiofoni (a lastre, tavolette o tubi sonori) che vengono percossi con bacchette a estremità arrotondata (xilofoni, vibrafoni, carillon ecc.).

Mambo [cub.] – danza cubana (4/4, 4/2).

Mandolino, *mandola*, *mandolone*, 395

Mano destra, *m.d.*; *mano sinistra*, *m.s.* – suonare con la mano destra; suonare con la mano sinistra.

Manuale – tastiera.

Maracas [sp.], 433

Marcia, *marche* [fr.] – forma musicale ritmicamente accentuata in ritmo pari (2/2, 4/4, 6/8), con numerose varianti; usata per cadenzare il passo di un gruppo di uomini (ad es. militari).

Notazione ausiliare – notazione esplicativa di determinati passaggi di un brano ad uso dell'esecutore, stampata con caratteri più piccoli tanto negli spartiti delle parti solistiche, quanto nelle partiture per direttori.

Notturno – brano caratteristico di stile lirico per pianoforte (Chopin); composizione a più parti, tipo serenata, in genere per strumenti a fiato.
Obbligato – la voce deve essere assolutamente eseguita (contrario: *ad libitum*).

Opera – genere del teatro musicale in cui si uniscono parole e musica in forma drammaturgica e con recitazione scenica.
Operetta – opera teatrale leggera e d'intrattenimento (caratterizzata dall'unione di parole, musica e danza).
Opus, *op.* [lat.] – opera, abbreviazione usata per la numerazione nei cataloghi delle opere dei compositori.
Oratorio – genere musicale a più parti per solista, coro e orchestra in forma epico-drammatica con testo di carattere spirituale o mondano (per lo più senza recitazione scenica).

Quodlibet – forma musicale polifonica gioiosa: vengono cantati o suonati contemporaneamente diversi canti.
Ragtime [ingl.] – musica afro-americana per pianoforte, unisce melodie fortemente sincopate con un accompagnamento in due tempi (Scott Joplin).

Rapsodia – forma di composizione libera, spesso con riprese da musiche popolari.
Recitativo – parte vocale a metà tra il parlato e il cantato (*Sprechgesang*, "cantar parlando"), eseguita in modo veloce e drammatico; può essere accompagnato con accordi eseguiti da un solo strumento solista (= recitativo secco), oppure essere accompagnato dall'orchestra (= recitativo accompagnato).

Refrain [fr.] – ritornello.

Registro – estensione sonora della voce umana (voce di testa o di petto), nonché degli strumenti musicali (organo, armonica ecc.).
Réjouissance [fr.] – parte di una Suite allegra.
Reminescenza – citazione in una composizione di note frasi melodico-armoniche.

Repertorio – insieme di brani e di parti che costituiscono il patrimonio musicale di un interprete, di un orchestra o di un'istituzione teatrale.
Requiem – Messa funebre cattolica.
Rheinländer (scozzese) – danza tedesca lenta (in 2/4).

Riduzione per pianoforte – sintesi di una partitura ad uso di esecuzioni per pianoforte a due o quattro mani.

Rinforzando, rinforzato, ***rfz*** , 119

Ripetizione, 377 ss.

Ripresa – ripetizione di una sezione; terza parte del tempo principale della sonata, 335

Risonanza – vibrazione dell'aria o di un altro corpo, può comportare un rafforzamento del tono o il suo affinamento.

Ritardando, ritard., rit. – più lento, 131

Ritardo, 307

Ritenuto, riten. – trattenuto, contenuto nel ritmo, 131

Ritmica complementare, 124

Ritmica conflittuale, 124

Ritmica divisiva, 124

Ritmo lombardo – 

Ritmo, 64 ss.

Rivolto largo, 248

Rivolto stretto, 248

Rivolto – triade, 226 ss.; intervallo, 152 s.; melodia, 316; accordo di settima, 259

Rock, musica rock – forma di musica popolare giovanile che iniziò a diffondersi a partire dagli anni '50, caratterizzata in particolare da un ritmo ostinato, da un organico di strumenti amplificati elettricamente o elettronicamente (e ovviamente dal sound che ne risulta).

Romanza – brano di carattere lirico.

Rondò – originariamente canto caratterizzato dall'alternanza tra un ritornello e una sequela di strofe; brano strumentale con tema principale ripetuto più volte (A) e parti intercalate tra le sue ripetizioni (B, C, D…); spesso tempo finale di una sinfonia o di un concerto.

Rottura dell'accordo – le note dell'accordo vengono eseguite l'una dopo l'altra seguendo il movimento del ritmo.

Rubato – libero nell'esecuzione (in riferimento al tempo), 131

Rumba – canto e danza cubana dai ritmi multiformi (in 4/4)

Rumore, 2, 7

Rustico – in stile campagnolo, contadinesco.

Saltarello – veloce danza italiana saltata (3/8, 6/8).

Sinfonietta – piccola sinfonia.
Sintetizzatore – strumento elettronico per la sintesi di toni, suoni, rumori ed effetti speciali, 297, 388
Sirtaki [gr.] – danza nazionale greca; inizio lento, poi progressivo accelerando.
Sistema di linee, 17 ss.
Sistema di suoni, 12
Sistema Ja-Le, 28, Appendice 6
Sistemi di accordatura, 10
Sixte ajoutée [fr.], 269 s.
Slargando
Slendro – scala di ottava divisa in cinque intervalli uguali, tipica di Giava e Bali (orchestre gamelan).
Slentando – via via più lento
Slide [ingl.], 373
Slow [ingl.] – lento
Smear [ingl.], 373
Smorendo, *smorzando* – calando in intensità, 354
Soffio sforzato – variando l'apertura della bocca il suonatore di strumenti a fiato può produrre una divisione della colonna d'aria dello strumento in modo da produrre i sovratoni naturali.
Solfeggio, *schemi di solfeggio*, 104
Solmisazione, Appendice 6
Solo – suona lo strumento solista (contrario: *Tutti*)
Sonagli, 433
Sonata – brano musicale da camera in più parti; fine del XVII sec.: sonata da chiesa in quattro parti e sonata da camera in tre parti; sonata classica (dal XVIII sec.): veloce, lento, veloce (anche in quattro movimenti).
Sonata (movimento principale) – principale forma della musica strumentale europea dal XVIII sec.: *Esposizione* (presentazione del tema principale e del tema secondario); *Sviluppo* (rielaborazione dei temi); *Ripresa* (soluzione dei contrasti armonici sorti dalla rielaborazione, entrambi i temi sono nella tonalità di base), talvolta *Coda* (parte conclusiva), talvolta *Introduzione lenta.*
Sonata per trio – composizione per due voci strumentali di canto e basso continuo.

Vocalizzo – sequenza di note cantata sulle vocali (senza testo).
Voce di direzione – sintesi della partitura su due-quattro pentagrammi; prassi tipica nella musica per strumenti a fiato, di intrattenimento e da ballo.
Voce principale, H┌ ┐ – indicazione della voce principale nelle composizioni contemporanee.
Voce secondaria, N┌ ┐ – segno che indica una voce subordinata alla voce principale.

Appendici

Appendice 1
Denominazione delle altezze di tono e delle tonalità

Toni naturali:

Italiano	**do**	re	mi	fa	sol	la	si
Tedesco	c	d	e	f	g	a	h
Inglese	C	D	E	F	G	A	**B**
Francese	**ut**	re	mi	fa	sol	la	si

Toni alterati verso l'alto:

Italiano	do diesis (do♯)	re diesis (re♯)	.si diesis (si♯)
Tedesco	cis	dis	.his
Inglese	c sharp (c♯)	d sharp (d♯)	.b sharp (b♯)
Francese	ut dièse (ut♯)	re dièse (re♯)	.si dièse (si♯)

Toni alterati verso il basso:

Italiano	do bemolle (do♭)	re bemolle (re♭)	.si bemolle (si♭)
Tedesco	ces	des	.b
Inglese	c flat (c♭)	d flat (d♭)	.b flat (b♭)
Francese	ut bémol (ut♭)	re bémol (re♭)	.si bémol (si♭)

Toni doppiamente alterati verso l'alto:

Italiano	do doppio diesis (do×)
Tedesco	cisis
Inglese	c double sharp (c×)
Francese	ut double dièse (ut×)

Toni doppiamente alterati verso il basso:

Italiano	do doppio bemolle (do𝄫)
Tedesco	ceses
Inglese	c double flat (c𝄫)
Francese	ut double bémol (ut𝄫)

Denominazione delle tonalità maggiori:

Italiano	do maggiore	do diesis maggiore	do bémol maggiore
Tedesco	C-Dur	Cis-Dur	Ces-Dur
Inglese	C major	C sharp major	C flat major
Francese	ut majeur	ut dièse majeur	ut bémol majeur

Denominazione delle tonalità minori:

Italiano	do minore	do diesis minore	do bemolle minore
Tedesco	C-Moll	Cis-Moll	Ces-Moll
Inglese	C minor	C sharp minor	C flat minor
Francese	ut mineur	ut dièse mineur	ut bémol mineur

N.B.: in olandese: si = b, si♯ = bis, si♭ = bes

Appendice 2
Le tabulature

Le *tabulature* (dal lat. *tabula*, “tavola”) sono dei sistemi di notazione che si avvalgono di plurigrammi (sistemi di linee), numeri e segni utilizzati nella musica antica per annotare le composizioni strumentali, in particolare quelle per liuto e organo (per chi ne sia interessato esiste un’ampia letteratura specialistica, con tanto di metodi di studio e trascrizioni). Oggi si usano le tabulature principalmente per gli strumenti a pizzico (chitarra, banjo, mandolino, zither) come ausilio per l’apprendimento, in modo da arrivare in breve tempo a suonare semplici melodie e progressioni di accordi pur senza conoscere le note. Alcuni esempi per chitarra:

- *Tabulatura per la melodia* (lo spartito è riportato sopra onde poter fare paragoni):

Le sei linee rappresentano le corde della chitarra (le corde più gravi sono quelle poste più in basso). TAB sostituisce la chiave. I numeri indicano il tasto che va premuto sulla corda. Per quanto riguarda la notazione ritmica i valori di durata maggiori devono essere segnati come quarti con legatura. Riportiamo come esempio “Greensleeves”:

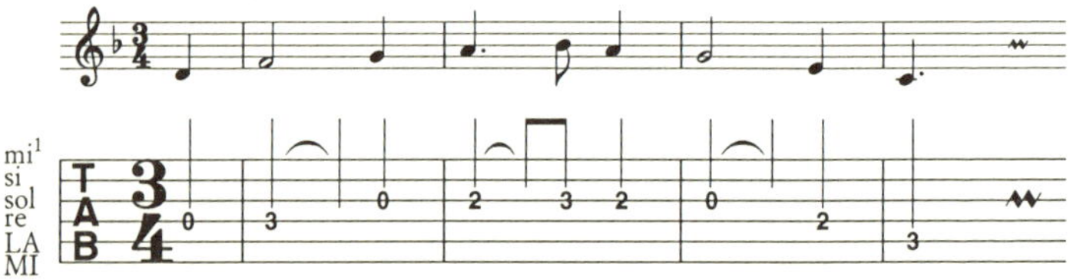

- *Tabulatura per progressioni di accordi*:

• *Schema per un accordo* (diagramma dell'accordo)
Le linee rappresentano sempre le sei corde, le lineette verticali rappresentano i tasti. I tasti su cui viene premuta la corda sono contrassegnati con o senza un numero di diteggiatura. Il segno di posizione viene indicato – quando necessario – con cifre romane. Le corde non coinvolte oppure stoppate sono contrassegnate con una crocetta.

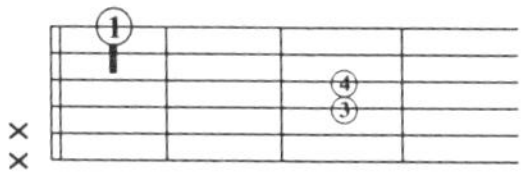

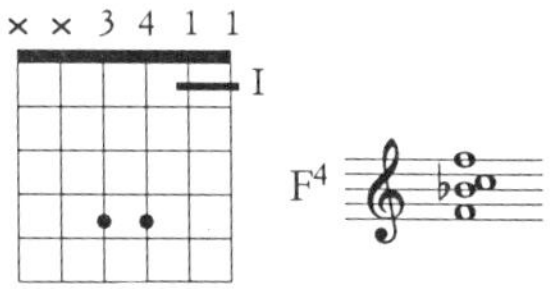

Appendice 3
La notazione dei suoni con altezza di tono indeterminata

Per la notazione dei suoni con altezza di tono indeterminata (rumori), ad esempio quelli di determinati strumenti a percussione, oppure per il battito delle mani ecc., esistono particolari sistemi.

- *Sistema a una linea*, usata dagli strumenti di accompagnamento ritmico:

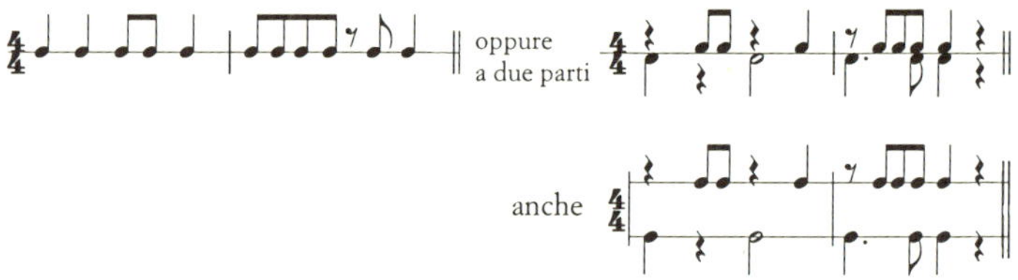

- *Chiave di percussione* posta all'inizio del pentagramma:

- Le cosiddette *note a croce* con monogramma o pentagramma, ad es. il clave-beat nel folklore latino-americano:

Le *note a croce* si usano anche per indicare i suoni "percussivi" negli strumenti melodici (ad es. il sassofono o la chitarra):

In occorrenza di suoni prolungati le note a croce vengono rappresentate con un cerchietto, oppure provviste di legatura:

- altri simboli:

Appendice 4
La notazione dei microtoni

Pur non essendoci ancora un sistema di notazione standard per i microtoni, i seguenti simboli sono i più diffusi:

semitono	quarto di tono	ottavo di tono	
			alterazione verso l'acuto
		♮↑	ottavo di tono
	𝄲		quarto di tono
		𝄲↑	tre ottavi di tono
♯			semitono
		♯↑	cinque ottavi di tono
	𝄲♯		tre quarti di tono
		𝄲♯↑	sette ottavi di tono
			alterazione verso il grave
		♮↓	ottavo di tono
	𝄳		quarto di tono
		𝄳↓	tre ottavi di tono
♭			semitono
		♭↓	cinque ottavi di tono
	𝄳♭		tre quarti di tono
		𝄳♭↓	sette ottavi di tono

Intervalli di ottavo di tono:

Appendice 5
Il solfeggio

in relazione con il sistema tonica-do (Pierre Galin, Emile Chevé, Aimé Paris, Agnes Hundoegger).

Prospetto (metro in 4/4, tempo di base ta = ♩)

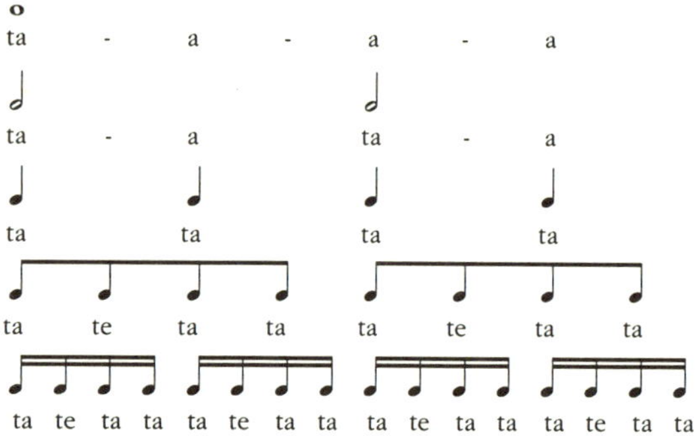

Pause: un, u - no, u - un, ecc.

Terzine:

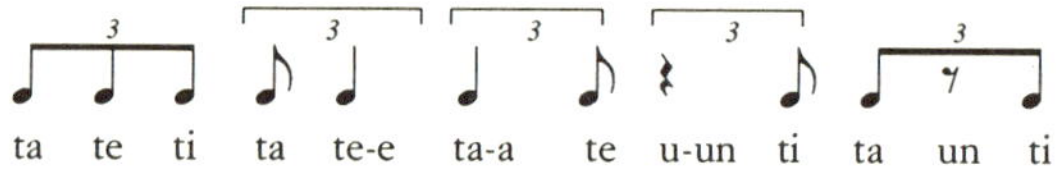

Alcuni esempi:

Appendice 6 - Prospetto delle altezze di tono relative

Sistema Tonica Do
(Guido D'Arezzo, John Hullah, John Curwen, Agnes Hundoegger et. al.)

♯		di		ri			fi		sil		li		
Sequenza dei toni naturali	**do**		**re**		**mi**	**fa**		**sol**		**la**		**si**	**do**
♭		ru		mu			sul		lu		su		

stessa consonante con la vocale i (ad es. re ➛ ri)

stessa consonante con la vocale u (ad es. re ➛ ru)

Sillabe dall''inno a San Giovanni di Paolo Diacono (vedi 30)

Sistema JA-LE:
(Richard Münnich, 1930)

♯		JE		LI			NO		RU		SA		
Sequenza dei toni naturali	**JA**		**LE**		**MI**	**NI**		**RO**		**SU**		**WA**	**JA**
♭		LA		ME			RI		SO		WU		

stessa consonante con vocale successiva
a e i o u ⟶
(ad es. LE ➛ LI)

stessa consonante con vocale precedente
a e i o u ⟵
(ad es. LE ➛ LA)

Le sillabe della sequenza dei toni alterati si formano dall'unione della consonante che indica il tono naturale con la vocale relativa alla nota successiva (o precedente)

I	II	III	IV	V	VI	VII	(I)
j	l	m	n	r	s	w	j
a	e	i -	i	o	u	a -	a

Appendice 7
La scrittura del basso continuo

Spiegazione:
Nella pratica del basso continuo, sorta nel XVII/XVIII sec., la voce melodica (vocale o strumentale) viene accompagnata da una parte di basso a cui sono aggiunte delle cifre (basso numerato). Le cifre poste sopra o sotto le note del basso indicano la progressione armonica, attraverso i singoli accordi. L'esecutore della parte di basso continuo (clavicembalo, organo, chitarra, liuto) deve completare l'armonia secondo la propria misura e improvvisare delle ornamentazioni (la parte di basso viene rinforzata da contrabbasso, violoncello e fagotto). L'accordo si costruisce sul tono del basso continuo.

Numeri del basso continuo	*Significato armonico*
(nessuna cifra)	triade allo stato fondamentale
6	accordo di sesta (1-3-6)
$\genfrac{}{}{0pt}{}{6}{4}$	accordo di quarta e sesta
7	accordo di settima allo stato fondamentale (1-3-5-7)
$\genfrac{}{}{0pt}{}{6}{5}$	accordo di quinta e sesta (1-3-5-6)
$\genfrac{}{}{0pt}{}{4}{3}$	accordo di terza e quarta (1-3-4-6)
2	accordo di seconda (1-2-4-6)
9	accordo di nona (1-3-5-7-9)
4 3	ritardo (della terza dalla quarta)
9 8	ritardo (dell'ottava dalla nona)
6 5	ritardo (della quinta dalla sesta)
5 –	nota o accordo tenuto
t.s.	senza armonizzazione (tasto solo), suonare solo la nota di basso
♯, ♭, ♮	alterazione cromatica della terza
5♯, 6♭, 7♮	alterazione cromatica degli intervalli indicati (l'alterazione di diesis viene anche indicata con il segno "più" giustapposto in apice o attraverso un trattino posto di traverso: 2+ 4+ 5+ 6̸ 7̸

Ad esempio:

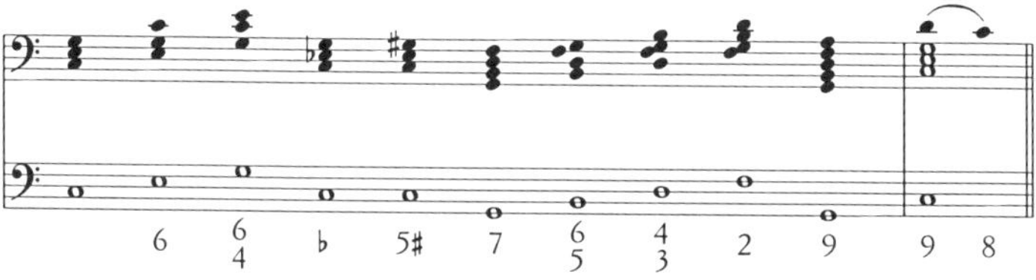

Appendice 8 • Simboli degli accordi

Spiegazione:

- Il simbolo di base è la triade maggiore, abbreviata con la lettera maiuscola della fondamentale (internazionalmente si utilizza la nomenclatura anglosassone), ad esempio C, F, D.
- Accordi la cui tonica è una nota alterata vengono indicate con i segni di alterazione, ad es. C♯, F♯, D♭.
- Gli accordi minori sono indicati con una "m" minuscola oppure col segno "meno" (nelle trattazioni teoriche si usa anche indicare gli accordi minori scrivendo in minuscolo la lettera della tonica).
- Le note aggiunte alla triade vengono indicate da numeri aggiunti in apice. Vanno considerati i seguenti intervalli:

6	=	sesta maggiore
7	=	settima minore
9	=	nona maggiore
10	=	decima maggiore
11	=	undicesima giusta (= 4)
13	=	tredicesima maggiore (= 6)

- ogni alterazione dei toni aggiuntivi deve essere indicata:

\+ oppure ♯ (anche il ♮) = alterazione verso l'alto

\- oppure ♭ (anche il ♮) = alterazione verso il basso

- simboli particolari:

Δ = settima maggiore

0 o 07 = diminuito

Ø = semidiminuito

- indicazioni verbali

maj (ingl. *major* = maggiore) – aggiungere una settima maggiore

min (ingl. *minor* = minore) – terza minore

add (ingl. *added* = aggiunto) – tono aggiunto all'accordo

dim (ingl. *diminished* = diminuito) – intervallo diminuito

aug (ingl. *augmented* = aumentato) – intervallo aumentato

sus (ingl. *suspension* = sospeso) – ritardo

n.c. (ingl. *no chord* = senza accordo) – senza accordo di accompagnamento

- note raddoppiate e rivolti non vengono tenuti in considerazione
- il tono al basso (nel caso sia necessario) viene segnalato con una lineetta obliqua o trasversale sotto il simbolo dell'accordo, oppure espressamente a parole, ad esempio: C7 con basso di sib:.

$\frac{C^7}{B\flat}$ $\quad C^7/B\flat \quad$ C^7 on B♭ $\quad$ C^7 B♭ bass

I principali accordi (in do):

Simbolo	*Note dell' accordo*	*Descrizione*	*Schema* intervallare	*Estensione*
C	do-mi-sol	triade magg.	1ª-3ªM-3ªm	5ªg
Cm C- /cm / c	do-mi♭-sol	triade min.	1ª-3ªm-3ªM	5ªg
C+ / $C^{5\sharp}$ Caug	do-mi-sol♯	triade ecc. (o aumentata)	1ª-3ªM-3ªM	5ªe
Cm^{5-} / $Cm^{5\flat}$ C^0 / Cdim	do-mi♭-sol♭	triade dim.	1ª-3ªm-3ªm	5ªd
C^4 C^{sus}	do-fa-sol	triade con ritardo di quarta	1ª-4ªg-2ªM	5ªg
C^2 C^{sus2}	do-re-sol	triade con ritardo di seconda	1ª-2ªM-4ªg	5ªg
C^6	do-mi-sol-la	accordo magg. di sesta	1ª-3ªM-3ªm-2ªM	6ªM
C^{m6}	do-mi♭-sol-la	accordo min. di sesta	1ª-3ªm-3ªM-2ªM	6ªM
C^7	do-mi-sol-si♭	accordo magg. di settima min.	1ª-3ªM-3ªm-3ªm	7ªm
C^{m7}	do-mi♭-sol-si♭	accordo min. di settima min.	1ª-3ªm-3ªM-3ªM	7ªm
C^{7maj}/ C^{Δ} Cma/Cj/$C^{7\natural}$	do-mi-sol- si	accordo magg. di settima magg.	1ª-3ªM-3ªm-3ªM	7ªM
C^{m7maj} / $C^{m\Delta}$	do-mi♭-sol-si	accordo min.	1ª-3ªm-3ªM-3ªM	7ªM
$C^{\varnothing}$ $Cm^{7/5-}$	do-mi♭-sol♭-si♭	accordo di settima semidiminuito	1ª-3ªm-3ªm-3ªM	7ªm
C^{07} / C^0	do-mi♭-solb-si𝄫 (do-mi♭-fa♯-la)	accordo di settima diminuito	1ª-3ªm-3ªm-3ªm	7ªd
C^9 $C^{7/9}$	do-mi-sol-si♭-re	accordo di nona magg.	1ª-3ªM-3ªm-3ªm-3ªM	9ªM
C^{9-} / $C^{9\flat}$	do-mi-sol-si♭-re♭	accordo di nona min.	1ª-3ªM-3ªm-3ªm-3ªm	9ªm
C^{9+} / $C^{9\sharp}$	do-mi-sol-si♭-re♯	accordo di nona ecc.	1ª-3ªM-3ªm-3ªm-3ªe	9ªe
C^{10-} / $C^{10\flat}$ $C^{7/10-}$	do-mi-sol-si♭-mi♭	accordo di decima min.	1ª-3ªM-3ªm-3ªm-4ªg	10ªm
$C^{11(+)}$ $C^{7/9/11(\sharp)}$	do-mi-sol(fa♯)- si♭-re-fa	accordo di undicesima	1a-3ªM-3ªm- 3ªm-3ªM-3ªm(3ªM)	11ªg(11ªe)
C^{13} $C^{7/9/11/13}$	do-mi-sol-si♭- re-fa-la	accordo di tredicesima	1a-3ªM-3ªm-3ªm- 3ªM-3ªm-3ªM	13ªM

Appendice 9
Le sigle delle funzioni armoniche

Le lettere maiuscole indicano gli accordi maggiori, le lettere minuscole quelli minori.

T, t	tonica = triade costruita sul primo grado
S, s	sottodominante = triade costruita sul quarto grado
D, d	dominante = triade costruita sul quinto grado
Tp, Sp, Dp	accordo parallelo minore della tonica, sottodominante o dominante maggiore
tP, sP, dP	accordo parallelo maggiore della tonica, sottodominante o dominante minore
Tg, Sg, Dg	contraccordo minore della tonica, sottodominante o dominante maggiore
tG, sG, dG	contraccordo maggiore della tonica, sottodominante o dominante minore
D^7	accordo di settima di dominante
D^7_3, D^7_5, D^7_7	accordo di settima di dominante con terza, quinta o settima al basso
T^7, S^7	accordo di settima (in funzione non dominantica)
D^0, D^{07}	accordo di settima diminuita
D^9	accordo di settima e nona di dominante
S^6_5, s^6_5	accordo di quinta e sesta di sottodominante ("accord de la sixte ajoutée")
S^6	accordo di sesta della sottodominante maggiore
s^6	accordo di sesta della sottodominante minore
s^n	accordo di sesta napoletana
(D^0), (D^7), (D^9)	accordo di dominante in parentesi (dominante secondaria o dominante aggiuntiva)
$\not{D}$	accordo di doppia dominante
$\not{S}$	accordo di doppia sottodominante

La pubblicazione degli esempi musicali soggetti alla protezione dei diritti d'autore è stata possibile per gentile concessione delle seguenti case editrici:

Paul C.R. Arends Verlag, Rimsting (Chiemsee)
Paul Desmond, Take five

Boosey & Hawkes, Londra
Béla Bartók, "Sechs Tänze in bulgarischem Rhythmus" Nr. 151 e 153 da "Mikrokosmos"; "Melodie im Nebel" Nr. 107 da "Mikrokosmos";

Deutscher Verlag für Musik, Lipsia
Hanns Eisler, Gegen den Krieg; Georg Katzer, Divertissement à trois

Editio Musica Budapest
Béla Bartók, 14 Bagatellen für Klavier op. 6, Nr. 1

Editio Max Eschig, Parigi
Darius Milhaud, Saudades do Brazil, Nr. 2

Impero Verlag, Wilhelmshaven
Yoram Paporisz, "Raga Marawa" da "Indische Musik für Klavier"

Friedrich Hofmeister Musikverlag, Hofheim, Lipsia
Karl Plenzat, Zogen einst fünf wilde Schwäne

Internationale Musikverlage Hans Sikorski, Amburgo
Leonard Bernstein, "America" da "West Side Story"

Musikverlag Rob, Forberg, Bonn
Sergej Prokofiev, Mazurka, op. 12

C.F. Peters, Francoforte sul M.
Friedrich Goldmann, 4 Klavierstücke, Nr. 2

Universal Edition, Vienna
Arnold Schönberg, Klavierstück op. 33a

Warner & Chappell, Amburgo
Juromir Vejvoda, Škoda Làsky

Gli esempi qui non citati, qualora non di pubblico dominio, sono pubblicati per i tipi della Rugginenti Editore, Milano